Andreas Englisch

Der Wunderpapst

Johannes Paul II.

btb

Alle Fotos außer S.11 unten: L'Osservatore Romano Photographic Services/Città del Vaticano; S.11 unten: Don Alessandro Overa.

Verlagsgruppe Random House FSC-DEU-0100
Das für dieses Buch verwendete
FSC®-zertifizierte Papier *Lux Cream*
liefert Stora Enso, Finnland.

1. Auflage
Genehmigte Taschenbuchausgabe September 2012,
btb Verlag in der Verlagsgruppe Random House GmbH, München
Copyright © der Originalausgabe 2011 by C. Bertelsmann Verlag,
München in der Verlagsgruppe Random House GmbH
Umschlaggestaltung: © semper smile, München,
nach einem Umschlagentwurf von R·M·E, Roland Eschlbeck
Umschlagfoto: © Gianni Giansanti / Corbis Images
Bildredaktion: Dietlinde Orendi
Druck und Einband: CPI – Clausen & Bosse, Leck
KR · Herstellung: BB
Printed in Germany
ISBN 978-3-442-74454-1

www.btb-verlag.de
Bitte Besuchen Sie auch unseren LiteraturBlog www.transatlantik.de.

Inhalt

Und er veränderte die Welt 9

Lenkt Gott Kugeln ab? 26

Der Mann aus Wadowice 41

Habt keine Angst! 67

Die Taube von Zacatecas 110

Der Kampf des Karol Wojtyla 135

Das Geheimnis von Krakau 145

Das Rätsel Karol Wojtyla 151

Der Schuss auf dem Petersplatz 193

Warum ausgerechnet hier? 197

Der zornige Mann aus dem Vatikan 218

In Gottes Hand 244

Der träumende Papst 257

Register 267

Für meinen Sohn Leonardo und
für meine Frau Kerstin.

Pressebüro des Heiligen Stuhls, Vatikanstadt. Treffen mit Papstsprecher Joaquín Navarro-Valls. Februar 1999.

Joaquin nahm mich beiseite. »Andreas, das, was du gesehen hast, was manche Menschen für, sagen wir, übernatürlich halten, was in der Nähe von Johannes Paul II. geschehen sein soll, der Papst will nicht, dass darüber gesprochen oder geschrieben wird.«

»Ich verstehe«, versicherte ich ihm, »kein Wort von mir, solange er am Leben ist, und noch ein paar Jahre danach. Ich verspreche es.«

Ich habe mich an dieses Versprechen immer gehalten. Bis jetzt.

Und er veränderte die Welt

Petersplatz, Vatikanstadt. Freitag, 8. April 2005. Der Zypressensarg Papst Johannes Paul II. stand genau dort, wo Karol Wojtyla mehr als zwei Jahrzehnte lang zu Millionen Menschen gesprochen hatte. Zeremonienchef Piero Marini saß auf einem Stuhl neben dem Sarg, als könnte der Tote noch eine letzte Bitte an ihn richten, ihn auffordern, sein Messgewand geradezurücken, das Mikrofon zu halten oder ihm ein Glas Wasser zu geben, weil seine Stimme zu versagen drohte. Bischof Piero Marini hatte an diesem Tag auf das Privileg verzichtet, vor den Augen der Welt dem Dekan der Kardinäle, Joseph Kardinal Ratzinger, zu assistieren, während er die Totenmesse für Karol Wojtyla zelebrierte. Er hatte es seinem Stellvertreter Enrico Vigano überlassen, diese ehrenvolle Aufgabe zu übernehmen. Er selbst saß dort neben dem Sarg, und es musste ein Reflex sein, dass er jetzt den toten Papst im Auge behielt, wie er den Lebenden immer im Auge behalten hatte.

Achtzehn Jahre lang hatte Piero Marini jede einzelne Stolper-Falte in den vielen Metern roten Teppichs für ihn geglättet, bevor Johannes Paul II. an den Ort eines Gottesdienstes kam. Jede einzelne Treppenstufe hatte er daraufhin abgeschätzt, ob sie zum unüberwindlichen Hindernis für einen Papst werden könnte, der das letzte bisschen gab, was von seinen Kräften noch übrig war. Bischof Piero Marini schaute ab und zu auf den Sarg des »Marathonmann

Gottes«, des »eiligen Vaters«, als wollte er sichergehen, dass der kalte Wind an diesem Morgen auf dem Petersplatz Karol Wojtyla nicht schadete. Marini saß an seiner Seite, so wie im Jahr 1987 in Miami, als ein Tropensturm, ein Hurricane, der bald schon die Dächer abdecken würde, auf die päpstliche Messe zuraste. Damals musste Piero Marini den Papst dazu bewegen, den Gottesdienst abzubrechen. Sie schafften es gerade noch rechtzeitig, in den Schutzraum zu gelangen, bevor der Hurricane den Platz der Messe verwüstete. Er war auch dabei gewesen, als ein Attentäter 2002 in Baku in Aserbaidschan den schwachen Papst fast umriss, wie immer bereit, ihn aufzufangen. Er hatte ihm in Tausenden von Gottesdiensten zur Seite gestanden, und jetzt saß er immer noch an seiner Seite, als sei nicht Schluss, als sei das Leben des Karol Wojtyla noch nicht zu Ende.

Nicht nur er empfand an diesem Tag so; viele konnten einfach nicht begreifen, dass der lange Weg des Karol Wojtyla jetzt tatsächlich zu Ende gegangen sein sollte. Auch ich nicht. Seit dem Ausbruch seiner schweren Krankheiten, seit der Hüftoperation, der Parkinson-Krankheit, war Johannes Paul II. immer wieder sein nahes Ende prophezeit worden, aber er hatte einfach weitergemacht. Immer wieder sagten ihm die Medien voraus, dass die nächste Reise seine letzte sein würde, aber er marschierte weiter. Notfalls nahm er den Rollstuhl, notfalls ließ er sich tragen, notfalls musste ein Aufzug eingesetzt werden, um ihn wie ein Paket in das Flugzeug zu bugsieren. Gestoppt hatte ihn das alles nicht.

Selbst wenn die Lage aussichtslos schien, wie damals, als ein Tumor in seinem Darm entdeckt wurde, kam Karol Wojtyla wieder auf die Beine. Aber jetzt war es tatsächlich zu Ende. Ich saß auf der Pressetribüne, während die Welt

Abschied von Karol Wojtyla nahm. Nie zuvor waren so viele Staatsoberhäupter, Könige und Präsidenten zur Beerdigung eines Menschen gekommen, und dieser Mensch war ausgerechnet der Sohn eines armen polnischen Soldaten in Pension aus dem Dorf Wadowice bei Krakau. Keine englische Königin, kein amerikanischer Präsident und auch kein sowjetischer Diktator hatten jemals so viele Menschen angezogen, die ihm die letzte Ehre erweisen wollten.

Ich saß damals mit einem Freund auf dem Petersplatz, Francesco, eher ein Bär als ein Mensch. Er trägt immer schwarze Hosen mit zahllosen Taschen und eine Jacke, die für den Kampfeinsatz eines Fallschirmspringers entworfen worden sein könnte. Er ist Fotograf, schleppt 40 kg Ausrüstung mit sich und hat Erfahrung darin, sich um das beste Foto zu prügeln. Er ist so groß, dass, wenn er sich mit seinem Rucksack auf dem Rücken im dichten Gedränge der anderen Fotografen vor seinem Motiv, das meistens der Papst ist, einmal umdreht, die anderen um ihn herum umfallen. Wir hatten einmal in einem Hubschrauber für das Gefolge des Papstes einen Beinah-Absturz erlebt, seitdem trafen wir uns in Rom regelmäßig und tranken auf das Leben.

Auf dem Petersplatz tauchte plötzlich ein Plakat auf, darauf stand »Santo subito!«, was so viel heißt wie »Sprecht ihn sofort heilig!« Ich deutete auf das Plakat und sagte zu Francesco: »Das hat er sich jetzt auch noch eingebrockt. Jetzt sprechen sie ihn auch noch heilig.« Wenn dieser Tag nicht so traurig gewesen wäre, hätten wir beide losgeprustet vor Lachen, wenn wir nur die Tränen der Trauer aus unseren Augen bekommen hätten. Wojtyla machen sie zu einem Heiligen – das schien der beste Scherz des Vatikans zu sein. Ausgerechnet Karol Wojtyla.

»Weißt du noch«, fragte Francesco, »wenn wir in all den

Jahren zurückgeflogen waren nach den langen Reisen mit ihm, ausgepumpt und müde, obwohl wir nicht halb so viel gearbeitet hatten wie er, dann sangen wir immer ›Take off the cross, Boss, it's over‹ (Nimm das Kreuz ab, Chef, es ist Feierabend).«

»Ja, ich weiß« sagte ich, »wir tranken und rauchten im Flugzeug Seiner Heiligkeit, und er nahm manchmal das Mikrofon und sagte im Scherz so etwas Ähnliches wie: Jetzt ist aber Schluss da hinten.«

Die Revolution des Karol Wojtyla

Jeder, der Karol Wojtylas Dauerstreit mit der Kirchenregierung, der römischen Kurie, mitbekommen hatte, wusste, dass die Kurie sich jahrzehntelang bitter darüber beklagte, dass der Papst einfach nicht heilig genug war. Der Vatikan sah bis zur Wahl Karol Wojtylas im Jahr 1978 den Papst als ein abgehobenes, perfektes, elfengleiches Wesen, mehr Geist als Mensch, ein Geschöpf des Äthers, so gut wie körperlos, das sich nur selten den Menschen zeigte und in einer majestätischen Perfektion verharrte wie ein körperloser Engel. Gemessen an dieser Vorstellung wirkte Karol Wojtyla als Papst wie ein Rugby-Spieler auf einem schlammigen Feld, was die Kurienkardinäle dazu brachte, sich die Haare zu raufen. Krach gab es von der ersten Sekunde an.

Nach seiner Wahl empfing der neue Papst Karol Wojtyla, wie es üblich war, die Kardinäle. Dabei sitzt der Papst, und die Kardinäle knien vor ihm nieder; doch der Mann aus dem Dorf Wadowice wollte sich auf keinen Fall daran halten, mit der Begründung, die Kardinäle seien schließlich seine Brüder. Er zwang sie, aufzustehen und ihn in den Arm zu nehmen, statt vor ihm niederzuknien (siehe Bildteil). Danach gab es sofort wieder Krach, noch in den ersten Tagen. Diesmal wegen des tragbaren Thrones, der Sedia gestatoria. Alle Päpste hatten ihn seit etwa 1500 Jahren benutzt, auch noch Karol Wojtylas Vorgänger Papst Johannes Paul I.; aber Papst Johannes Paul II. schaffte trotz gewaltigen Drucks der Kurie das alte Möbelstück ab. Statt sich an den Pilgern vorbeitragen zu lassen, ging er zu ihnen, redete mit ihnen, segnete und umarmte sie. Das hatte es noch nie gegeben. Und dann, auf jenem legendären Flug über Japan schließlich, ging Papst Johannes Paul II. freundlich grüßend an allen Gästen und Journalisten vorbei zur Toilette. Von diesem Tag an wurde der Waschraum im vorderen Teil des Flugzeugs für den Papst reserviert. Ein Pontifex, der auf die Toilette ging, vor den Augen aller, war einem Großteil der Kardinäle ein absoluter Graus.

Um das zu verstehen, braucht man sich nur die Autos von Papst Pius XI. anzusehen. In den Wagen gab es so etwas wie eine Drehscheibe. Der Papst konnte dem Fahrer durch Drehen der Scheibe sagen, wohin er fahren sollte, nach links, nach rechts, anhalten, parken. Auf einem Teil der Scheibe stand »a casa«, dann wusste der Fahrer, dass er den Papst nach Hause fahren musste. Dieser komplizierte Mechanismus war ausschließlich dazu da, um zu verhindern, dass der Papst mit seinem Fahrer sprach, was undenkbar gewesen wäre, ebenso hätte der Fahrer sich niemals erlaubt, den Papst anzusprechen.

Ein Mann, im tiefsten Herzen frei

Karol Wojtylas Verhalten als Papst war keine Weiterentwicklung des Papsttums, kein neuer Abschnitt, es war eine stürmische Revolution. Einen Papst zum »Anfassen«, einen Pontifex, der zeigte, dass er ein Mensch war wie du und ich, das hatte es noch nie gegeben. Während seines Aufenthalts in Castel Gandolfo warteten Würdenträger einmal im sogenannten Saal der Schweizer auf den Papst Johannes Paul II. Karol Wojtyla ging derweil unten durch den Park und sah einen kleinen Jungen, den Sohn eines Gärtners, mit einem Ball spielen. Seine Sekretäre winkten ihm und zeigten mit ihrer Körpersprache: »Heiligkeit, kommen Sie schon, Sie werden erwartet.« Der Papst schüttelte entschieden den Kopf, er wollte sagen: »Tut mir leid. Ich habe jetzt keine Zeit, ich muss Fußball spielen.« Und er kickte mit dem Jungen, nur ein paar Augenblicke lang, aber lange genug, um zu zeigen, dass ihm das Kind viel wichtiger war als jeder Termin. Papstfotograf Arturo Mari hat davon wunderschöne Fotos geschossen (siehe Bildteil).

Ein Heiliger Vater machte so etwas nach den Vorstellungen der hohen Herren im Vatikan auf keinen Fall und hatte es auch noch nie getan. Der Albtraum für die Kurienkardinäle kam, als es einem Eindringling gelungen war, den Papst in Badehose zu fotografieren, in seinem Schwimmbad. Im Vatikan schien damals der Teufel los zu sein, nur Karol Wojtyla hatte ganz ruhig gesagt: »Na, da bin ich mal gespannt, welche Zeitung das drucken wird.« Die Verstöße des Karol Wojtyla gegen all das, was man sich im Vatikan unter einem makellosen Papst vorstellte, waren zahllos. Er konnte es nicht lassen, am 14. Mai 1999 den Koran zu küssen, was den Kurienkardinälen den blanken Schauer über den Rücken jagte, und er hatte nichts dagegen, dass die Kinder der Angestellten in Castel Gandolfo in seinem Mantel Verstecken spielten (siehe Bildteil). Karol Wojtyla war ein Mensch durch und durch, und was ihn auszeichnete, war, dass er lieben konnte.

Ich erinnere mich an den Flug nach Rio de Janeiro im Oktober 1997. Der Papst hatte einige Tage zuvor an einem Jugendtag in Bologna teilgenommen, bei dem auch der US-Popstar Bob Dylan aufgetreten war, und er hatte mitgesungen. An diesem Morgen in der päpstlichen Maschine sagte er: »Heute will ich mal die Fragen stellen.« Wir schauten ihn verstört an. War er sauer, weil wir ihn das letzte Mal etwas gefragt hatten, was ihm nicht gefallen hatte? Er aber fuhr fort: »Ich habe in Bologna auch gesungen.« »Das haben wir alle gehört«, bestätigten wir, und er meinte: »Ich möchte jetzt wissen, wie ihr mich fandet.« Wir mussten alle lachen, dann sagte der mittlerweile verstorbene Freund und Kollege Orazio Petrosillo: »Wir wussten bisher gar nicht, dass Sie so gut Popsongs singen können.«

Das Schlimmste für die Kurie in all den Jahren aber war eine grundsätzliche Entscheidung Karol Wojtylas: Er ging hohe Risiken ein. Ein Papst, der ein perfektes Wesen sein sollte, machte keine Fehler; aber um keine Fehler zu machen, musste man natürlich das Risiko scheuen, einen Fehler zu begehen. Es gab vor Dutzenden päpstlicher Reisen in der Kurie immer die gleiche Diskussion: Würde diese Reise des Papstes missbraucht, instrumentalisiert werden? War das wirklich gefahrlos, als erster Papst der Geschichte eine Synagoge zu besuchen, als erster eine evangelische Kirche, als erster in einer Moschee zu beten, oder konnte das auch Ärger einbringen? War es nicht zu gefährlich und konnte Anstoß erwecken, wenn ein Papst, wie am Aschermittwoch des Jahres 2000 geschehen, um Vergebung bat für das, was die katholische Kirche Menschen angetan hatte? War es nicht riskant, an der Klagemauer in Jerusalem den uralten Hass der Christen auf Juden einzuräumen und zu beschwören, dass nie wieder im Namen der Kirche Gewalt gegen Juden ausgeübt werden dürfe? Konnten nicht all diese Entscheidungen dem Ansehen des Heiligen Vaters arge Kratzer verpassen? Karol Wojtyla winkte immer ab: »Jede meiner Reisen wird instrumentalisiert«, sagte er, »das Risiko gehe ich ein.«

Don Stanislaw Dziwisz, langjähriger Sekretär Papst Johannes Paul II. und späterer Erzbischof und Kardinal von Krakau, sagte über Papst Johannes Paul II., wenn es Ärger gegeben hatte: »Karol Wojtyla ist ein freier Mann, ein Mann, der im tiefsten Herzen frei ist.« Karol Wojtyla hatte vor der Kurie keine Angst und auch nicht davor, dass die Welt ihn wegen seines Glaubens auslachte und als ewig Gestrigen beschimpfte. Er machte einfach weiter und ließ sich nie verbieten zu zeigen, dass er alle Menschen dieser Welt liebte.

Als Johannes Paul II. gestorben war, sagte uns Joaquin Navarro-Valls, der langjährige Sprecher Karol Wojtylas, dass er uns, die jahrzehntelang im Gefolge des Papstes gearbeitet hatten, an den aufgebahrten Leichnam des Papstes bringen werde. Eine jüdische Kollegin, die lange für einen US-Fernsehsender gearbeitet hatte, rief mich an jenem Tag an. »Sie bringen uns zu ihm, kommst du mit mir? Ich schaff das nicht, allein dahin zu gehen.«

Wir gingen zusammen und hielten uns an der Hand. Wir weinten beide. »Aber du bist doch Jüdin.«

»Ja«, stammelte sie unter Tränen, »aber dieser einzigartige Karol Wojtyla war wirklich ein Mann Gottes.« Sie wischte sich die Tränen weg: »Was hat er bloß mit uns gemacht?«, und dann gab sie sich selbst die Antwort: »Ich glaube, er hat uns verändert« – und heute weiß ich, dass sie recht hatte.

Ich sagte damals zu ihr: »Auf dem Platz sah es so aus, als wollen sie ihn zum Heiligen machen.«

Sie antwortete mit einem Lächeln: »Dann muss er jetzt büßen für Tucci.« Auch ich musste lächeln.

Werkzeug Gottes

Roberto Tucci, zwischen 1985 und 2001 der Chef von Radio Vatikan, war sein langjähriger Reisechef gewesen, ein Jesuitenpater aus Neapel. Ein Mann im päpstlichen Gefolge, der Karol Wojtyla ähnelte, ein zutiefst demütiger Mann, der ungern Dank annahm und ungern im Rampenlicht stand, ein Mann, der hart arbeitete und hart im Nehmen war. Im Gefolge des Papstes war er es, der die schwierige Arbeit der Vorbereitung machte. Wenn alles klappte, konnte sich keiner an Tucci erinnern, ging etwas schief, war Tucci schuld. Das war okay für den Jesuiten, er mochte nur kein Lob. Roberto Tucci kam immer dann zu uns Journalisten, wenn sein Job erledigt war, wenn nichts mehr schiefgehen konnte, wenn Karol Wojtyla endlich am Altar angekommen war, die Massen ihn feierten und der Gottesdienst begann. Wenn es nichts mehr auszubügeln, in letzter Sekunde noch geradezurücken gab, wenn wirklich alles fertig war für die päpstliche Zeremonie in Afrika oder Amerika oder wer weiß wo, dann setzte sich Roberto Tucci zu uns und rauchte mit uns »Belga«-Zigaretten. Er stand sein Leben lang im Hintergrund, und das war genau das, was er wollte, den Glanz überließ er ausschließlich dem Papst. Als Karol Wojtyla ihm die Kardinalswürde verlieh, sträubte er sich mit Händen und Füßen. Er wollte keine Auszeichnung, er hatte seinen Job gemacht für Gott. Basta. Darin waren sich Roberto Tucci und Papst Johannes Paul II. sehr, sehr ähnlich. Sie wollte beide auf keinen Fall Aufhebens um sich als Person machen; Karol Wojtyla wurde nie müde zu betonen, dass er nur ein einfaches Werkzeug Gottes sei. Persönliche Auszeichnungen waren ihnen zuwider. In der Enzyklika »Ut unum sint« hatte Papst Johannes Paul II. geschrieben, dass er selber nicht so wichtig sein wolle, der Papst dürfe kein Hindernis für die Einheit der Christen sein; und Roberto Tucci wollte kein Fürst der Kirche sein, er war immer ein einfacher Arbeiter gewesen, wie Karol Wojtyla selber. Der Papst verlieh ihm dennoch am 21. Februar 2001 die Kardinalswürde, – und schuf damit den seltenen Einzelfall, dass ein einfacher Priester direkt Kardinal wurde; Roberto Tucci wurde damit der einzige Kardinal in der Amtszeit Karol Wojtylas, der nicht zuvor zum Bischof geweiht worden war – und im Sommer 2005 begann das Verfahren zur Seligsprechung von Johannes Paul II.

Im Herbst des Jahres 1987 sah ich diesen Papst zum ersten Mal mit eigenen Augen. Ich hatte meiner Mutter versprochen, ihr einen vom Papst gesegneten Rosenkranz mitzubringen, und so fuhr ich also zum ersten Mal mit der Vespa zur großen »Audienzhalle Papst Paul VI.«. Papst Johannes Paul II. hatte noch den federnden Schritt eines Mannes, der es gewohnt ist, lange Strecken zu Fuß zurückzulegen. Kaum war er in der Halle, brauste ein Sturm los: »John Paul Two, we love you«, schrien die Massen, er ließ sich das Mikrofon geben und antwortete »John Paul Two loves you«, dann klatschten alle. Als der Moment des Segens gekommen war, sagte ein Sprecher, dass man jetzt die Rosenkränze auspacken könnte und alle anderen Objekte, die die Gläubigen in der Halle durch den Papst segnen lassen wollten. Ich dachte damals: So ein Schwachsinn! Wenn ich den Rosenkranz in der Tasche lasse, wird er dann nicht gesegnet? Nach der Audienz sah ich zu, wie Karol Wojtyla durch die Reihe ging, es nahm kein Ende, er schüttelte Hunderte von Händen. Es war ihm unangenehm, wenn Menschen sich vor ihm auf die Knie warfen, er hob sie hoch, jede seiner Gesten sagte: Ich bin doch gar nichts Besonderes. Dieser Papst war ganz anders, als ich ihn mir vorgestellt hatte. Über dem Bett meiner Oma hatte bis zu ihrem Tod das Bild Papst Pius XII. gehangen; der Papst hatte stocksteif auf seinem Stuhl gesessen und irgendetwas, das man nicht sehen konnte, gesegnet. Er sah wie eine Statue aus und hatte keinerlei Ähnlichkeit mit dem Mann, den ich da durch die Halle gehen sah. Trauben von Menschen umringten ihn, es schien ihm nichts auszumachen, er ging weiter, schüttelte Hände, segnete. Mir erschien er wie ein einfacher Gemeindepfarrer, dem es eher peinlich war, Papst geworden zu sein, nichts an ihm schien darauf hinzudeuten, dass Karol Wojtyla eines Tages als ein ganz besonderer Papst, als ein Heiliger verehrt werden würde. Wir schrieben das Jahr 1987, noch stand die Mauer in Berlin, noch hatte die polnische Solidarnosc-Gewerkschaft das Regime nicht bezwungen, noch war nicht einmal im Ansatz abzusehen, dass die Tage der Herrscher über das Sowjetimperium gezählt waren.

Die Römer fanden es eher kurios, dass ausgerechnet ein polnischer Papst im Vatikan regierte, von besonderer Verehrung konnte zu jener Zeit keine Rede sein. Im Gegenteil, während meiner ersten zaghaften Gespräche im Vatikan schlug mir eine Menge Ärger entgegen, sobald das Thema auf den Papst kam. Die meisten Bischöfe und Monsignori waren auf ihn sauer, weil er ständig unterwegs war. In den ersten Wochen hörte ich immer das gleiche Argument: Paulus sei der Apostel, der zu den Völkern reisen müsse, aber Petrus, der Papst, habe in Rom zu sein. Doch Karol Wojtyla war die Kritik seiner Kardinäle offenbar egal. Sauer waren die Kirchenmänner auf Karol Wojtyla aber vor allem wegen seiner Übermacht und meckerten über mangelnde Kollegialität. Der Papst entschied alles. Karol Wojtyla war zu einem Medienstar aufgestiegen, einem Liebling des Fernsehens, die Bischöfe fühlten sich in die Ecke gedrängt. Vor allem im Staatssekretariat verrieten die Mitarbeiter hinter vorgehaltener Hand, wie sehr ihnen der Papst auf den Wecker ging, denn sie sahen sich entmachtet. Mit aller Sorgfalt wurden dort ungeheuer ausführliche Berichte über die Lage in irgendeinem Staat verfasst und an Formulierungen gefeilt, wie mit dem jeweiligen Staatschef umgegangen werden könnte. Alles das war durchaus sinnvoll, solange ein Papst immer in Rom blieb. Doch Karol Wojtyla flog ja früher oder später in einen der Staaten, die sein Staatssekretariat nur durch den Briefverkehr kannte, redete direkt mit den Staatschefs, handelte selber aus, was auszuhandeln war, und die Stapel der Aktenordner im Staatssekretariat waren völlig überflüssig.

Dass Karol Wojtyla im Vatikan übermäßig geliebt und verehrt wurde, konnte ich also beim besten Willen nicht feststellen. Ich persönlich fühlte mich in allem bestätigt, was mein Bild des Papstes geprägt hatte: Karol Wojtyla erschien mir als ein erzkonservativer, machtgieriger Kirchenmann, der den Menschen seine Vorstellungen aufzwingen wollte, wie sie zu leben hatten. Aus meiner Sicht war seine Forderung, keusch in die Ehe zu gehen, genauso idiotisch wie seine Verurteilung von Homosexualität. Als Kind war ich ein frommer Junge und eifriger Messdiener gewesen, aber als junger Reporter und nach fünf Jahren als Student in Hamburg warf ich ihm all das vor, was damals junge Menschen der katholischen Kirche eben vorwarfen: eine grundsätzliche Körperfeindlichkeit, eine weltfremde Haltung, die durch das Verbot von Kondomen das Elend auf der Welt eher mehrte als minderte. Den Papst hielt ich für einen verbitterten Moralapostel, der die Weiterentwicklung der Gesellschaft nicht zur Kenntnis nahm und zurück ins Mittelalter wollte. Mit diesem Bild startete ich.

Es wurde Teil meines Jobs, dem Mann zu folgen. Ich dachte, es sei für kurze Zeit – eigentlich hatte ich geplant, nur ein paar Monate in Italien zu bleiben. Ich fuhr hinter ihm her. Ich sprach mit den Menschen, die ihn gesehen hatten, wenn er sich aus dem Vatikan geschlichen hatte, um skifahren zu gehen. Viele von ihnen rätselten noch Jahrzehnte später, ob sie tatsächlich den Papst gesehen hatten, der mit ihnen zusammen auf der überfüllten Skipiste ins Tal gebrettert war. Der Papst hatte sich stets geweigert, die Pisten absperren zu lassen (siehe Bildteil). Handelte so ein körperfeindlicher, verbitterter alter Mann? Ich sprach mit dem langjährigen Innenminister Francesco Cossiga, der sich bitter darüber beschwerte, dass dieser Karol Wojtyla nachts in Rom spazieren ging, ohne Leibwache, weil er sich seine Stadt und seine Diözese ansehen wollte. Mehrfach entdeckten ihn dabei Polizeistreifen und fragten den Innenminister, was sie tun sollten. Er befahl ihnen, ihn im Auge zu behalten, ihn aber in Ruhe zu lassen. Verhielt sich so ein erzkonservativer Mann? Ich sah, was für ein gewaltiges Arbeitspensum er bewältigte, er arbeitete an sieben Tagen in der Woche, er schien unermüdlich. In Rom fuhr ich zu den Kirchengemeinden, die er besuchte, ich sah ihn jetzt häufig. Ich war in dieser Zeit irgendwann bereit einzugestehen, dass Karol Wojtyla sich für das, woran er glaubte, wirklich aufrieb.

Dann fiel die Mauer in Berlin, und ich ging mit Karol Wojtyla auf die vielen Reisen der neunziger Jahre. Er war durch die Hitze Afrikas gestürmt, durch die Steppen Asiens, durch die Slums Lateinamerikas, und ich hatte versucht, mit dem Mann Schritt zu halten, der zwanzig Stunden am Tag arbeiten konnte, der nie auszuruhen schien, der immer längst schon wach war und betete, während ich, vierzig Jahre jünger, versuchte, mich aus dem Bett zu quälen und genug Kaffee in mich hineinzuschütten, um die unendlich langen Karol-Wojtyla-Tage auf den Reisen durchzustehen. Er stahl sich dagegen schon sehr früh morgens aus dem Bett, selbst in den Ferien, weil er so gern den Sonnenaufgang sah. Er presste sein Gesicht an die Scheibe, um das tägliche Schauspiel der aufgehenden Sonne zu betrachten. Die Putzkolonne hatte es entdeckt, in seinem Sommersitz Castel Gandolfo, weil sie den Abdruck seines Gesichts auf den Scheiben im großen »Salon der Schweizer« gefunden hatte.

Das Versprechen

Wenn ich ehrlich bin, fiel es mir in dieser Zeit immer schwerer, nicht an Gott zu glauben. Vor meinen Augen veränderte dieser Karol Wojtyla die Welt: zum Besseren. Das hatte ich auch in den Augen der Menschen überall auf der Welt gesehen. Dabei hatte er nur zwei leere Hände und seinen Glauben. Karol Wojtyla ließ nicht den geringsten Zweifel daran zu, dass das, was um ihn herum geschah, nicht sein Werk war, sondern Gottes Werk. Ich höre noch, wie er mir am Jahrestag des Mauerfalls im Jahr 1999 auf dem Weg nach Georgien sagte: »Es war die Hand Gottes, die die Berliner Mauer zum Einsturz brachte.« Wie hätte ein Mann mit seinen leeren Händen die Welt so stark verändern können, wie sie sich dort verändert hatte, wo Karol Wojtyla aufgetaucht war? Hatte er also recht, wirkte Gott durch diesen Mann? Bildete ich mir dieses starke Gefühl von Wärme in seiner Nähe, das so viele empfanden, nicht nur ein? »Was ist das für ein Gefühl?«, fragte ich meinen Freund Don Jaroslaw Cielecki, einen Priester aus dem päpstlichen Gefolge. Der antwortete voller Überzeugung: »Das, was du spürst, ist ganz einfach zu erklären. Der Papst liebt dich, er liebt alle Menschen, selbst die, denen er egal ist, und auch die, die ihn nicht ausstehen können.«

Je mehr Zeit ich in der Nähe Karol Wojtylas verbrachte, umso häufiger fragte ich mich, ob in der Umgebung dieses Mannes tatsächlich etwas Außergewöhnliches vor sich ging, etwas Übernatürliches, oder ob ich mir dieses eigenartige Gefühl ebenfalls nur einbildete. Immer wenn ich ihn traf, drängte sich mir ein Gedanke, ein Wunsch auf: »Gott segne dich, alter Mann.« Aber ich wusste nicht, warum.

Am Anfang meiner Vatikanzeit ärgerte ich mich maßlos über mich, schrie mich innerlich an: Lass doch den Unsinn! Du glaubst doch gar nicht an Gott! Was soll an diesem Karol Wojtyla so besonders sein? Lange hielt ich die Berichte über die eigenartigen Ereignisse in seiner Nähe für völligen Quatsch – auch wenn ich immer öfter Menschen traf, die felsenfest daran glaubten, dass in der Umgebung dieses Papstes Seltsames geschah, sogar Wundersames. Für mich als Journalist und Autor war das natürlich ungemein spannend. Kann ein Mensch zu Lebzeiten Wunder wirken? Wenn Fälle auftauchten von Menschen, die behaupteten, durch Karol Wojtyla auf unerklärliche Weise von unheilbaren Krankheiten erlöst worden zu sein, wenn es Zeugen dafür gab, ging ich den Fällen nach, sammelte Fakten. Doch eines Tages nahm mich der damalige Papstsprecher Joaquín Navarro-Valls beiseite. Er sah mich ernst an und sagte schließlich: »Er will das nicht.«

»Was meinst du?«, fragte ich.

»Er will nicht, dass du diesen Vorfällen nachgehst. Er will das auf keinen Fall. Wenn es ein Wunder gibt, dann wirkt es Gott, und wenn so etwas in seiner Umgebung passiert, dann bleibt das geheim. Okay? Der Papst will nicht, dass irgendwer über diese Themen spricht, also darüber, was in seiner Umgebung manchmal passiert.«

»Okay, aber ich habe schon Dutzende Fälle recherchiert, die, gelinde gesagt, sehr ungewöhnlich sind.«

»Behalte es für dich, solange er lebt, bitte. Er will nicht, dass man ihn für eine Ausnahmegestalt hält, er sagt, er ist einfach ein Sünder. Also schreib nicht darüber, was du gesehen hast, solange er lebt.«

»Versprochen«, sagte ich damals, und ich habe mich daran gehalten.

Aber die Kirche hat entschieden, Karol Wojtyla seligzusprechen. Und jetzt ist die Zeit gekommen, zu erzählen, welchen Weg ich persönlich gegangen bin und was ich auf den einzelnen Etappen entdeckt habe. Ich habe mehr als fünfzehn Jahre damit zugebracht, über Karol Wojtyla zu schreiben, ich habe über den Papst Johannes Paul II. geschrieben, über die historische Figur, die weltpolitischen Ideen dieses Mannes aus Polen, aber nie darüber, was mich am meisten faszinierte: Wirkte Gott durch diesen Mann, konnte man in seiner Nähe diesen unerklärlichen Gott spüren? Ich bin viele Jahre dieser Frage nachgegangen, und das, was ich gefunden habe, jagt mir manchmal einen Schauer über den Rücken und erschreckt mich, weil ich nicht mehr darum herum komme, mich zu fragen: »Also gibt es Gott doch?«

Lenkt Gott Kugeln ab?

Rom, 12. Mai 1981. Der gesuchte türkische Terrorist Mehmet Ali Agca trifft an diesem Tag am römischen Flughafen Fiumicino ein. Er kommt aus Palma de Mallorca, und seine Reise wird einer ganzen Generation Ermittlern in Italien Rätsel aufgeben. Agca besuchte die spanische Insel, obwohl Interpol ihn wegen Mordes an dem Journalisten Abdi Ipekci, Chefredakteur der Zeitung *Milliyet*, sucht. Agca war für den Mord verurteilt worden, ihm war aber am 25. November 1979 die Flucht aus dem Hochsicherheitsgefängnis Kartal Maltepe gelungen. Bis heute ist unklar, wie. Mehmet Ali Agca besaß einen nicht besonders gut gefälschten Pass auf den Namen Faruk Ozgün, dennoch riskiert er die Reise in das kühle Mallorca – und damit vier Passkontrollen. Die Staatsanwaltschaft wird sich jahrzehntelang fragen, was er dort getan hat. Wenn er am Strand spazierengehen wollte, dann hätte er das auch in Italien tun können; um in den Buchten Mallorcas zu schwimmen, war es im Mai noch viel zu kalt. Die Staatsanwaltschaft wird mutmaßen, dass er nach Mallorca flog, um dort seinen Auftraggeber zu treffen, der ihm befahl, einen Tag nach seiner Rückkehr in Italien, am 13. Mai 1981, auf dem Petersplatz Papst Johannes Paul II. zu erschießen. Aber wenn Agca tatsächlich seinen Auftraggeber traf, warum auf Mallorca, warum nicht in Italien, was verhindert hätte, dass Agca so kurz vor dem Attentat sich der großen Gefahr aussetzte, erkannt und verhaftet zu werden? Wählte der Auftraggeber Mallorca, weil das Treffen auf einer Yacht stattfand, außerhalb des Hafens, damit der Auftraggeber nicht gesehen werden konnte? Bis heute alles unbeantwortete Fragen, ungeklärte Zusammenhänge.

Das perfekte Verbrechen

Mehmet Ali Agca wird trotz seiner jahrzehntelangen Haftstrafe nie verraten, wer ihm den Mordauftrag erteilte und wer ihm mehrere hunderttausend Dollar zukommen ließ, um vorher jahrelang sein Leben vor dem Attentat in Italien zu finanzieren; wer ihm die Waffe beschaffte und wer ihm befahl, am 12. Mai 1981 in die Pension »Isa« in der Via Cicerone, ganz in der Nähe des Petersplatzes, einzuchecken. Bis heute weiß niemand, ob es Zufall war, dass er in einer Pension abstieg, die den arabischen Namen für Jesus trug. Am 13. Mai 1981 verlässt Mehmet Ali Agca gegen 16 Uhr die Pension, mit einer Pistole britischer Produktion vom Typ Browning Automatic, neun Millimeter, im Gürtel, um sich einen Platz in der Menge auf dem Petersplatz zu beschaffen, die auf die Audienz des Papstes wartete. Ali Agca wählte die rechte Seite des Petersplatzes für den Anschlag; der Papst würde dort, nahe dem Eingang zum sogenannten Bronzetor, vorbeifahren. Heute ist ein Gedenkstein an jener Stelle eingelassen, an der das Attentat geschah. Der Papst besteigt an diesem Tag gegen 17.00 Uhr den Fiat Campagnola. Es ist ein sehr einfacher Geländewagen, den bereits sein Vor-Vorgänger Papst Paul VI. für Audienzen anschaffen ließ. Der weiße Geländewagen hatte keinen sonderlich guten Ruf. Er galt als extrem unzuverlässig. Paul VI. hatte den Jeep nur sehr rudimentär umbauen lassen, außer durch zwei schlecht gepolsterte Sitze an der Seite ist das Auto kaum verändert worden. Es scheint eher geeignet für den Landausflug einer Pfadfindertruppe als für einen Papst. Der Fiat Campagnola, der heute in der Privatgarage des Papstes aufbewahrt wird, erreicht pünktlich um 17.05 Uhr den Petersplatz. Der Papst lässt seinen Fahrer, wie immer, einmal den Platz umrunden. Was in diesem Augenblick in Mehmet Ali Agca vorgeht, wird er nie erzählen, und es wird sich nicht rekonstruieren lassen. Das Verbrechen, dass er jetzt gleich begehen wird, geht als perfektes Verbrechen in die Geschichte ein, weil es trotz massiver Bemühungen der Justiz über Jahrzehnte nie gelingen wird, die Hintermänner zu finden. Was die Richter später ratlos machen wird, ist die Tatsache, dass Agca weiß, er wird den Rest seines Lebens in einem Gefängnis verbringen, wenn er das Attentat auf den Papst begeht. Es ist von vornherein klar, dass der türkische Attentäter nicht die Spur einer Chance haben würde, den Petersplatz frei zu verlassen, auf dem sich zehntausende Menschen versammelt hatten und auf dem sich Gendarmen des Vatikans und Polizisten drängten. Der Attentäter begeht also ohne einen ersichtlichen Grund ein Verbrechen, von dem er weiß, dass es sein Leben zerstören wird, und bis heute weiß niemand, warum. Als der Papst sich nähert, zieht Ali Agca die Pistole und zielt auf dessen Kopf. Es ist 17.22 Uhr. Der Schuss verfehlt sein Ziel, durchschlägt den Arm einer Ordensfrau. In Panik senkt Agca den Lauf der Pistole, diesmal muss er treffen, er zielt auf den leichter anzuvisierenden Bauch des Papstes und drückt ab.

»Ich war im Jeep des Papstes, aber ich sah weder eine Pistole, noch hörte ich den Schuss. Ich erinnere mich nur daran, dass plötzlich alle Tauben aufflogen, dass hunderte Vögel über dem Petersplatz aufstiegen. Das muss der Schuss gewesen sein. Erst dann sah ich auf den Papst, der direkt vor mir war. Er sackte zusammen. Ich habe nicht eine Sekunde nachgedacht, sondern ganz automatisch auf den Auslöser gedrückt«, beschrieb mir mein Freund Arturo Mari, der langjährige Papstfotograf, diesen Augenblick. »Der Papst hatte angefangen zu beten, er betete zur Muttergottes, und ich hörte, dass er Maria anrief«, sagte mir über diesen Augenblick sein langjähriger Sekretär Don Stanislaw Dziwisz.

Die aufgeschreckte Gruppe rund um den angeschossenen Papst begeht jetzt einen furchtbaren Fehler: Nur wenige hundert Meter entfernt liegt das Santo-Spirito-Krankenhaus, am Ende der Via della Conciliazione; das Krankenhaus besitzt eine Notaufnahme und könnte den verletzten Papst, der aus der Wunde viel Blut verliert, perfekt versorgen. Doch kopflos befolgen die Mitarbeiter des Papstes eine uralte Anordnung, dass er, im Fall einer Verletzung oder Erkrankung, in sein eigenes Krankenhaus gebracht werden müsse, in die vatikaneigene Klinik, die den Namen des Arztes und Priesters Agostino Gemelli trägt. Der blutende Papst wird zurückgefahren durch das Tor des sogenannten Arco delle Campane, dann quer durch den Park des Vatikan hinter der Peterskuppel bis zur Krankenstation des Vatikan. Dort steht der Rettungswagen, der immer in Einsatzbereitschaft ist. »Ich erinnere mich, dass das Blaulicht kaputt war«, berichtete mir später Don Stanislaw Dziwisz. Der schwer verletzte Papst wird in diesen Krankenwagen gelegt, dann rast der Wagen quer durch Rom, eine viel zu weite Fahrt für einen so schwer verletzten Mann. Der Papst muss etwa zwanzig Minuten Fahrt überstehen, ein lebensbedrohlicher Fehler.

Als der Wagen in der Gemelli-Klink ankommt, herrscht Fassungslosigkeit. Statt den Papst sofort in den Operationssaal zu bringen und mit Blut zu versorgen, schaffen ihn die Krankenpfleger in das für den Papst reservierte Appartement im zehnten Stock der Gemelli-Klinik. Erst als eine Schwester den Papst dort oben in Empfang nehmen will, versteht sie, wie ernst die Situation ist. Sie sorgt dafür, dass der Papst auf der Stelle nach unten in den Operationssaal gebracht wird. Als er dort endlich ankommt, stellt das Operationsteam von Francesco Crucitti fest, dass Papst Johannes Paul II. viel zu viel Blut verloren hat. Es besteht akute Lebensgefahr, Don Stanislaw Dziwisz spendet ihm die letzte Ölung, die Krankensalbung. Der Sekretär rechnete damit, dass der Papst nicht überleben würde.

Dann begann Professor Francesco Crucitti mit der Operation, die knapp sechs Stunden dauern und die Welt verändern sollte. Das Gespräch mit ihm, acht Jahre später, gehört zu den einschneidenden Erlebnissen meines Lebens. Ich wusste, dass es so kommen würde, schon bevor ich zu ihm ging, um ihn zu fragen, was in dieser Nacht, als er dem Papst das Leben rettete, geschehen ist. Ich wusste, dass ich ihm eine Frage stellen würde, die mein Leben drastisch verändern konnte. Ich würde ihn fragen: Können Sie mir wirklich eine Abbildung zeigen, die beweist, dass es Gott gibt? Professor Francesco Crucitti hatte mir schon vor dem Treffen zu verstehen gegeben, dass er wie jeder Arzt an die Schweigepflicht gebunden sei und nicht daran denke, medizinische Geheimnisse über seine Patienten zu verraten. Aber das wollte ich auch gar nicht wissen. Wir waren uns beim Zusammentreffen nicht unsympathisch. Ich war ein junger Mann, sechsundzwanzig Jahre alt, und wir hatten etwas gemeinsam: Wir kamen beide aus bescheidenen Verhältnissen, seine Mutter war Hausfrau gewesen, wie meine auch, sein Vater ein einfacher Eisenbahner, mein Vater hatte als Schreiner für die Stadtbetriebe in Werl gearbeitet. Francesco Crucitti hatte sich hochgearbeitet, was nicht einfach gewesen war. Jetzt war er ein weltberühmter Mann. Ich stellte ihm schließlich die eine Frage, die mir auf der Seele brannte: »Zeigte das Röntgenbild damals wirklich, dass es Gott gibt?« Er sah mich nachdenklich an und zeichnete dann noch einmal auf ein Blatt Papier, was passiert war. »Die Kugel traf den Papst am Bauch und zerfetzte einen Teil des Darms, die Kugel hätte lebenswichtige Organe und Blutgefäße treffen müssen, wenn sie nicht eine eigenartige Flugbahn beschrieben hätte.«

»Was heißt eigenartig?«

»Es sah so aus, als hätte etwas Unsichtbares die Kugel abgelenkt, sie von den lebenswichtigen Organen ferngehalten, sodass die Kugel im Körper des Papstes eine Kurve beschrieb, die eigentlich unmöglich war.«

»Sie wollen damit sagen, dass irgendetwas Geisterhaftes diese Kugel abgelenkt hat, dass der Papst gestorben wäre, wenn die Kugel nicht von irgendetwas Unerklärlichem im Körper des Papstes abgeprallt und umgelenkt worden wäre. Was war das? Ein Wunder im Körper des Papstes?«

»Ich bin Arzt und kein Theologe, aber ich weiß, was Papst Johannes Paul II. sagte: Eine Hand habe geschossen, und eine andere habe die Kugel abgelenkt. Ich finde, er hat recht. Die Kugel hätte so, wie sie in den Körper des Papstes einschlug, im Zickzack, niemals eindringen können. Etwas hat sie abgelenkt.«

Als ich ihn verließ, wusste ich, dass jetzt ein sehr langer Weg beginnen würde – auf der Suche nach Antworten auf diese entscheidende Frage mit all ihren Konsequenzen. Hatte Professor Francesco Crucitti sich etwas eingeredet, oder war er Augenzeuge eines Wunders geworden? Die Frage hat mich bis heute nicht losgelassen.

Ein Papst zum Anfassen

Es hatte sich in Rom natürlich herumgesprochen, dass Papst Johannes Paul II. möglicherweise auf wundersame Weise das Attentat überlebt haben könnte. In dem Rom, in das ich im Jahr 1987 kam, lebten viele Menschen, die keinen Zweifel daran hegten, die seltene Epoche zu erleben, in der ein Heiliger im Vatikan regierte. Die Generalaudienzen waren voller Menschen aus der ganzen Welt, die diesen Mann nicht nur sehen, sondern vor allem anfassen wollten. Die Pilger, vielfach Ordensleute und Priester, Kranke, Menschen in Notlagen, waren bereit, erheblichen Ärger auf sich zu nehmen, um diesen Mann berühren zu können. Ich habe jene Audienzen vor Augen, als Karol Wojtyla noch kräftig und entschlossen den Mittelgang in der »Audienzhalle Papst Paul VI.« hinunterging. Trotz der im scharfen Ton geschrienen Befehle der vatikanischen Gendarmen, doch bitte unten zu bleiben, versuchten immer wieder Priester und einfache Pilger, die Absperrungen zu überklettern. Ich sah junge Seminaristen, die auf Stühle sprangen und sich über die Absperrungen warfen, um Johannes Paul II. anfassen zu können (siehe Bildteil). Er selber ging mit einer unglaublichen Geduld durch die Halle. Die Gendarmen hassten diese Augenblicke. Die Kontrollen, um zu Generalaudienzen in den Vatikan zu kommen, waren damals lächerlich. Die Gendarmen wussten genau, dass unter den Tausenden und Abertausenden von Menschen, die der Papst herzte, segnete, grüßte, jeder einen Revolver oder ein Messer dabeihaben konnte. Karol Wojtyla schien das überhaupt nichts auszumachen. Er nahm es hin, dass die Menschen ihn alle anfassen wollten, dass sie nicht nur seine Predigten hören, sondern auch seine Hand schütteln oder wenigstens einen Teil seines Gewands berühren wollten. Ich habe oft über die Gründe dafür nachgedacht. Woher kam dieses Bedürfnis? Was trieb einen Mann aus Mexiko oder eine Frau von den Philippinen dazu, erhebliche Blessuren auf sich zu nehmen und sich von den Schweizergardisten oder Gendarmen anschreien oder sogar wegstoßen zu lassen, nur um das Gewand des Papstes zu berühren? Ich habe mehr als einmal gesehen, wie seine weiße Soutane auf dem Weg durch die Massen fleckig wurde, manchmal riss sie sogar ein. Ich glaube, dass die meisten Menschen unterschwellig an eine Episode aus dem Neuen Testament dachten: Ich habe vielleicht nur einmal im Leben die Chance, einen Heiligen zu berühren, das kann ich mir nicht entgehen lassen.

Diese Episode beschreibt Markus im fünften Kapitel seines Evangeliums in Bezug auf Jesus so (in der Einheitsübersetzung ab Vers 24):

Viele Menschen folgten ihm und drängten sich um ihn.

25 Darunter war eine Frau, die schon zwölf Jahre an Blutungen litt.

26 Sie war von vielen Ärzten behandelt worden und hatte dabei sehr zu leiden; ihr ganzes Vermögen hatte sie ausgegeben, aber es hatte ihr nichts genutzt, ihr Zustand war immer schlimmer geworden.

27 Sie hatte von Jesus gehört. Nun drängte sie sich in der Menge von hinten an ihn heran und berührte sein Gewand.

28 Denn sie sagte sich: Wenn ich auch nur sein Gewand berühre, werde ich geheilt.

29 Sofort hörte die Blutung auf, und sie spürte deutlich, dass sie von ihrem Leiden geheilt war.

30 Im selben Augenblick fühlte Jesus, dass eine Kraft von ihm ausströmte, und er wandte sich in dem Gedränge um und fragte: Wer hat mein Gewand berührt?

31 Seine Jünger sagten zu ihm: Du siehst doch, wie sich die Leute um dich drängen, und da fragst du: Wer hat mich berührt?

32 Er blickte umher, um zu sehen, wer es getan hatte.

33 Da kam die Frau, zitternd vor Furcht, weil sie wusste, was mit ihr geschehen war; sie fiel vor ihm nieder und sagte ihm die ganze Wahrheit.

34 Er aber sagte zu ihr: Meine Tochter, dein Glaube hat dir geholfen. Geh in Frieden! Du sollst von deinem Leiden geheilt sein.

Die Chancen, den Papst während der Generalaudienz zu berühren, waren zumindest im Winter, wenn er in die Halle kam, nicht einmal schlecht. Wichtig war, sehr, sehr früh zu kommen, einen Platz am Mittelgang einzunehmen, diesen um nichts in der Welt wieder herzugeben – und ein Geschenk mitzubringen. Karol Wojtyla brachte es nicht über sich, an Menschen vorbeizugehen, die ihm etwas schenken wollten, und sei es nur ein gekritzeltes Bild ihrer Kinder. Und es gab noch einen Trick, um den Papst dazu zu bewegen, stehen zu bleiben: Er konnte Kindern nicht widerstehen, die den Papst darum baten, ihnen einen Gruß in ihr Gebetbuch zu schreiben. Es gab Tage, an denen dauerte es unendlich lange, bis das Zusammentreffen mit den Gläubigen in der Audienzhalle endlich zu Ende war.

Mit der Zeit erfuhr ich, dass es noch zwei weitere Möglichkeiten gab, den Papst zu treffen. Die eine schied für mich automatisch aus; Staatspräsidenten und wichtige Politiker, VIPs jeder Art, hatten die Chance, eine Privataudienz zu bekommen. Da ich alles andere als ein VIP war, blieb mir dieser Weg versperrt. Als zweite Möglichkeit konnte man zu einer Frühmesse eingeladen werden. Diese Messen in der Privatkapelle des Papstes waren damals sagenumwoben. Jeder in Rom wusste, dass es sie gab und dass der Papst tatsächlich einige wenige Menschen dazu einlud, aber kein Mensch hätte sagen können, wer diese außergewöhnlich glücklichen Pilger waren. Wenn römische Priester von den Privatmessen sprachen, redeten sie im Flüsterton. Denn während dieser Messen sollte der Papst Tag für Tag versuchen, Wunder von Gott zu erbitten.

Geheimnisvolle Kirche

Wie man es schaffen könnte, zu einer solchen Frühmesse jemals eingeladen zu werden, war mir völlig schleierhaft. Dass ich trotzdem zu einer solchen Einladung kam, hatte eigentlich nur damit zu tun, dass ich aus einer Kleinstadt stamme, aus Werl in Westfalen.

Vor meiner rebellischen Zeit als Jugendlicher und Student, in der ich die Kirche regelrecht verachtete, war ich als Kind und Schuljunge sehr fromm gewesen. Ich war ein eifriger Messdiener, und zu meinem Leben gehörte der Weg mit dem Fahrrad in die Probsteikirche selbstverständlich dazu. Ich war stolz darauf, dass es in Werl zwei so große Kirchen wie die Wallfahrtskirche und die Probsteikirche Sankt Walburga gab. Nach Rom versetzt, konnte ich es zunächst nicht fassen, dass um mich herum, in wenigen hundert Metern Entfernung, Dutzende riesiger, uralter Kirchen standen. Ich hatte damals ein unglaubliches Glück: Die römische Innenstadt war noch ein großes Dorf. Heute wohnen Menschen aus New York oder Tokio, aus Moskau oder Rio de Janeiro, die einmal eine kurze Zeit in Rom erleben wollen, in den besten Wohnungen der Innenstadt und zahlen dafür ein Vermögen an Miete für ein paar Tage oder Wochen. Sie wollen sich entweder einmal das Gefühl gönnen, in der römischen Innenstadt gelebt zu haben, oder aber sie kommen, weil sie hier für kurze Zeit gut bezahlte Jobs haben. Solche Kunden gab es wahrscheinlich schon immer. Aber die Römer, die Wohnungen in der Innenstadt zu vermieten hatten, wussten vor der Erfindung des Internets einfach nicht, wie sie mit reichen Mietern in Kontakt treten konnten. Weil die Italiener damals ihrer Währung, der Lira, zutiefst misstrauten, kaufte jeder, der es sich leisten konnte, eine Wohnung; und so standen vor allem in der Altstadt rund um das Kolosseum, an der Piazza di Spagna, am Vatikan Unmengen von Wohnungen leer, die irgendwer als Kapitalanlage gekauft hatte. Die Römer versuchten meistens, sie über den Barmann in der Kaffeebar an der nächsten Ecke zu vermieten. Heute kann man diese Wohnungen im Internet anschauen und für ein Vermögen mieten. Ich suchte damals eine Wohnung und hatte keine Ahnung, wie ungewöhnlich das war. Unverheiratete junge Männer wie ich wohnten bei ihrer Mutter – und zwar alle. Ich konnte trotz intensiven Suchens über Monate keine einzige WG auftreiben, wie sie in Nordeuropa völlig normal waren.

Ich wohnte damals zur Untermiete bei einem verschlossenen, trübseligen jungen Mann in seiner traurigen

Wohnung, die er von seiner Oma geerbt hatte. Alles war alt, und der ständige Regen draußen und die Kälte in der Wohnung machten es nicht besser. Schon damals gab es wie heute mehr als zehn Millionen Touristen pro Jahr in Rom, die sich das Kolosseum ansehen wollten. Römer hatten allerdings einen anderen Grund, um zum alten Amphitheater zu fahren. Dort gab es eine der besten Verkaufsstellen für offenen Wein, »vino sfuso«. Einen Steinwurf weit weg vom Kolosseum hatte ein alter Mann ein paar Fässer in einer Art Keller untergebracht, ein paar Tische aufgestellt und eine improvisierte Kneipe aufgemacht, in der er Wein verkaufte, den die Kunden in großen Korbflaschen wegtrugen. Der Liter kostete 400 Lire, das würde heute etwa 20 Cent entsprechen. Der alte Mann hatte eine Unmenge von Beziehungen und schaffte es immer irgendwie, mit seinem uralten Renault 4 Fässer mit Wein ausgezeichneter Qualität von den Bauern rund um Rom zu besorgen, um sie in seinem kleinen Geschäft zu verkaufen.

Heute ist das völlig undenkbar. Die Räume zur Straße, die damals einfache Händler benutzten, gehören inzwischen zu Luxus-Hotels, der Blick auf das Kolosseum hat eben seinen Preis. Ich fuhr also mit der Vespa die Straße vom Bahnhof hinunter, um am Kolosseum den offenen Wein zu kaufen. Genau gegenüber lag eine Kaffeebar. Ich kann mir heute beim besten Willen nicht mehr erklären, warum es hier eine schlichte, billige Kaffeebar gab, obwohl man von den Tischen aus einen wunderschönen Blick auf das Kolosseum hatte. Heute liegt die Bar auf einer teuren Vergnügungsmeile, die vor allem wohlhabende Homosexuelle als Publikum bedient. Damals aber gehörte die einfache Kaffeebar einem Mann mit der größten Knollennase der Welt. Heute betreibt er eines der teuersten Café-Restaurants am Kolosseum. Er war es, der mir sagte, dass in dem Wohnhaus nebenan eine Wohnung frei sei. So fand ich meine Wohnung in diesem Viertel, zunächst in der Via San Giovanni in Laterano, später dann dank seines Tipps in der Via Santissmi Quattro, nur ein paar Schritte entfernt. Ich habe damals nicht begriffen, dass ich dank des Tipps vom Barmann die heute unvorstellbare Chance haben sollte, mitten in Roms Innenstadt zu wohnen, für einen Spottpreis an Miete.

Ich lebe jetzt seit 1987 in Rom, und manchmal gehe ich wehmütig durch die alte Gegend. Dabei gab es damals für einen jungen Mann dort nichts Interessantes rund um das Kolosseum, die Vergnügungsmeile existierte noch nicht. Faszinierend aber waren die Kirchen.

Obwohl ich schon längst kein Interesse mehr für den Glauben der katholischen Kirche aufbrachte, war ich in meinem Innern immer noch ein bisschen stolz darauf, dass es in meiner Heimatstadt so schöne alte Kirchen gab. Ich war es gewohnt, dass man mit dem Fahrrad mindestens eine gute halbe Stunde unterwegs war und dann vor einer alten Kirche stand. Jetzt konnte ich von meiner Wohnung am Kolosseum aus in weniger als zehn Minuten viele prächtige Kirchen erreichen. Mir imponierte das ungemein, zumal die meisten Kirchen geheimnisvolle Orte waren. Zum Beispiel das Kloster Santissimi Quattro Coronati direkt am Ende der schmalen Straße, in der ich wohnte. Es ist eine Trutzburg, und es war eines der wichtigsten Klöster der Welt, als die Päpste noch im Lateran residierten und der Papstpalast im Vatikan noch nicht gebaut war. Es dauerte eine Weile, bis ich den Trick heraushatte, dass man den Klausurnonnen durch die Gitter eine kleine Spende geben musste, um den Schlüssel für ihren Schatz zu bekommen: eine Kapelle, in der die Päpste des Mittelalters Könige empfangen hatten. Ein beeindruckender Raum; als reise man ein Jahrtausend in der Zeit zurück. Dann einen Steinwurf weit entfernt Santa Maria ai Monti. Sie war die eigentliche Pfarrkirche meines Viertels. Ein temperamentvoller alter Pfarrer machte dort eine engagierte Arbeit zusammen mit dem blinden jungen Priester Don Andrea. Die Monti-Kirche in der Via dei Serpenti war allein schon deswegen so anziehend, weil sie in der Nähe der für mich rätselhaftesten Kirche lag, der Kirche der Unierten Katholiken der Ukraine. Was zum Henker waren unierte Katholiken?, dachte ich. Manchmal kamen seltsam angezogene, grimmig drein blickende Männer aus diesem Komplex. Wie sie es geschafft hatten, aus der Ukraine durch den eisernen Vorhang nach Rom zu kommen, war mir rätselhaft. Zu diesen, meinen Lieblingskirchen gehörte natürlich auch die sagenhafte Kirche von San Clemente. Man kann hinuntersteigen bis auf das Niveau des antiken Rom, in das Haus eines Römers jener Tage, dann weiter bis zum Mithraeum, jener heiligen Stätte des Mithraskults, in dem noch die steinernen Liege-Bänke zu sehen sind, auf denen um 300 n. Chr. die Anhänger dieser Soldatenreligion gelegen hatten.

Zum Joggen ging ich damals in den Circus Maximus. Ich trabte über den Hügel neben dem Kolosseum dahin, und dort sah ich auch zum ersten Mal die seltsamen Ordensfrauen in komischen blauen Gewändern, die einer gewissen Mutter Teresa verpflichtet waren. Der Papst hatte ihnen einen Teil des Klosters des Heiligen Gregor des Großen überlassen. Auf meinen Streifzügen gelangte ich schließlich in die nicht weit entfernte Via delle Botteghe Oscure neben dem Kapitol. Der weltberühmte Komponist Ennio Morricone wohnte dort, der Mann, der die Filme von

Sergio Leone, die Western mit Clint Eastwood unsterblich machte. Er war ein Frühaufsteher, morgens gegen fünf Uhr ging er über die Piazza Venezia in sein Stammcafé.

Und dort lag auch die Kirche des Heiligen Stanislaw. Damals umgab diese Kirche noch etwas extrem Verschwörerisches, die Berliner Mauer stand ja noch. Heute parken teure Autos aus Polen vor der Kirche, und an Festtagen kommen hunderte Pilger, um Gottesdienste zu feiern. Damals war diese Kirche die Basis einer verschwiegenen Gemeinde der Polen, die es irgendwie nach Rom geschafft hatten und Informationen über die Heimat austauschten. Es gab eine Menge Aussiedler, Deutsche, die aus Polen in die Bunderepublik Deutschland gekommen waren und von dort nach Rom. Ich freundete mich mit einigen von ihnen an, dabei half mir, dass meine Eltern aus dem heutigen Polen, dem ehemaligen deutschen Teil Schlesiens stammen. Ich verriet ihnen meinen größten Wunsch, einmal an einer Messe in der Privatkapelle des Papstes teilzunehmen – und tatsächlich, nach ein paar Jahren gelang es mir.

Der Mann aus Wadowice

Vatikanstadt, April 1989. 4.45 Uhr. Das Frühjahr war extrem regnerisch gewesen, und auch in diesen Nachtstunden prasselte ein dichter Regen vom pechschwarzen Himmel über Rom herab. Ich musste von meiner Wohnung in der Via Santissimi Quattro Coronati, einem Eckhaus, das nur einen Steinwurf weit entfernt vom Kolosseum lag, zum Vatikan. Irgendwie. Ich besaß kein Auto, nur eine Vespa, und sah mit Entsetzen in den strömenden Regen – in meinem schwarzen Anzug, der damals noch diese lächerlichen Schulterpolter besaß. Endlich hatte ich die Einladung bekommen, auf die ich zwei Jahre gewartet hatte; eine Einladung an jenen Ort im Vatikan, den viele Gläubige für den Ort aller Wunder hielten. Und jetzt drohte ich, alles zu verpatzen, weil ich nicht klug genug gewesen war, mit der Möglichkeit zu rechnen, dass es regnen könnte, sintflutartig. Ich hatte nur ein paar Stunden geschlafen, mich geduscht und gehofft, mit der Vespa hinüber zum Vatikan zu fahren. Das war unter diesen Umständen aussichtslos. Ich käme pitschnass an.

Ich hatte die Taxi-Zentralen angerufen, aber nur Frauen im Halbschlaf erreicht, die sagten, es gäbe keine Taxis, alle seien unterwegs. Ich stellte mich vor die Tür in der vagen Hoffnung, dass am Taxi-Stand des Kolosseums ein Auto auftauchen würde. Ich sah tatsächlich ein Taxi, der Fahrer darin schlief oder döste; ich polterte gegen die Scheibe; unwillig machte er die Tür seines Fiat Mirafiori auf, der innen ziemlich verdreckt war, und ließ den Motor an. Vatikanstadt, sagte ich, Portone di bronzo, Bronzetor. Das war der Treffpunkt. Ich war nie zuvor am Bronzetor gewesen, ich wusste nicht mal, dass dieses Tor existierte. Ich hatte angenommen, man käme in den Vatikan, indem man die Porta Sant'Anna passierte. Dort, wo täglich Tausende von Touristen die Schweizergardisten in Uniform fotografierten. Dass der Eingang für besondere Gäste das Bronzetor war, das auf der rechten Seite vom Petersdom lag und Tag und Nacht bewacht wurde, auch das wusste ich nicht. Ich war bis zu diesem Tag überhaupt noch nie im Inneren des Vatikans gewesen. Ich hatte mir wie jeder Tourist den Petersdom angesehen, die vatikanischen Museen, aber nicht mal die vatikanischen Gärten. Der Taxifahrer fuhr mich durch die nächtliche Stadt, und ich dachte die ganze Zeit daran, dass ich selber früher einen Fiat Mirafiori besessen hatte, den ich für ganze 500 Deutsche Mark erworben hatte und der andauernd liegengeblieben war. Ich hoffte, dass es dieses Auto bis zum Vatikan schaffen würde, zumindest an diesem Morgen. Der Wagen schaffte es, und weil ich keinen Schirm besaß, rannte ich im Schutz der Kolonnaden auf den Petersplatz.

Ich hatte die Einladung zur Frühmesse mit dem Papst in der päpstlichen Kapelle nicht der Tatsache zu verdanken, dass ich ein junger Journalist war. Eine solche Einladung, das hatte ich ziemlich schnell herausgefunden, wurde gehandelt wie Gold. Viele Kollegen warteten jahrelang, bis sie es irgendwann wagten, den Papstsprecher Joaquin Navarro Valls um eine solche Ehre zu bitten. Das taten sie fast ausnahmslos immer dann, wenn sie Besuch von ihrer betagten Mutter bekamen, den Müttern wollten sie den Gefallen tun, an einer privaten Papstmesse teilzunehmen. Sie gingen in Navarros Büro, sagten ihren Spruch auf, dass sie seit Jahren um nichts gebeten hätten, aber jetzt sei ihre alte Mutter in der Stadt, und für die wäre natürlich der Besuch der Privatkapelle des Papstes das Ereignis ihres Lebens. Oft gab Navarro nach. Ich hingegen war einfach noch nicht lange genug in Rom, Navarro-Valls kannte mich kaum und nahm mich auch kaum wahr. Aber ich hatte eine Gruppe polnischer Pilger kennengelernt, und die hatten mich, da meine Eltern aus Schlesien stammten, ins Herz geschlossen; der Pfarrer der Gruppe hatte erwirkt, dass ich mitkommen durfte. Ich stand zunächst allein vor dem Bronzetor, wartete in der Kälte des Morgens und im Regen und versuchte, meine Haare in Ordnung zu bringen. Plötzlich tauchte die Gruppe der Polen aus der Dunkelheit auf, der Pfarrer kam schnurstracks zu mir und fragte in ausgezeichnetem Deutsch: »Du hast dich doch daran gehalten, oder?«

Ich nickte. Ich hatte versprechen müssen, dass ich vor der Frühmesse mit dem Papst aus Respekt vor der Hostie weder etwas essen noch etwas trinken dürfe. Man musste versprechen, mit absolut leerem Magen zu kommen. Ich hatte es nicht gewagt, auch nur ein Glas Wasser zu trinken, auch aus der irrationalen Angst, auf irgendeine rätselhafte Art und Weise überführt zu werden.

Die Schweizergardisten kontrollierten sehr genau den Brief, den der Priester dabeihatte, dann zählte der die kleine Gruppe durch, und wir gingen schweigend und andächtig die breiten Treppen hoch, die hinauf in den Damasus-Hof führen. Es ging nach rechts in den kleinen Innenhof, der nach Papst Sixtus V. benannt ist. Damals wusste ich noch nicht, dass dieser Hof zu den am besten bewachten Stellen der Erde gehört. Der Fahrstuhl, der direkt in das Appartement des Papstes führt, endet hier. Nur sein Sekretär Don Stanislaw Dziwisz besaß den Schlüssel für diesen Fahrstuhl – und wir glitten nach oben. Die Wohnung des Papstes liegt in der sogenannten dritten Loggia, hinter einer gewaltigen Tür aus Edelholz. Ich erinnere mich an das seltsam altmodische System der Ziffern am Eingang, die aufleuchteten, je nachdem, wer aus dem päpstlichen Appartement am Telefon verlangt wurde. Wir gingen durch den großen Saal. Der Schalter, den Papst Paul VI. eingeführt hatte, lag noch auf dem Schreibtisch. Mit diesem Schalter hatte der Papst diskret seinen Sekretär gerufen, wenn ihm ein Gespräch mit einem Bischof zu lang dauerte. Wir durchquerten auf der linken Seite den Salon, gingen durch einen langen Flur und standen vor der päpstlichen Kapelle. Wir gingen leise, sprachen kein Wort.

Ich wollte in die Kapelle hineingehen, als mir ein junger Priester ein Zeichen machte, ich solle stehen bleiben. Erst dann sah ich ihn. Papst Johannes Paul II. lag auf dem Boden, mit ausgebreiteten Armen vor dem Altar. Er lag auf dem Bauch, wie eine gewaltige weiße Taube, die zeigen wollte, dass sie zu allem bereit war. Es war still in der Kapelle. Irgendwann stand der Papst langsam auf. Das einzige Geräusch war das Knirschen seiner Lederschuhe. Er legte die Messgewänder an, und wir setzten uns lautlos in die Kirchenbänke, das bunte Glas der Kapelle gab unseren blassen frühmorgendlichen Gesichtern einen seltsamen Schein. Erst später sollte ich erfahren, dass man von der Kapelle auf die Terrasse nach oben gelangen konnte, wo die Architekten einen katastrophalen Fehler gemacht hatten. Es gibt nur einen Punkt, von dem aus ein Heckenschütze auf den Papst schießen könnte, wenn der diese Terrasse betritt: die Spitze der Kuppel des Petersdoms. Um das zu verhindern, bauten Spezialisten riesige, tonnenschwere Panzerglaswände auf die Terrasse, deren Gewicht den Palast ein wenig absacken und das Glas zerbersten ließ.

Mit Gott allein

Eine Ordensschwester mit einer hohen schwarzen Haube betrat jetzt die Kapelle, sie hatte ein Bündel Zettel in der Hand, ging zur Gebetsbank, die für den Papst bestimmt zu sein schien, klappte die Gebetsbank auf und legte diese Zettel hinein. Ich ahnte nicht, was das für Zettel sein könnten. Nie vergessen werde ich, dass Johannes Paul II. einen großen Teil der Messe so las, als seien wir gar nicht da. Er hatte an diesem Morgen, wie jeden Morgen, eine Verabredung zuallererst mit Gott – und erst dann mit der kleinen Schar Besucher. Ich sah ihm zu, wie er unendlich lange im Gebet vor dem Altar kniete. Ich hatte das Gefühl, als spürte er, und nur er, dass etwas in diesem Raum konkret anwesend war, etwas, das außer ihm aber keiner spüren konnte, zumindest nicht so stark. Schon damals wusste ich, was er auf die Frage zu antworten pflegte, ob er die Muttergottes schon einmal gesehen habe: »Nein, aber ich kann sie fühlen.«

Besaß der Papst tatsächlich diese besondere, einzigartige Beziehung zu Gott? Der komplette Vatikan rätselte über diese Frage. Der Papst hatte insbesondere das Staatssekretariat mit seiner konkreten Beziehung zu Gott sprachlos gemacht, spätestens seit der Ausrufung des Kriegsrechtes in Polen und seit dem turbulenten Jahr zuvor. US-Präsident Jimmy Carter hatte im Winter 1980 persönlich Papst Johannes Paul II. darüber informiert, dass die Sowjetunion starke

Panzerverbände an der Ostgrenze Polens zusammengezogen hatten. In der damaligen DDR waren die Truppen der NVA mobilisiert worden und bereit, in Polen einzumarschieren. Der Papst warnte in einem persönlichen Telefonat den Staatschef der UdSSR, Leonid Breschnew, dass er die Russen durch den Einmarsch in Polen auf eine Stufe mit den Nazis stellen werde. Der Angriff wurde abgeblasen. Doch im Winter 1981, in der Nacht vom 12. auf dem 13. Dezember, übernahm das polnische Militär die Kontrolle und rief in Polen das Kriegsrecht aus. Das Staatssekretariat erwartete vom polnischen Papst Anweisungen, wie nun auf diplomatischer Ebene vorzugehen sei, doch Johannes Paul II. gab eine unglaubliche Antwort: »Warten wir auf das Zeichen, das uns Gott geben wird, dann wissen wir, was zu tun ist.« Würde der ewige Gott im Himmel sich tatsächlich mit einem Zeichen aus dem Himmel in die Tagespolitik des Vatikan einmischen? Aber Karol Wojtyla meinte das exakt so.

Nichts macht den riesigen Unterschied zu seinem Nachfolger so klar wie dieser Punkt. Papst Johannes Paul II. war felsenfest davon überzeugt, dass Gott in der Welt eingriff, und zwar häufig eingriff, dass er ein tätiger, wirkender, spürbarer Gott ist, ein Gott, der zahlreiche Wunder wirkt. Benedikt XVI. hingegen sagte am 12. September 2009 sogar auf dem Weg in die Wunder-Hauptstadt der katholischen Kirche, nach Lourdes, dass er nicht wegen der Wunder dorthin fahre.

Karol Wojtyla hatte eine unfassbar direkte Art, mit Gott umzugehen. Wie an jenem besonderen Tag auf dem Sinai. Der Papst hatte am 26. Februar 2000 vor dem dortigen orthodoxen Katherinenkloster beten wollen. Ich glaube, dass ich nie an einer päpstlichen Zeremonie teilgenommen habe, bei der ich ihm so nahe war. Wir saßen uns gegenüber, er saß auf einem Podest und ich daneben. Ich hätte nur den Arm ausstrecken müssen, um ihn berühren zu können. Das lag natürlich vor allem daran, dass zu dieser Zeremonie mitten in der Wüste insgesamt nur ein paar Dutzend Pilger gekommen waren. Karol Wojtyla saß da und tat nichts, minutenlang. Alle warteten auf die Ansprache des Papstes, aber er tat nichts. Er schwieg. Endlich begriff ich, was er da machte. Er wartete. Er wartete auf Gott. Nur ein paar Schritte entfernt von der Stelle, an der Papst Johannes Paul II. saß, soll sich Gott Moses in einem Feuerbusch gezeigt haben, Elijas erschien er hier in Form eines Windhauchs. Jetzt betete Johannes Paul II. als erster Papst der Geschichte, als erster Nachfolger des Heiligen Petrus, an diesem Ort. Gott würde sich also zeigen, er würde Kontakt aufnehmen, mit dem Mann aus Wadowice, davon schien der Papst überzeugt zu sein.

Karol Wojtyla blinzelte mir zu, als wollte er sagen, warte nur, er wird kommen. Aber wie wird man ihn erkennen, fragte ich mich und sah dem Papst zu, der betete und wartete. Manchmal blickte ich den Papst fragend an: Was ist denn jetzt? Und er gab mir mit einem Blick zu verstehen: Warte geduldig. ER wird kommen. Dann auf einmal änderte sich Johannes Paul II. völlig. Er schien von irgendetwas erfasst zu werden, irgendetwas Großem, etwas, das ich nicht sehen konnte. Von einer Sekunde auf die andere war es ein wenig windig geworden, und am Wüstenhimmel war eine einzige kleine Wolke erschienen. Ich sah Karol Wojtyla beten, was immer hier passierte, passierte in ihm, nicht hier draußen. Das war nicht zu übersehen. Ich hatte den Eindruck, er spreche mit jemandem, den nur er sehen konnte, der von irgendwoher aufgetaucht war. Aber das Erstaunliche in diesem Augenblick war etwas anderes. Es waren seine Augen. Als er mich wieder ansah, stand diese unglaubliche Freude in seinen Augen. Er nickte mir zu und sagte: »Siehst du, ER ist gekommen. Erstmals in der Geschichte war ein Papst auf dem Sinai, und ER ist gekommen und hat uns begrüßt.«

Diese unglaublich konkrete Art, mit Gott umzugehen, hatte manchmal etwas Überraschendes, etwas Schockierendes, ja Verrücktes. Selten habe ich das so deutlich erlebt wie in Havanna. Es war ein grauer, dunkler Tag. Das Regime von Fidel Castro hatte den Menschen unterschwellig damit gedroht, dass sie sogar ihren Arbeitsplatz verlieren könnten, wenn sie zur Messe des Papstes kämen, aber es kamen 300 000, zu viele, um sie alle einzusperren. Um den Papst zu ärgern, hatte das Regime statt eines Kreuzes ein Abbild von Che Guevara aufstellen lassen. Während der Messe riss der Himmel auf. Es wurde sehr windig, und ganz plötzlich herrschte strahlender Sonnenschein. Der Papst unterbrach seine Rede. Er sah auf die Karibische See, die jetzt blau glitzerte, der Wind fegte über das Wasser. Statt weiterzupredigen, sagte er: »Diesen Wind halte ich für sehr, sehr bedeutungsvoll.« Für ihn war es der Heilige Geist. Aber konnte man im launischen Wetter der Karibik, das in dem Augenblick umgeschlagen war, als der Papst gepredigt hatte, ein Zeichen des Heiligen Geistes sehen? Karol Wojtyla war so, genau so. Er sah Gottes Wirken und die Zeichen Gottes um sich herum. Er glaubte nicht an Zufall.

Dieser Mann war es also, der an diesem Morgen im April 1989 aus einer Trance zu erwachen schien, und er grüßte die Schar der Besucher mit seinen fröhlichen Augen. Es war ein herzlicher Gruß, aber ich spürte deutlich, dass in diesem Augenblick für Karol Wojtyla die Arbeit begonnen hatte. Wenn man ihn gelassen hätte, er wäre allein hier in diesem Raum geblieben, wahrscheinlich tagelang, um zu beten. Dass er Menschen empfing, gehörte schon zu seiner Arbeit; er ließ es uns nicht spüren, dass wir ihn eigentlich davon abhielten, weiter mit Gott zu sprechen. Aber es war unübersehbar, dass er ein Opfer brachte. Warum tat er sich das an?, fragte ich mich damals. Warum macht er nicht einfach sein Ding? Er ist das Oberhaupt der Kirche, er muss nicht schon zu nachtschlafender Zeit fremde Menschen in seine private Kapelle lassen. Er muss sich den ganzen Tag noch mit Tausenden und Abertausenden von Menschen herumschlagen. Also, warum tut er das? Die Antwort lag auf der Hand, sie stand in sein Gesicht geschrieben, sie war im Raum, und sie umgab ihn. Dieser Mann beanspruchte nichts für sich, er wollte sich keinen Gefallen, keinen Luxus gönnen. Die Möbel in dem Appartement hatte Papst Paul VI. angeschafft, Karol Wojtyla hat sich geweigert, neue Möbel kaufen zu lassen, sie waren alt und voller Schrammen. Seine Soutane war schon an mehreren Stellen geflickt worden, die Schuhe von einer sehr günstig zu erwerbenden Marke, und er hatte eine billige Uhr am Arm. Auf dem Weg in die Kapelle hatte ich eine Schreibmaschine gesehen, die man hier offenbar benutzte; sie war so uralt, dass sie in jedem Büro Roms längst auf dem Schrott gelandet wäre. Dieser Papst Johannes Paul II. wollte geben, nicht nehmen. Und das war vielleicht auch das Erstaunlichste an dem Mann. Dass er so unendlich viel zu geben hatte, dass er nie ausgepumpt, leer zu sein schien, dass er immer und immer wieder den Menschen etwas geben konnte.

Schließlich kam der Augenblick, auf den ich so lange gewartet hatte. Der Papst klappte die Gebetsbank auf, er nahm die Zettel heraus, die für ihn dort hineingelegt worden waren. Er schien in einem Gebet zu versinken, in die Nähe zu Gott geradezu einzutauchen, und ich sah, wie sich seine Lippen bewegten. Ich wusste, was jetzt passieren würde; dennoch war es mir völlig unverständlich. Der Papst betete für Menschen in einer aussichtslosen Lage, die sich an ihn gewandt hatten, todkranke Menschen, verzweifelte Menschen, Menschen, die tödlicher Gefahr in Kriegen ausgesetzt waren, um ihre todkranken Kinder bangten. All dieses schlimmste, geballte Leid der Welt fand jeden Morgen seinen Weg in die Gebetsbank des Papstes, und er wandte sich an Gott, um das Leid dieser Menschen zu lindern oder gar um es verschwinden zu lassen, durch ein Wunder.

Ich sah gebannt auf diesen betenden Papst, er hatte die Hände verschränkt, aber nicht, als betete er, sondern als flehte er Gott an. Ich war fasziniert, das zu sehen, was ich mir ausgemalt hatte, und was ich doch beim besten Willen nicht verstand. Wieso sollte Gott auf einen Mann, der in einer Kapelle in Rom betete, eher hören, als auf eine betende Hausfrau in einem Überlandbus? Wie kamen Menschen darauf, dass Gott einem Papst im Vatikan eher etwas gewähren würde als irgendeinem anderen Betenden? War das nicht vermessen? Aus Sicht der katholischen Kirche war es das keineswegs. Gott hatte nach dem Glauben der Kirche diesen Mann zu seinem Stellvertreter auf Erden bestellt. Der Papst musste davon ausgehen, dass Gott ihm mehr als jedem anderen Menschen auf die Finger schauen würde, schließlich führte er nach dem Glauben der katholischen Kirche die Herde Gottes. Konnte der Papst tatsächlich Gott dazu bringen, Wunder zu wirken? War ich tatsächlich bei einem Mann, an einem Ort, an dem so etwas wie ein Verbindungskanal in den Himmel endete? Konnte dieser Mann von diesem Ort aus Verbindung aufnehmen mit dem unfassbaren, unerklärlichen Gott, jenseits von Zeit und Raum, oder war das alles ein furchtbarer Aberglaube und gewaltiger Unsinn? Ich nahm mir vor, zu versuchen, das herauszufinden – und manchmal habe ich das Gefühl, es auch tatsächlich herausgefunden zu haben. Eines aber habe ich nicht vergessen: Ich habe nie in meinem Leben einen anderen Menschen so intensiv beten sehen wie Karol Wojtyla.

Die erste Spur

Einen Besucher einer solchen Frühmesse gabelte ich im Jahr 1995 auf. Der Priester lief im strömenden Regen die Via della Conciliazione hinunter, ich hielt mit dem Auto an und winkte ihm zu. Als er eingestiegen war, sah ich, dass er sich ein komplett neues Priesteroutfit zugelegt hatte. Er sah unendlich konservativ und unendlich schick aus. »Wo willst du denn hin?«, fragte ich ihn.

»Nach Hause. Danke, dass du angehalten hast. Der blöde Regen. Ich war heute Morgen in der Frühmesse beim Heiligen Vater«, sagte er bedeutungsschwer.

Mir war schon klar, was das für ihn bedeutete. Vor allem war es so etwas wie eine Lebensversicherung. Priester, die Ärger hatten oder sehr bald Ärger bekommen würden, konnten auf eine Einladung in eine Frühmesse des Papstes in der Privatkapelle warten, bis sie schwarz wurden. Zu einer solchen Messe eingeladen worden zu sein, bedeutet vor allem eines: Es ist alles in Ordnung.

»Du ahnst nicht, worüber wir heute Morgen geredet haben.«

»Nee, keine Ahnung.«

»Na ja, nicht wirklich geredet, eher getuschelt.«

»Also, was hat man sich in der heiligsten aller Kapellen denn so erzählt?«

»Ein Wunder«, sagte er. »In Rom ist ein Wunder geschehen.«

»Was für ein Wunder?«

»Keine Ahnung. Mehr weiß ich ehrlich nicht. Es soll ein Wunder sein, ein großes Wunder. Das Einzige, was ich sicher weiß, ist, dass es in der Diözese Rom einem Priester passiert sein soll.«

»Und du bist sicher?«

»Ja, alle waren ganz erfüllt davon. Sie dankten Gott für das Wunder.«

»Und der Papst?«

»Der Papst hat das Wunder mit keinem einzigen Wort erwähnt. Seine Umgebung, du weißt schon, die Leute um ihn herum, die haben durchsickern lassen, dass ein Wunder geschehen ist, in Rom.«

Ich setzte den Priester vor seiner Wohnung ab und fuhr dann ins Büro. Ich hatte damals einen sehr guten Kontakt zu einem Mitarbeiter des Generalvikars von Rom. Der junge, schmale Priester musste das machen, was man in einem weltlichen Betrieb die Drecksarbeit genannt hätte. Das Generalvikariat von Rom liegt im Lateranpalast, der ehemaligen Residenz der Päpste. Von außen ist der riesige Komplex imposant, im Erdgeschoss liegt ein wunderschönes Museum, auch die letzte Waffenkammer der Armee der Päpste. Die Büros in den oberen Stockwerken sind meistens verstaubt, renovierungsbedürftig, mit abgeschabten Möbeln und grellen Neonlampen ausgestattet. Die Räume sind oft riesig, deswegen so gut wie nicht zu beheizen im Winter und kaum zu kühlen im Sommer. Manche der

Priester, die dort arbeiten, basteln sich im Sommer selbst Klimaanlagen, stellen Wasserschalen auf. Im Winter bringen viele elektrische Heizlüfter von zu Hause mit. Als Arbeitsplatz kann man das Generalvikariat von Rom wirklich nicht empfehlen.

Dort zu recherchieren, bedeutete für einen Journalisten damals einen Albtraum, vor allem, wenn es um Fragen ging, die den Vatikan betrafen. Aus einem einfachen Grund: die leidenschaftliche Abneigung zweier hoher Kirchenmänner gegeneinander. Der Verantwortliche für die Sakramente und spätere Erzpriester des Papstes Virgilio Kardinal Noe und der Generalvikar von Rom Ugo Kardinal Poletti konnten sich nicht ausstehen. Ich habe nie verstanden, was der Grund für diese Abneigung war, aber die beiden Herren hegten einen legendären Groll aufeinander. Wenn zwei hohe Kirchenmänner im Vatikan Krieg gegeneinander führen, dann läuft das natürlich auf eine fromme, subtile Art und Weise ab. Kardinal Poletti war unter anderem dafür verantwortlich, Kardinal Virgilio Noe die Seminaristen zu schicken, die an heiligen Messen mit dem Papst teilnehmen sollten. Er schickte absichtlich immer eine bizarre Auswahl von Seminaristen zum Papst: Wenn Kardinal Virgilio Noe einen Seminaristen angefordert hatte, der das Weihrauchfass benutzen sollte, was gar nicht so einfach ist, wie es aussieht, schickte ihm Poletti absichtlich den ungeschicktesten Seminaristen. Der Priesteramtskandidat sollte vor dem Papst Weihrauch spenden, dabei flog die glühende Kohle aus dem leicht geöffneten Weihrauchfass, traf den Papst, der rasch die Funken von seiner weißen Soutane entfernen musste. Der Papst lachte zwar über den Vorfall, aber erbost schrieb Noe an Poletti, dass einer der Seminaristen versucht habe, den »Heiligen Vater anzuzünden«. Ein anderes Mal hatte der Papst vor, einen der Seminaristen in der lateinischen Sprache zu prüfen; Poletti schickte prompt den schlechtesten Seminaristen, der aufzutreiben war, und Karol Wojtyla mahnte daraufhin den Priesteramtsanwärter, mehr zu lernen. Kardinal Noe tobte. Ein anderes Mal hatte der Erzpriester darum gebeten, besonders groß gewachsene Seminaristen in den Petersdom für eine Messe mit dem Papst zu schicken, denn sie sollten die enormen Leuchter tragen. Kleine, schwache Seminaristen würden mit den Leuchtern in der Hand am Hauptaltar von Sankt Peter so aussehen, als könnten sie jeden Augenblick mit ihnen umfallen. Ein wenig passender Eindruck. Doch Noe erhielt prompt nur die kleinsten, zartesten Seminaristen, die Poletti hatte finden können, um sie in den Vatikan zu schicken. Erbost schnaufte Noe: »Was soll das denn sein? Was hat er mir da denn geschickt? Die heiligen sieben Zwerge?«

Mir war völlig klar, dass, wenn ich es wagen sollte, in einem solchen Klima nach einem Wunder an einem römischen, jungen Priester zu fragen, die beiden alten erbosten Herren, die eine Antwort würden geben können, mich im hohem Bogen rausschmeißen würden. Ich versuchte es trotzdem. Ich rief meinen Kontaktmann, den jungen Priester im Lateranpalast, an.

Er schnaufte in den Telefonhörer gleich zur Begrüßung: »Andreas, egal wie deine Frage lautet, die Antwort ist Nein.«

»Mein Gott, was ist denn los?«, fragte ich. »Du bist ja völlig außer dir.«

»Gar nichts ist los, auf Wiederhören.«

Ich sah ihn im Geiste in dem staubigen, großen Büro sitzen, mit den verkratzten Wandschränken, in denen Krempel lagert, den keiner wegwerfen mag. Der junge Mann würde gleich schmerzhaft das Gesicht verziehen.

»Ich weiß, was dir den Tag verdirbt. Ein Wunder nicht wahr? Es ist ein Wunder geschehen«, sagte ich schnell, bevor er auflegen konnte.

Ich hörte einen unterdrückten Fluch. »Ich werde nie begreifen, warum meine Brüder im Herrn nicht ein Mal die Klappe halten können, nicht ein einziges Mal. Ich werde dich jetzt nicht fragen, woher du es weißt, und du wirst mir also nicht antworten, dass du mir das leider nicht sagen kannst. Da ist doch richtig, oder?«

»Ja«, erwiderte ich. »Das ist völlig richtig. Dennoch verstehe ich deine Sorgen nicht ganz. Wer sagt dir, dass es wirklich ein Wunder ist? Vielleicht spielt sich nur wieder jemand auf, macht sich wichtig, vielleicht war das nur ein Zufall, sodass es wie ein Wunder aussah?«

»Herrgott«, seufzte er erleichtert. »Das ist der erste erfreuliche Satz, den ich heute höre. Ich flehe meinen Herrn an, dass du recht haben mögest. Wenn es gar kein Wunder wäre, wie herrlich könnte das sein. Ein Gläubiger, der sich einfach eingeredet hat, ein Wunder erlebt zu haben. Ein Spinner, der meint, der liebe Gott habe Unmögliches an ihm vollbracht. Der ewige Gott im Himmel gebe, dass du recht hast, weil der ganze Wahnsinn dann in ein paar Tagen vorbei wäre. Was aber, was ist, wenn es nun mal wirklich ein Wunder ist, was dann? Was bitte, mein lieber Andreas, was wird dann passieren? Ich werde es dir sagen. Sie werden uns hetzen, sie werden uns jagen, sie werden nicht von uns ablassen. Mein lieber Andreas, genau solche Leute wie du werden monatelang bohren, um endlich herauszufinden, wann und wo und auf welche Weise das Wunder stattgefunden hat. Und weißt du, was mein Job ist?«

»Ich ahne es.«

»Du ahnst richtig. Mein Job ist, dass keiner von euch irgendetwas je erfährt, es sei denn«, er machte eine Pause, »es sei denn, ich habe Glück, und es war gar kein Wunder. Dann werde ich dir mit großer Freude alle Einzelheiten präsentieren, wenn wir es nur mit einem Wichtigtuer zu tun haben.«

»Danke für die Offenheit«, verabschiedete ich mich.

Es gab damals in Rom 921 Kirchen und etwa 10 000 Priester und Ordensleute, die irgendwie zur Diözese Rom gehörten. Sie alle zu überprüfen, wäre völlig unmöglich gewesen. Wenn tatsächlich ein Wunder geschehen war, würde ich nie davon erfahren.

Ich hatte die Sache längst vergessen, als ich ein paar Wochen später in meiner Lieblingsbar, dem Café San Pietro neben dem Petersplatz, morgens zum Frühstück einen US-amerikanischen Kollegen traf. Er war ausgesprochen übler Laune und sehr schlecht auf den Vatikan zu sprechen. Irgendetwas war passiert.

»Blöde Kirchen-Diktatur«, schimpfte er. »Von Demokratie haben die keine Ahnung, kein Interesse an so etwas. Ein Fürstenhof.«

»Ich weiß«, sagte ich. »Und du weißt es auch. Es ist eben keine Demokratie, sondern eine Wahlmonarchie. Aber daran müsstest du dich doch längst gewöhnt haben. Was ist denn passiert?«

»Ich habe vom Pressesaal des Heiligen Stuhls einen Riesenanschiss bekommen inklusive aller möglichen Drohungen. Dabei habe ich wirklich nichts getan, was unredlich war.«

»Na ja, für rein gar nichts bekommt man eigentlich keinen Anschiss.«

»Ich wollte nur die Liste der Audienzteilnehmer kontrollieren, das war alles.«

Die Liste der Teilnehmer an den päpstlichen Audienzen in die Hand zu bekommen, war nicht so ganz einfach, aber auch nicht unmöglich. Jeden Tag gab die Präfektur des päpstlichen Hauses an Vatikan-Mitarbeiter eine Liste heraus, wer am kommenden Tag während einer Audienz des Papstes empfangen werde. Das heißt, es existierten in Wirklichkeit drei Listen, eine öffentliche, die jeder einsehen konnte, und zwei geheime. Auf der Liste, die der Vatikan veröffentlichte, stand zum Beispiel, dass die Messdienergruppe aus Bordeaux und die katholischen Pfadfinder aus Montreal an der Audienz des Papstes teilnehmen werden. Die erste der beiden geheimen Listen hatte einen simplen Zweck: Während jeder Generalaudienz gibt es einen Sondersektor auf dem Petersplatz oder in der Audienzhalle, die sogenannte »prima fila«, was nichts weiter bedeutet als erste Reihe. In diesem Sektor warten die Menschen, denen der Papst nach der Audienz persönlich die Hand geben will. Häufig sind in diesem Sektor wichtige Persönlichkeiten vertreten, manche sind auf den ersten Blick aber nicht gleich als VIPs zu erkennen. Wenn der Papst etwa dem Chef der Weltbank, der in der »prima fila« wartet, die Hand gibt, die Fotografen erkennen ihn aber nicht und lichten ihn nicht ab, gibt es folglich auch kein Erinnerungsfoto vom Händedruck mit dem Papst – und dann ist der Weltbankchef sauer. Um das zu verhindern, gibt es eine geheime Liste, auf der vermerkt wird: Achtung, heute wartet in der ersten Reihe der und der VIP. Die Fotografen bekamen auch Fotos der Betreffenden, um mit Sicherheit das Foto der richtigen Audienzgäste in der »prima fila« mit dem Papst zu schießen.

Die zweite geheime Liste ist noch viel weniger für die Öffentlichkeit bestimmt. Auf ihr sind die Personen vermerkt, die am Nachmittag eine Privataudienz beim Papst erhalten. Vor allem in den Zeiten des Kalten Krieges war die Liste der Besucher, die nachmittags zur Privataudienz kamen, hoch geheim. So blieben jene Treffen von Papst Johannes Paul II. mit den Vertretern der Palästinenser während der Privataudienzen am Nachmittag geheim, die schließlich den Besuch Jassir Arafats im Vatikan vorbereiteten. Der Papst empfing ihn schließlich am 23. Dezember 1988. Für viele Länder der Welt war Arafat damals noch ein international gesuchter Terrorist. Nur die Fotografen wussten also, wann wer im päpstlichen Appartement sein würde. Vor allem nach dem Fall der Berliner Mauer war aber die Liste der päpstlichen Besucher fast immer harmlos und eher langweilig. Der Papst empfing Diplomaten, Politiker, jede Menge Bürgermeister der Städte, in denen er gewesen war oder in die er reisen wollte, Sportler, Priester oder Ordensleute.

»Wieso hast du dir die Liste der Audienzteilnehmer besorgt?«

»Eine saublöde Geschichte. Der Gouverneur meines Heimatstaates in den USA wollte unbedingt einmal an einer Audienz teilnehmen. Sie haben ihn auf die Liste setzen lassen, nachdem ich jahrelang darum gebeten hatte.«

»Und dann?«

»Dann stand er vor dem Vatikan, und man sagte ihm, sein Name sei nicht auf der Liste.«

»Ja und?«

»Deswegen wollte ich nachschauen, ob sie ihn wirklich nicht auf die Liste gesetzt hatten. Ich habe mir die Liste über die Fotografen besorgt.«

»Und dabei haben sie dich erwischt.«

»Genau, aber immerhin bekam ich so heraus, dass sein

Name sehr wohl darauf stand. Ich habe ihn natürlich zur Rede gestellt und ihn gefragt, was er sich eigentlich gedacht habe; dann hat er kleinlaut zugegeben, dass er verschlafen hatte.«

»Verstehe.«

»Er hat den Papst verschlafen.«

»Das ist alles?«

»Ja, das ist alles.«

»Hast du die Liste noch?«, fragte ich ihn.

Er drückte sie mir in die Hand. »Behalte sie, wenn du willst. Ich habe wegen dieser Kleinigkeit so einen Ärger bekommen, dass ich nie wieder etwas davon hören will.«

Ich nahm die Liste mit ins Büro und kontrollierte sie ganz genau. Es gab nur eine Erklärung. An diesem Tag musste der Papst irgendjemanden empfangen haben, von dem niemand wissen sollte, dass er bei Karol Wojtyla gewesen war. Ein Politiker vielleicht, das Oberhaupt einer anderen Religion, ein ehemaliger Mitstreiter im langen Krieg des Karol Wojtyla gegen die Kommunisten. Ich checkte jeden Namen, aber es gab nicht einmal einen Hauch von einem Verdacht, dass einer der Teilnehmer an einer der Audienzen dieses Tages hätte geheim bleiben sollen. Die Liste war an Langeweile eigentlich kaum zu überbieten. Kranke, Priester und Ordensleute, ein Kardinal, das war es schon. Dennoch hatte der Vatikan sich darüber aufgeregt, dass die Liste in die Hand eines Journalisten gekommen war. Aber warum? Was stand denn auf der Liste, das geheim bleiben sollte? Welcher Name war es? Ich suchte natürlich nach einem bekannten Namen, einem Prominenten. Einige Jahre später würde es im Vatikan zu einem Riesenklat kommen, weil ein Journalist auf eine solche Audienzliste geschaut hatte; damals hatte der Name der Star-Autorin Oriana Fallaci darauf gestanden. Die todkranke, bekennende Atheistin hatte vor ihrem Tod den Papst sehen wollen, und der Papst hatte zugestimmt. Alles sollte völlig geheim ablaufen. Doch dann fand ein Kollege auf der Audienzliste ihren Namen. Aber auf der Liste, die ich in der Hand hielt, standen nur völlig normale Gläubige. Ich überprüfte die Namen wieder und wieder. Nichts.

Lass es auf sich beruhen, dachte ich, sie wollen etwas verbergen. Also lass sie es doch einfach verbergen. Ich ging ein paarmal in meinem Büro auf und ab, dann hielt ich es nicht mehr aus und beschloss, alles auf eine Karte zu setzen.

Ich riefe erneut meinen Kontaktmann im Lateranpalast an.

»Du schon wieder«, stöhnte er ins Telefon.

»Ich glaube, ich weiß, warum ihr meinen armen Kollegen aus den USA so fertiggemacht habt, weil er sich die Audienzliste besorgt hat. Ich wollte dich eigentlich nur fragen, ob ich darüber schreiben darf.«

Er schwieg eine Weile, dann brach es regelrecht aus ihm heraus. »Mann, Andreas, ich beschwöre dich, wenn es so gewesen wäre, wie du sagtest, ein Missverständnis, ein Zufall, dann hätte ich gesagt, schreib doch, was du willst. Aber ich hatte heute eine ganze Menge Ärzte am Telefon, die meistens noch nicht einmal sehr fromm waren, und sie alle sagten, dass es aus medizinischer Sicht unerklärlich sei. Was das heißt, weißt du ja. Es war vielleicht tatsächlich ein Wunder. Also halt die Klappe.« Er legte auf.

Mich traf es wie ein Schlag. Deshalb hatten sie die Liste geheim halten wollen, jemand, der auf der Liste stand, hatte irgendetwas mit dem Wunder zu tun. Ich sah mir die Liste daraufhin noch einmal an. Mir fiel überhaupt nichts auf. Aber ich hatte jetzt einen Anhaltspunkt. Ich setzte mich auf meine Vespa und fuhr in den Vatikan, in die Fototeca.

Alle Audienzen eines Papstes werden fotografiert. Damals war noch Arturo Mari der Mann, der jeden Tag Dutzende, manchmal Hunderte von Besuchern fotografieren musste, die dem Papst die Hand gaben. Nach den Audienzen lief Arturo Mari in die Fototeca des Vatikans, ließ die Filme entwickeln, und die Fotos aller Audienzbesucher wurden auf Kontaktabzüge gedruckt, hunderte kleiner Probefotos. Bögen von Fotopapier, auf denen Menschen zu sehen waren, die dem Papst an diesem Tag die Hand gegeben hatten. Selbstverständlich wollten diese Pilger unbedingt das Foto haben, das sie mit dem Papst zeigte – und deswegen gab es die Fototeca. Dort konnten die Audienzbesucher auf den Kontaktabzügen das Foto suchen, auf dem sie zu sehen waren, die Nummer des Bildes auf einen Bogen schreiben, und dann bekamen sie einen Tag später einen großen, prächtigen Abzug dieses Bildes. Die große Masse der Kunden der Fototeca sind nicht die Menschen, die wichtig genug sind, damit ihnen der Papst die Hand gibt. Die meisten Pilger stehen einfach irgendwo an der Absperrung, und der Papst fährt während der Generalaudienz im Papamobil an ihnen vorbei. Da die Fotografen wie wahnsinnig auf die Auslöser drücken, haben viele Pilger die Chance, ein Foto zu bekommen, auf dem sie und der vorbeifahrende Papst gut zu erkennen sind.

Die Fototeca liegt in dem seltsamen Graubereich, der schon zum Vatikan gehört, in den man aber noch relativ leicht hineinkommt. Wer an der Porta Sant'Anna, dem Haupteingang zum Vatikan, steht, wird von den Schweizergardisten in der Regel abgewimmelt und darf nicht einfach den Vatikan betreten, es sei denn, man sagt, dass man in die Fototeca will. Dann darf man bis zur zweiten Sicherheitsschleuse. Links liegen die Kaserne der Schweizergardisten und der Turm der Vatikan-Bank IOR. Dort bewachen die Gendarmen den Zugang zum Vatikan, und hier ist für normale Besucher Schluss. Wer in die Fototeca will, wird gebeten, nach rechts zu gehen, am Lieferanteneingang des Vatikan-Supermarkts entlang, bis zur Redaktion der Vatikan-Tageszeitung *L'Osservatore Romano*, wo sich auch die Fototeca befindet. Hinter einer Glastür liegen auf großen Tischen die Kontaktabzüge der letzten Audienzen des Papstes. Man kann sich bei den nettesten Frauen, die der Vatikan zu bieten hat, die Zettel besorgen, sich dann die Kontaktabzüge ansehen und die Nummern der Fotos aufschreiben, die man als großen Abzug bestellen möchte.

Als junger Journalist war ich oft in die Fototeca geschickt worden, um das Foto eines Präsidenten, berühmten Politikers, Schriftstellers, Schauspielers zu beschaffen, die die Ehre gehabt hatten, dem Papst die Hand schütteln zu dürfen. Auch wenn sie ihm in Wirklichkeit die Hand schüttelten, hieß das im Vatikan-Jargon »Bacciamano«, »Handkuss«, denn eigentlich küsste jeder Gläubige aus Verehrung für seine Kirche den Fischerring an der Hand des Papstes. Karol Wojtyla war das eher peinlich, er gab den meisten Menschen schlicht und einfach die Hand. Ich hatte es mehrfach erlebt, dass ich überstürzt in die Fototeca gerast war, im absoluten Vertrauen auf meine immense Bildung, um dann schweißgebadet festzustellen, dass ich meine Bildung maßlos überschätzt hatte. Jedes Mal sollte ich das Foto irgendeiner wichtigen Frau oder eines Mannes abholen, die dem Papst die Hand geschüttelt hatten. Aber wenn ich dann vor den Kontaktabzügen stand, war ich mir auf einmal nicht mehr sicher. War der Mann mit den grauen

Haaren der argentinische Präsident, oder war es der Herr mit dem schicken Nadelstreifenanzug? War der Mann, der dem Papst als Geschenk einen Poncho überreichte, der Präsident oder der Außenminister? Welches von den Fotos musste ich bestellen? Es gab einen Trick, der nicht immer, aber manchmal funktionierte, wenn man nicht sicher war, wer in der langen Reihe der Fotos der Präsident war. Man konnte die Kontaktabzüge gegen das Licht halten. Um ein Foto zu bestellen, musste man ja die Nummer des Fotos auf einen Zettel schreiben. Fast alle Kunden legten diese Zettel auf das Fotopapier der Kontaktabzüge. Wenn man also die Kontaktabzüge gegen das Licht hielt, konnte man sehen, welche Nummer am häufigsten auf das Fotopapier geschrieben worden war. Manchmal war das Resultat eindeutig. Wenn Dutzende von Menschen beispielsweise das Foto Nummer 25 bestellt hatten, dann hatten sie den Bestellzettel auf das Fotopapier gelegt und so fest aufgedrückt, dass man die Ziffer auf dem Fotopapier erkennen konnte. Sah man auf dem Fotopapier, dass dutzende Mal die Zahl 25 in das Fotopapier gedrückt worden war, konnte man sicher sein, dass die Botschaft, die Familie des Präsidenten, Journalisten, Andenkenjäger dieses Foto bestellt hatten und das auf diesem Foto der Präsident war. So hatte ich mir manchmal aus der Patsche geholfen.

Weil die meisten Schweizergardisten mich kennen, ließen sie mich an diesem Tag mit der Vespa durch die Porta Sant'Anna fahren, dann bog ich links ab und parkte. Wie immer waren die Damen in der Fototeca reizend zu mir, als ich ihnen sagte, dass ich gern die Fotos der Audienz von jenem bestimmten Tag im Jahr 1995 haben wollte. Ich sah ihren lachenden Augen durchaus an, dass man ihnen gesagt hatte, die Fotos dieser Audienz besonders sorgsam zu behandeln, sie seien nicht für jeden gedacht. Aber ich war dort so oft gewesen, dass sie keinen Zweifel hatten, es handle sich um einen Routinevorgang. Vermutlich wollte ich nur das Foto eines Bürgermeisters aus Deutschland, der in dritter Reihe in der Nähe des Papstes gestanden hatte. Ich sah mir die Kontaktabzüge der Audienzbesucher an, mir fiel erst einmal nichts auf, die Gesichter waren auch viel zu klein, um sie wirklich zu erkennen. Dann hielt ich sie gegen das Licht und konnte erkennen, dass irgendwer ein besonderes Interesse am Foto Nummer 1136 gehabt hatte. Ich suchte zwischen den Kontaktabzügen das Foto, das dazugehörte, und erstarrte. Den Mann auf dem Foto kannte ich gut, und jetzt ahnte ich auch, was passiert war. Ich ging raus, setzte mich auf die Vespa, und ich wusste genau, wohin ich jetzt fahren musste.

Die Kirche Santa Maria ai Monti lag etwa fünfzehn Minuten zu Fuß von meiner Wohnung am Kolosseum entfernt. Ich ging aus einem ganz weltlichen Grund dort manchmal in den Sonntags-Gottesdienst, denn nur ein paar Schritte von der Kirche entfernt lag damals das meiner Ansicht nach beste Restaurant von ganz Rom, was das Preis-Leistungs-Verhältnis anging. Man konnte dort in der Via Panisperna für einen guten Preis Unmengen Fisch essen. Ich wusste nicht, wie der Pfarrer der Kirche hieß, sie gehörte nur zu jenen Kirchen, die nahe an meiner Wohnung lagen. Unübersehbar war natürlich das Schicksal des armen Don Andrea. Ich erinnere mich, dass er mir irgendwann auffiel, weil er mit der Brille eines Blinden am Altar stand, über Kopfhörer mit dem Pfarrer verbunden war, und manchmal hielt er die Predigt während des Gottesdienstes. Er bewegte sich in der Kirche mithilfe eines Stocks, manchmal stützte ihn eine junge Frau. Ich erfuhr, dass er blind war. Der engagierte junge Priester hatte sich einer Gruppe von Jugendlichen angenommen, die sehr schwere Drogenprobleme hatten. Er half ihnen, von der Sucht loszukommen, einige sollen auch ihre Drogendealer angezeigt haben. Ich weiß nicht, ob das stimmt. Sicher ist, dass Don Palamides am 21. Dezember 1993 sein Auto in der Via degli Annibali geparkt hatte, als eine Gruppe von Gangstern über ihn herfiel und ihn so brutal zusammenschlug, dass er wegen der schweren Kopfverletzungen sein Augenlicht verlor. Er ist ein junger, schmaler Mann, mit einem Bart und mit einem für einen Römer typischen Gesicht. Er schien aus Sicht eines Deutschen dazu geboren, um in einer griechischen Tragödie aufzutreten, und das Leben war tatsächlich eine Tragödie für ihn geworden. Sein Familienname stammte aus dem Griechischen: Palamides.

Ich betrat die dunkle Kirche Santa Maria ai Monti und setzte mich in eine Bank. Mehrere ältere Frauen waren versammelt, es war Nachmittag, sie würden vermutlich bald das »Ave Maria« zusammen beten. Ich entdeckte eine ältere Frau, die mir bekannt vorkam; ich hatte sie in dem einen oder anderen Gottesdienst gesehen. Sie saß in der Bank und sah auf den Altar. Ich ging durch die Kirche und setzte mich zu ihr. Sie sah mich an, erkannte mich und begriff sofort, dass ich sie offenbar sprechen wollte. »Was ist?«, fragte sie.

»Es ist doch wahr, es ist ein Wunder geschehen, oder?«

Sie sah mich ernst an und nickte. »Ja, es ist ein Wunder geschehen.« Dann legte sie den Finger auf den Mund. »Aber wir dürfen nichts sagen. Don Andrea will das nicht. Ich war auch gar nicht dabei. Sehen Sie die Frau mit dem schwarzen Schleier? Die war dabei.«

Ich bedankte mich und ging ein paar Bänke weiter. Auch die Frau mit dem schwarzen Schleier kam mir bekannt vor, sie nickte mir zu, konnte sich wohl an mich erinnern.

Sie sah mich von der Seite an und fragte leise: »Man sagt, Sie arbeiten am Vatikan, oder?«

Ich nickte.

»Haben die Sie geschickt?«

Ich schüttelte den Kopf.

»Nein«, sagte ich, »ich möchte nur wissen, was passiert ist.«

Sie sah fest auf den Altar und erzählte leise, als spräche sie nicht zu mir, sondern zu einem Unsichtbaren, der ihr am Altar zuhörte. »Es war in der Osternacht. Don Andrea Palamides zelebrierte mit Don Gino d'Anna die Messe. Die Messe war eigentlich schon vorbei, Don Gino d'Anna bat uns, die Flugblätter für das Pfarrfest am 26. Mai zu verteilen. Ich sah, wie Don Andrea plötzlich ganz ruhig, ohne den Stock zu benutzen, vom Altarraum in die Sakristei ging. Er nahm sich dort die Sonnenbrille ab und sah auf das Mädchen, das ihm während der Messe geholfen hatte. Sie hieß Ilaria, er sagte zu ihr: ›Ich kann dich sehen.‹ Don Gino lief in die Sakristei, und dann kam er wieder in die Kirche hinaus und sagte mit lauter Stimme: ›Don Andrea kann wieder sehen!‹ Dabei hatten die Ärzte ihm gesagt, es gebe keine Chance, er war seit achtzehn Monaten in Behandlung, ohne Besserung.«

»Kurz vor dem Wunder hatte er eine Papstaudienz. Ist das wahr?«

»Ja, das stimmt. Karol Wojtyla sagte ihm, dass er für ihn beten werde. Wissen Sie, Don Andrea will nicht, dass wir darüber sprechen, und er selbst sagt, dass er das Geheimnis für sich bewahren will. Aber es gibt in der Pfarrei hier keinen Zweifel daran, dass Papst Johannes Paul II. für Don Andrea ein Wunder erfleht hat.«

Habt keine Angst!

Arezzo, Toskana, Herbst 1995. Die Geschichte, die viele im Vatikan für das unglaublichste Wunder aus dem Leben des Karol Wojtyla halten, begann für mich im Herbst 1995 unerwartet. Die erste Spur entdeckte ich nicht im Vatikan und auch nicht in Rom, sondern ein paar hundert Kilometer entfernt, in der Toskana, nahe Arezzo. Im Jahr 1990 war dort ein Projekt entstanden, dem meine uneingeschränkte Bewunderung gilt. Der Bischof von Arezzo hatte bereits im Jahr 1977 das der Kirche gehörende verlassene Dorf Rondini bei Arezzo einer Gruppe engagierter Christen übergeben, die dort den Grundstein gelegt hatten, um einen Traum zu verwirklichen: Sie wollten eine Stadt des Friedens aufbauen, eine Stadt, in der der Friede zu Hause sein, von der Friede ausgehen sollte. Deswegen war die Gruppe 1988 in die Sowjetunion gereist und hatte Freundschaften geknüpft. Zufällig, ohne zu ahnen, was geschehen würde, hatte die Gruppe auch gute Kontakte nach Tschetschenien aufgebaut. Diese Beziehungen entwickelten sich so gut, dass der erste Präsident Tschetscheniens Dschochar Dudajew später aus Dankbarkeit für die Unterstützung aus Italien anbot, einen Platz in seiner muslimischen Hauptstadt Grozny nach dem Heiligen Franz von Assisi zu benennen. Nachdem die sowjetische Luftwaffe im Dezember 1994 den Flughafen von Grozny bombardiert hatte und der Tschetschenienkrieg begann, war diese Freundschaft der Gruppe aus dem Dorf

Rondini zu Russen und Tschetschenen gleichzeitig plötzlich geopolitisch wichtig. In dem Dorf bei Arezzo wurde über einen 72-stündigen Waffenstillstand im fernen Grozny verhandelt, hinter den Kulissen.

Aus dieser ersten Vermittlungsaktion im Hintergrund sollte im Jahr 1997 eine sagenhafte Idee entstehen: Junge Menschen, deren Väter Völkern angehörten, die Todfeinde waren, sollten zusammenleben, einander kennenlernen, Vorurteile abbauen und dann als Botschafter des Friedens nach einem Studium in ihre Heimatländer zurückgehen. Während die Soldaten ihrer Völker sich gerade gegenseitig töteten, aßen diese jungen Männer zusammen, studierten zusammen. Das Zusammenleben führte natürlich dazu, dass keiner der Studenten sich vorstellen konnte, seinen Mitbewohner eines Tages zu erschießen, nur weil der eben Tschetschene oder Russe war. Später zogen in diesem restaurierten, wunderschönen Friedensdorf Israelis ein, die mit palästinensischen Studenten und mit Libanesen zusammenlebten, während ihre Völker aufeinander schossen. Die Grundlagen zu diesem Traum waren aber die geheimen Verhandlungen im Jahr 1995.

Es gab für einen Vatikan-Fachmann aber noch einen weiteren Grund, in dieses wunderschöne, abgelegene Dorf zu fahren: Einer der wichtigsten Unterstützer dieser Gruppe war ein frommer Geheimagent, Domenico Giani, ein Polizeifachmann, der für den italienischen Geheimdienst SISDE arbeitete und sich in seiner Freizeit um die Friedensstadt Rondini kümmerte. Schon damals sagte man ihm einen sehr guten, aber auch sehr geheimen Kontakt zum Papst nach, was sich schließlich bestätigte. Er wurde 1999 Vize-Kommandant der Gendarmerie des Vatikans, der Polizei des Papstes, und im Jahr 2006 schließlich ihr Chef. Die

Mitarbeiter der »Rondini-Initiative« standen in dem Ruf, dank ihres Kontaktes zu Domenico Giani sehr gute Informationen aus dem Vatikan zu erhalten. Ob das stimmte, wusste ich nicht.

Die Fahrt nach Arezzo war ein Traum. Ich verließ bei Orvieto die Autobahn und fuhr über die Landstraßen der Toskana nach Norden. Arezzo scheint auf den ersten Blick eine dieser toskanischen Traumstädte, mit einem sensationellen Antiquitätenmarkt; in Wirklichkeit ist Arezzo eine der rätselhaftesten Städte Italiens, das geheime 007-Hauptquartier. Nirgendwo sonst hatte ich so seltsame Geschichten mit Geheimdienstlern erlebt wie ausgerechnet in Arezzo. Der im Jahr 1919 geborene Geheimagent Licio Gelli lebte dort in seiner Villa Wanda unter Hausarrest. Er hatte im Jahr 1981 einen Staatsstreich in Italien geplant und die geheimnisvolle Loge P2 gegründet, war mehrfach aus Gefängnissen ausgebrochen, und wieder festgenommen worden – und er hatte mir in Arezzo sein Leben erzählt. Jetzt spielte wieder ein solcher Geheimagent eine große Rolle, Domenico Giani.

Der Besuch in dem Rondini-Dorf war beeindruckend und wunderschön zugleich. Es machte Mut, wie diese Christen versuchten, mit kleinen Schritten in einer bedrohten Welt Frieden zu stiften. Ich saß abends mit einer Gruppe der Organisatoren zusammen, wir tranken Kaffee und plauderten über den Vatikan. Ich verheimlichte natürlich nicht, dass ich an Neuigkeiten interessiert war, sofern die Gruppe überhaupt etwas wusste.

Irgendwann musste ich gehen und brachte meine Tasse zurück in die Küche, als einer der Organisatoren der Rondini-Gruppe neben mir stehen blieb.

»Werden Sie über uns schreiben?«

»Klar«, sagte ich, »gern, aber im Gegenzug wäre ich dankbar, wenn Sie mir irgendetwas aus dem Vatikan erzählen könnten, was ich noch nicht weiß.«

»Es gibt etwas«, sagte er leise.

»Was denn?«

»Sie untersuchen eine Blutprobe, das soll superstreng geheim sein, aber es geht seit Tagen um nichts anderes als um die geheimen Untersuchungen einer Blutprobe.«

»Danke«, sagte ich und fuhr nach Rom zurück.

Die Macht des leidenden Papstes

Der Papst ist krank, dachte ich sofort, anders kann es gar nicht sein. Wenn sie ein Geheimnis aus der Untersuchung einer Blutprobe machen, dann kann es nur diesen einen Grund geben. Karol Wojtyla ist wieder krank, und sie wollen es geheim halten. Er hatte schon einmal eine schwere Virus-Infektion überstehen müssen. Nach dem Attentat war ihm im Jahr 1981 verseuchtes Blut übertragen worden, in dem ein Virus unentdeckt geblieben war. Monatelang hatte der Papst gegen das Virus kämpfen müssen. Ich versuchte mich daran zu erinnern, ob der Papst in den vergangenen Wochen oder Tagen besonders leidend ausgehen hatte; aber ich wusste, dass es eigentlich ein aussichtsloses Unterfangen war. Karol Wojtyla ließ sich Schmerzen nie anmerken. Ich erinnere mich an einen Empfang der Welternährungsorganisation FAO. Der Papst hatte eine Rede gehalten, war dann die Treppenstufen hinuntergegangen und auf den Boden gestürzt. Es hatte übel ausgesehen, sein Sekretär Don Stanislaw Dziwisz hatte ihn gleich ins Krankenhaus bringen wollen, doch der Papst hatte sich geweigert. Er hatte darauf bestanden, alle circa zweihundert Delegierten der FAO persönlich zu begrüßen, jedem die Hand zu geben. Erst danach ließ er sich ins Krankenhaus bringen. Und es stellte sich heraus, dass er mit einem gebrochenen Arm den Delegierten die Hand geschüttelt hatte. Papst Johannes Paul II. war kein Mann, der dazu neigte zu jammern.

Wenn ein Papst ernsthaft krank wird, müssen ein paar Entscheidungen getroffen werden, die sich nur schwer geheimhalten lassen. Die erste betrifft die Agostino-Gemelli-Klinik. Wenn abzusehen ist, dass der Papst eingeliefert werden wird, muss das für ihn reservierte Appartement vorbereitet werden. Außerdem wird die ganze Klinik aufgemöbelt, weil die Krankenhausleitung natürlich weiß, dass mit dem Papst hunderte Journalisten kommen würden, um das Krankenhaus Tag und Nacht zu belagern und es für einige Tage oder Wochen fast täglich in die Nachrichtensendungen zu bringen. Deswegen wird die Kaffeebar aufgepeppt, der Eingang wird geschrubbt, frische Blumen werden in die Kübel vor der Auffahrt gepflanzt. Vor allem aber musste der sogenannte Kamera-Hügel von den Autos der Angestellten geräumt werden; dort oben standen dann die Kameras und Übertragungswagen der Sender, weil man von dort das Fenster des päpstlichen Appartements sehen kann, von dem aus Johannes Paul II. manchmal zu grüßen pflegte und auch den Angelus betete. Um das alles vorbereiten zu können, musste einigen Mitarbeitern der Urlaub gestrichen werden, andere mussten aus den Ferien zurückgeholt werden. Völlig ohne Aufsehen ging das eigentlich nie ab. Die Schwägerin eines befreundeten Fotografen arbeitete in der Gemelli-Klinik, und ich rief sie an. Aber sie sagte, dass in der Klinik bisher nichts darauf hindeute, dass der Papst kommen würde. Hatten sie diesen Krankenhausaufenthalt besser geheimhalten können, oder wollten sie ihn im Vatikan behandeln lassen?

Das zweite sichere Anzeichen für eine Erkrankung des Papstes waren die Vorwarnungen an die römischen Pfarreien. Der Papst besuchte damals sehr oft am Sonntag eine der über 920 Kirchen Roms. Es reichte meist, auf der entsprechenden Liste nachzusehen, um zu kontrollieren, welche Pfarrei als nächste dran war, und dann dort anzurufen. Wenn der Papst erkrankte, musste der betroffene Pfarrer vorgewarnt werden, dass der Papstbesuch eventuell verschoben werden müsste. Aber auch diese Fährte ergab nichts. Es gab noch eine dritte Möglichkeit, um herauszufinden, ob der Papst erkrankt war. Man konnte diejenigen fragen, die es wissen mussten; doch diese Methode war wirklich nur in absolut verzweifelter Lage ratsam. Selbstverständlich wurde sein damaliger Leibwächter Camillo Cibin darüber informiert, wenn ein Krankenhausaufenthalt des Papstes oder eine Änderung seines Tagesablaufs bevorstand, weil er im Bett bleiben musste. Doch Camillo Cibin war auf eine fast legendär schroffe Art und Weise verschwiegen. Es ging das Gerücht, meiner Erfahrung nach zurecht, dass er nicht einmal auf die Frage »Wie spät ist es, bitte?« antwortete.

Auch der vermutlich berühmteste Leibarzt der Welt, Dr. Renato Buzzonetti, der vier Päpsten diente, musste natürlich informiert werden. Der Arzt und leidenschaftliche Fan klassischer Musik, vor allem der Kirchenmusik, würde nur einmal ausführlich über den Gesundheitszustand des Papstes sprechen, und zwar mehrere Wochen nach dessen Tod. Den Sekretär Don Stanislaw Dziwisz zu fragen, verbot sich von allein, wenn man nur seinen Spitznamen hörte, »der Verschwiegene«.

Ich hatte aber noch ein Ass im Ärmel. In Trastevere wohnte der langjährige Mitarbeiter jenes Bischofs, der mich und meine Frau in Rom im Jahr 1990 getraut hatte, ein alter erfahrener Prälat, der mir wohlgesonnen war. Ich besuchte den alten Mann ab und zu. Er lebte in einer dieser gigantischen Wohnungen, die zum Komplex des Vatikans in Trastevere gehören. Die Wohnungen haben, gemessen an den Maßstäben römischer Familien, die nicht selten dazu gezwungen sind, dass der eine oder andere aus Platzmangel auf dem Flur schlafen muss, das Ausmaß einer Bahnhofshalle. Aber sie muten ausnahmslos unendlich traurig an. Die Zimmer sind vollgestopft mit allem erdenklichen religiösen Gerümpel, überall liegen vergilbte Schriften aus dem Vatikan herum. Mehrere Schrankwände gehen allein für die gesammelten Schriften der Päpste der vergangenen Jahrzehnte drauf, die von den alten Herren natürlich nie gelesen werden. Im Wohnzimmer hängen Fotos der jeweiligen dort lebenden Kirchenmänner mit den Päpsten. Alle, ausnahmslos alle, haben Fotos mit Papst Johannes Paul II., weil er einen Großteil seines Lebens damit zubrachte, Tausende von Priestern zu empfangen; einige haben noch ein Foto mit Papst Paul VI. und ganz wenige ein Erinnerungsfoto mit Papst Johannes XXIII. Auf dem Wohnzimmertisch liegen meistens Bildbände über Kirchen und Kapellen, daneben oft die abgegriffene Fernbedienung für einen alten Röhrenfernseher, dem liebsten Stück der älteren Herren. Sie alle tragen Pantoffeln, leben unter dem Kommando herrschsüchtiger Haushälterinnen, und viele sind verbittert, aber vor allem einsam. Mein Gesprächspartner litt auch unter einer resoluten Haushälterin, war aber weder verbittert noch einsam. Er war ausgezeichneter Stimmung, trotz des Plunders in der Wohnung, von dem er sich nicht trennen konnte. Ich schätzte ab, wie viele Lkw-Ladungen von längst überholten vatikanischen Schreiben in dieser Wohnung langsam verrotteten. Es waren etliche.

Wie immer freute ich mich, ihn zu sehen, wie immer bekam ich einen sensationell schlechten Kaffee von einer unendlich schlecht gelaunten Haushälterin – und kam dann gleich zur Sache. Er erhielt immer noch viel Besuch von Bischöfen und Kardinälen, die dem Papst Bericht erstattet hatten. Erstens, weil es angenehm war, mit ihm zu plaudern, und zweitens, weil er gern Karten spielte, Poker oder Gin-Rommé.

»Im Vatikan reden jetzt alle über die Blutprobe«.

Er lächelte. »Ich weiß, es ist verrückt. Auf einmal scheinen die Kirchenrechtler und Glaubenswächter Ärzte geworden zu sein. Du kannst kaum noch in ein Zimmer kommen, da tuscheln sie schon von Rhesusfaktor und vom Blutbild, über Blutgruppe A und B: Es ist verrückt. Alle sagen mir das.«

»Aber was ist das für eine Blutprobe, über die sie alle reden?«

»Na ja, wenn sie so geheimnisvoll tun, dann betrifft es wohl den Papst. Da wär ich fast zu einhundert Prozent sicher. Ich kann mir nicht vorstellen, dass sie sich so ausführlich über das Blutbild seiner Sekretärin Schwester Tobiana unterhalten würden, aber was Genaues weiß ich auch nicht«, schloss er lachend. Dann wurde er auf einmal sehr ernst. »Es täte mir sehr leid, wenn Karol Wojtyla schon wieder ernsthaft krank wäre. Es gibt deswegen so viel Heuchelei im Vatikan. Die Prälaten und Bischöfe und die Kardinäle können gar nicht oft genug sagen, wie sehr sie es bedauern, dass der Papst krank ist, aber sie wissen ganz genau, dass ihnen nichts so sehr hilft. Dieser leidende

Karol Wojtyla ist eine Macht geworden. Seit der Darmoperation im Jahr 1992 soll er immer wieder Fieber haben, und seit der Hüftoperation vom April 1994 scheint er nie mehr schmerzfrei zu sein, er kann weder sitzen noch gehen, noch stehen ohne Schmerzen.«

»Ich weiß«, sagte ich, »keiner darf es sagen, aber alle wissen es, die Hüftoperation war ein Fehlschlag, irgendwer hat da gepfuscht.«

»Aber gerade dieser leidende, kämpfende Papst«, ergänzte mein Gegenüber, »ist eine unglaubliche Macht geworden. Denk doch mal nach! Heute gehen Dinge, die früher unvorstellbar gewesen wären. Selbst die Orthodoxie, die uns seit fast tausend Jahren hasst, will sich plötzlich mit Rom aussöhnen, die Staatschefs geben sich im Vatikan die Klinke in die Hand, wir haben die Jugendlichen wieder an unserer Seite. Erstmals seit Jahrhunderten sind wir weltpolitisch wieder wer, und zu verdanken haben wir das einem Mann und seinem Leiden, weil er so unendlich glaubwürdig ist, ein Kämpfer, der etwas Einzigartiges zeigt: Dass Religion Gutes tun kann, dass Päpste mehr können, als sich auf einem Stuhl im Petersdom herumtragen zu lassen, dass sie Frieden schaffen können, ohne eine Armee zu besitzen. Die Sowjets haben das erlebt.«

Ich wusste, dass er recht hatte. Darin wurzelt das Wunder, das Karol Wojtyla an mir ganz persönlich wirkte: In all den Jahren, in denen ich diesem immer schwächer werdenden Papst gefolgt bin, habe ich erlebt, dass dieser eigentlich hilflose Mann, der nichts weiter besaß als seine leeren Hände und seinen Glauben, in der Lage gewesen war, damit die Welt zum Besseren zu verändern. Es war nicht die Medienmaschine des Vatikans. Er war es. Er stand einfach nur da, mit seinem Stock in der Hand; krumm waren die Schultern des alten Bergsteigers geworden, schwach sein Händedruck, er hatte alles gegeben, was er hatte geben können. Ihr müsst jetzt entscheiden, das war die Botschaft dieses Mannes. Ihr müsst jetzt entscheiden, ob ich es gut gemacht habe, ob ich euch Gott näher gebracht habe – und er hatte es gut gemacht. Auch wenn ich mich in allen den Millionen Menschen irre, von denen ich annehme, dass er sie verändert hat, in einem bin ich mir absolut sicher. In meinem unbedeutenden Leben hatte er es gut gemacht. Für mich war die Welt eine andere geworden, seitdem ich ihn kannte. Ich konnte nicht mehr aufhören, darüber nachzudenken: Was ist, wenn dieser Karol Wojtyla recht hat, wenn es tatsächlich einen Gott gibt?

Dieser Mann aus dem Kaff Wadowice in Polen war bei mir gewesen, als meine Mutter, die im heutigen Polen geboren worden war, auf dem Sterbebett lag, in diesem Krankenhaus in Hamm in Westfalen. Als ihr Blick in der Agonie immer wieder zu dem schmalen Bronzekreuz an der Wand neben mir wanderte. Als hätte er sie und mich gekannt, war seine Botschaft gewesen: »Habt kein Angst!« Denn das war es gewesen, was das Innere meiner Mutter bestimmt hatte: Angst. Angst um mich, Angst davor, wie es weitergeht in einer Familie, die aus ihrer Sicht ständig Angst vor Armut haben musste. Ihre Waffe gegen alles war Liebe gewesen. Sie sah mich an in diesen Nächten, als sie mit dem Tod kämpfte, und ich sah in ihren Augen, dass sie dachte: »Immerhin ist der Andi da.« Dabei konnte ich ihr die Angst nicht nehmen, ich konnte nur da sein und mit ihr hoffen, denn mir hatte Karol Wojtyla die Angst genommen, zumindest einen großen Teil meiner Angst.

Er war nie eine Majestät gewesen, hatte es nie sein wollen. Wojtyla war ein Mensch gewesen, keine Figur, keine Maske, ein Mensch, der sein Leben lang an dem Schicksal trug, dass er die Menschen, alle Menschen, liebte. Die Medien, natürlich auch ich, hatten sich über ihn lustig gemacht. Sie hatten seinen Versuch, die jungen Menschen zu erreichen, belächelt. Es erschien uns wie ein schlechter Witz, dass ein alter Mann überall auf der Welt bei Millionen Jugendlichen ankommen wollte, mit etwas Uraltem wie der Botschaft der katholischen Kirche. Es gelang ja der Unterhaltungsindustrie nicht einmal, die jungen Menschen der Welt mit ständig neuen Trends zu versorgen. Die Moden wechselten sich wöchentlich ab, die elektronischen Spielzeuge schienen schon veraltet, wenn sie auf den Markt kamen, und da wollte dieser Mann aus Polen die zweitausend Jahre alte Botschaft eines Schreinersohnes aus Nazareth verkaufen? Und als er es schaffte, konnte die Welt nicht fassen, dass Millionen und Abermillionen Jugendliche nicht nur zur Love-Parade, sondern auch zum Papst pilgerten. Jeder, der in den Jahren dabei gewesen ist, weiß, warum Karol Wojtyla es geschafft hat, die jungen Menschen für sich einzunehmen, sie zu begeistern. Er meinte, was er sagte. Er tat all das nicht, weil er Geld verdienen oder wiedergewählt werden wollte; er wollte die Menschen nicht belehren. Er glaubte das, was er sagte, und er war bereit, alles dafür zu geben; und er wusste auch, dass viele ihm im Vatikan den Rücken kehrten, gerade dann, wenn es darauf ankam.

Nie habe ich das so dramatisch gesehen wie am 8. November 1999. Die Vatikan-Delegation kam aus Indien, und alle hatten sich mit dem Essen in der Nuntiatur in Neu Delhi vergiftet. Die Kardinäle litten unter Bauchschmerzen, Schüttelfrost, hohem Fieber und waren nach der Landung in Tiflis in Georgien allesamt so schnell wie möglich ins Hotel oder in die Nuntiatur, in bequeme Zimmer, bequeme Betten geflohen. Sie hatten Karol Wojtyla allein in die uralte Kathedrale nach Mtskheta zu einem Treffen mit den georgischen Bischöfen fliegen lassen, den Papst, der genauso krank war, der am ganzen Körper so stark zitterte, dass er nicht in der Lage war, eine Kerze zu halten. Ich fürchtete damals, dass er das Bewusstsein verlieren würde.

Ich schäme mich manchmal für die Jahre, ich schäme mich dafür, ihn zwei Jahrzehnte lang angegafft zu haben, ihn nicht aus den Augen gelassen zu haben, auch dann nicht, wenn er einfach nicht mehr konnte. Er ertrug es nicht nur, er wollte es so. Das war seine Botschaft. Es wäre so einfach für ihn gewesen zu sagen: Schluss jetzt! Ich kann nicht mehr. Ich bleibe im Vatikan und setzte mich nicht mehr den Hunderten von Kameras aus, aber er tat es nicht. Er wollte bis zum Schluss ein Menschenfischer sein, eben Petrus. Und es fällt mir sehr schwer zu glauben, dass es Gott nicht gibt, wenn ich mich daran erinnere, wie der Wind die Bibel auf seinem Sarg durchblätterte.

Wie sagte er doch am 29. Mai 1994: »Wenn ich vor den Mächtigen der Welt stehe…«, und schon dieser Teil des Satzes war unglaublich. Alle Mächtigen der Welt, Michail Gorbatschow, Ronald Reagan und Helmut Kohl und viele andere, hatten längst anerkannt, dass er einer der einflussreichsten Männer der Welt war. Doch er selbst sah das nicht so, er zählte sich nicht zu den mächtigen Männern der Welt, er sah sich wie ein Bettler vor den Mächtigen stehen. Er sagte also damals: »Wenn ich vor den Mächtigen der Welt stehe, was kann ich denn dann sagen, wenn nicht über das Leiden sprechen? Ich möchte ihnen sagen: Versteht doch, warum der Papst wieder ins Krankenhaus muss, warum er wieder leiden muss, versteht es doch, denkt darüber nach.« Die Ohnmacht des Menschen Karol Wojtyla war ein wichtiger Teil seiner Botschaft geworden, er schien ein Häuflein Elend zu sein, dem aber ein allmächtiger Gott beistand. »Der Papst hat vierzehn Enzykliken geschrieben, und eine, die wichtigste und letzte, hat er nicht geschrieben, sondern gelebt, sein Leiden war ein Teil seiner Botschaft geworden.« So beschrieb es mir der damalige Papstsprecher Joaquín Navarro-Valls nach dem Tod Karol Wojtylas.

Und jetzt war dieser Papst offenbar wieder einmal ernsthaft krank, so krank, dass sie im Geheimen sein Blut untersuchten. Ließ Gott diesen Papst leiden, um zu zeigen, dass der Mann sein Werkzeug war und in seinem Namen sprach? Das war es, was der Papst glaubte.

»Vielleicht solltest du einen Termin im Kloster machen, wenn du herausfinden willst, wie es ihm geht«, ergänzte der alte Herr zum Abschluss unseres nachdenklichen Gesprächs. Klar, dachte ich, das hatte ich mir auch schon überlegt.

»Gut«, sagte er schließlich, »ich mache dir einen Termin.«

Der verschwiegene Paradiesgarten von Rom

Das »Kloster« gehörte damals zu den wichtigsten Informationsbörsen Roms; heute hat es leider dieses Privileg verloren, weil es diese Drehscheibe für Informationen aus dem Vatikan einfach nicht mehr gibt. Seit dem Jahr 1992 war das Kloster so wichtig, weil der ehemalige, siebenfache italienische Ministerpräsident Giulio Andreotti, der zum Senator auf Lebenszeit ernannt worden war, sich jetzt endlich seinem Lieblingsthema, dem Vatikan, der katholischen Kirche und der Politik, widmen konnte und sich zum Spazierengehen in das Kloster fahren ließ. In dem Kloster nannten sie ihn aber selten bei seinem Namen oder mit seinem Titel »Presidente«, den ein italienischer Ministerpräsident sein Leben lang behält, auch wenn er längst nicht mehr im Amt ist. Sie nannten ihn nach seinem Spitznamen: »La volpe«, der Fuchs.

Das Kloster liegt an einem der schönsten Plätze Roms, der Piazza dei Santi Giovanni e Paolo. Dort kann man erleben, was ansonsten nur durch aufwendige Tricks im Kino möglich ist: eine Zeitreise. Wer durch das Tor in die Via di San Paolo della Croce spaziert, wandert plötzlich in eine andere Welt, in ein Rom, wie es vor tausend Jahren ausgesehen hat. Das Kloster der Passionisten scheint wie in einem märchenhaften Zauberschlaf gefangen zu sein. Schräg gegenüber liegen die Studios von Silvio Berlusconis Fernsehsender Canale 5, sehr knapp bekleidete Frauen tanzen da auf eine für Kirchenmänner kaum akzeptable Art und Weise. Nirgendwo in Rom liegen das Heilige und die Versuchung so nah nebeneinander. Das Passionistenkloster besitzt einen riesigen Park, groß genug für einen Truppenübungsplatz, und manchmal, wenn ich dort war, plagte mich ein sehr unheiliger Neid. Ich habe selbst ein halbes Jahrzehnt in diesem Stadtteil gewohnt und weiß, wie viele Eltern dort froh sind, einen Balkon zu haben, auf den sie ihre Kinder wenigstens zum Luftschnappen schicken können, denn sich bewegen oder spielen ist auf den zwei Quadratmetern kaum möglich. Aber was sollen die Eltern ihren Kindern schon anbieten? Auf der Straße zu spielen, ist in Rom lebensgefährlich, und Spielplätze gab es in dem Stadtviertel damals noch nicht. Wie viele Hunderte von Kindern könnten in diesem Park der Passionisten spielen, denke ich jedes Mal, wenn ich mit den alten Herren dort spazieren gehe.

Mein Bekannter aus Trastevere machte mir einen Termin bei einem der Passionistenpater, über den mich eine Freundschaft mit Pater J. auf Kuba verband. Er schrieb damals schon seit Jahren an den Lebensgeschichten besonders frommer Ordensbrüder. Er empfing mich und lud mich zu einem Spaziergang in den Park ein. Das Kloster steht auf den Grundmauern eines römischen Hauses, Kaiser Neros gigantischer Park lag gleich nebenan. Die Aussicht auf das Tal des Kolosseum und den Stadtteil San Giovanni mit der Lateranbasilika ist umwerfend. Offiziell kam Giulio Andreotti nur zum Spazierengehen hierher, aber die politische Szene Roms wusste, dass er hier, wo er nicht gesehen werden konnte, mit den Spitzen der katholischen Kirche Kontakte aufnahm. Diskret ließen sich die Kirchenmänner in das Kloster fahren, um dort Gespräche zu führen, die niemanden etwas angingen. Damals gab es noch eine Tradition, die mit dem Tod Karol Wojtylas unterbrochen wurde. Der Papst verlangte auf vielen Auslandsreisen sozusagen im Gegenzug dafür, dass er gekommen war, die Freilassung von Gefangenen, die aufgrund ihrer religiösen oder politischen Überzeugung in Haft saßen. Die Vorbereitungen zu solch delikaten Operationen erledigten die Herren im Vatikan damals noch gern mithilfe von Männern, die im Hintergrund die Fäden ziehen konnten, wie Giulio Andreotti, der ausgezeichnete Verbindungen zur arabischen Welt hatte.

In diesem weitläufigen Park spazierten der Passionistenpater und ich ein bisschen hin und her, dann traute ich mich, über meine Vermutung zu sprechen. »Sie tuscheln im Vatikan alle über eine Blutprobe. Ich glaube, dass sie nicht sagen wollen, dass der Heilige Vater wieder ernsthaft erkrankt ist.«

»So? Glaubst du? Er schien mir während der letzten Generalaudienz völlig normal.«

»Ich sage dir, da stimmt was nicht. Könntest du nicht einfach mal euren Gast fragen, ich meine, der weiß garantiert Bescheid.«

Er blieb stehen und sah mich an: »Das ist natürlich völlig ausgeschlossen. Der Präsident kommt nur hierher, um seine Ruhe zu haben und auszuspannen.«

Ich sah ihm jetzt auch in die Augen, und der Rest der Unterhaltung vollzog sich in Blicken, nicht mit Worten. Meine Augen sagten ihm: »Komm, hör doch auf mit dem Blödsinn. Ich weiß ganz genau, dass ihr hier mit ihm die Köpfe zusammensteckt.« In seinem Blick stand geschrieben: »Okay, ich frage ihn, aber ich werde nie zugeben, dass er hier irgendetwas anderes tut, als an den Rosen zu schnuppern.«

»Der Fuchs« und die Fahrer des Vatikan

Ich rief ihn eine Woche später an, und seine Reaktion am Telefon verriet mir sofort, dass er etwas herausbekommen hatte, das ihm gut gefiel. Er war geradezu überschwänglich, und auf meine vorsichtige Frage, ob ich ihn bald mal besuchen könnte, meinte er, ich solle am besten gleich kommen.

Ich ließ mich wieder zu seiner Zelle bringen, und wieder schlug er vor, dass wir nach draußen gehen sollten. Damals war es völlig normal, dass man heikle Gespräche mit

Kardinälen oder Bischöfen des Vatikans draußen an der frischen Luft führte. Ein typisches Überbleibsel des Kalten Kriegs. Denn natürlich wusste im Vatikan jeder, dass Karol Wojtyla während seiner Zeit als Bischof von Krakau alle wichtigen Gespräche draußen im Freien geführt hatte, weil seine Wohnung verwanzt gewesen war. Die Polen hatten sich nicht einmal sonderlich viel Mühe gegeben, die Mikrofone zu verstecken, und der Papst hatte sich damals zum maßlosen Ärger der polnischen Polizei über die Abhöraktionen lustig gemacht. Er hatte die Soldaten, die ihn abhörten, oft auf den Arm genommen, ihnen viel Spaß beim Zuhören gewünscht, ihnen manchmal vorgehalten, dass sie sich schämen sollten, manchmal ihnen auch angepriesen, was es zum Abendessen gab, und dass sie zwar das Klirren des Geschirrs hören, aber nicht sehen konnten, was der Bischof von Krakau aß. Damals führte Karol Wojtyla die Vorsichtsmaßnahme ein, grundsätzlich alle wichtigen Gespräche im Freien zu führen. Ich weiß nicht, ob der italienische Geheimdienst das Kloster abhörte, ich glaube es eher nicht, aber möglich ist es schon.

Wir hatten ein paar Schritte zurückgelegt – wieder einmal hatte ich mich gewundert, wie es inmitten dieses Molochs von einer Stadt eine solche Insel der Stille und der reinen Luft geben konnte –, als er auch schon loslegte. »Also deine Spürnase ist auch nicht mehr das, was sie mal war.«

»Was meinst du?«

»Du hast total danebengelegen, aber total.«

»Der Papst ist also nicht krank?«

»Dem Papst geht es bestens, deine Spekulationen über eine Krankheit waren an den Haaren herbeigezogen.«

»Man muss auch verlieren können. Also worum geht es bei der Blutprobe? Es ist gar nicht seine.«

»Nein, es ist nicht seine. Es geht um ein Wunder.«

»Um ein Wunder?«, fragte ich überrascht.

»Ja, ein Wunder. Es ist ein Wunder, aber du musst die Klappe halten.«

»Was für ein Wunder?«

»Keine Ahnung. Mein Informant meinte, dass dieses Wunder die ganz hohen Herren im Vatikan regelrecht geschockt habe. Er war überzeugt, dass niemand darüber reden werde. Er selber hat mir auch nicht mehr gesagt, als dass es ein unglaubliches Wunder sein soll.«

»Mehr wusste er nicht?«

»Na ja, er sagte noch etwas, aber das wird dich nicht sonderlich interessieren; der Vatikan rätselt darüber, ob der Heilige Quentin, der Märtyrer, das Wunder erwirkt haben soll.«

»Was hat das denn zu bedeuten?«

»Na ist doch klar. Der Heilige Quentin ist ein Schutzheiliger des Kalenders, das heißt, das Wunder fand an einem 31. Oktober statt, vor dreizehn Tagen.«

Ich fuhr mit der Vespa zurück zum Vatikan. Ich wusste, was ich jetzt zu tun hatte, auch wenn die Chance nicht gerade groß war. Wenn man im Vatikan glaubte, dass ein Wunder passiert sein könnte, gerade eben erst und nicht vor fünfhundert Jahren, dann war die Glaubenskongregation zuständig. Die erste Sektion musste die Sache untersuchen, es war deren Job herauszufinden, ob es sich um Betrug handelte. Aber die Priester dort waren zu strengstem Stillschweigen verpflichtet. Wenn sie ein Wunder untersuchten, war der Versuch, sie zum Reden zu bringen, völlig aussichtslos.

Die Via della Conciliazione ist eine im Auftrag Benito

Mussolinis erbaute Straße, die schnurgerade den Tiber mit dem Petersdom verbindet. Architektonisch ist diese Straße eines der schwersten Verbrechen Roms. Das ganze Stadtviertel, das an dieser Stelle gelegen hatte, wurde abgerissen. Mit seinen kleinen verwinkelten Gassen hatte der geniale Architekt Gian Lorenzo Bernini, der die Kolonnaden zwischen 1656 und 1667 vor dem Petersdom baute, auf den Effekt gesetzt, dass der Besucher aus dem Gassengewirr auf den Petersplatz tritt und in diesem Kontrast dessen einzigartige Größe und Pracht unmittelbar erlebte. Der tumbe Mussolini hatte diese Feinheiten des Barock nicht begriffen, einfach alles abgerissen und den Effekt zunichte gemacht. Auf dieser Straße kann man täglich die blauen Limousinen der Fahrbereitschaft des Vatikans sehen, einer Art Taxi-Service des Papstes. Jeder Prälat, Bischof, Kardinal, also jeder, der im Vatikan einigermaßen wichtig ist, kann die eleganten Herren in den blauen Ford- oder Mercedes-Limousinen anfordern, um sich an den gewünschten Ort bringen zu lassen. Das Ganze ist spottbillig, der Papst sponsert diese Dienstleitung. Fahrten, die auf dem freien Markt 60 Euro kosten müssten, kosten 15 Euro, davon kann die Fahrbereitschaft meist nicht einmal das Benzin bezahlen. Jeder in Rom kennt die Limousinen mit dem Kennzeichen SCV (Stato della Città del Vaticano-Vatikanstadt) und die eleganten Fahrer, die auf den ersten Blick ungeheuer fromm aussehen.

In Wirklichkeit sind die Jungs von der Fahrbereitschaft normale Angestellte, die nur das eigenartige Schicksal erlitten haben, ständig fromme Kirchenmänner fahren zu müssen. Sie unterhalten sich aber keineswegs den ganzen Tag über die Bibel und beten auch nicht ununterbrochen den Rosenkranz, sondern reden miteinander über Themen, über die Fahrer eben reden. Da gibt es zum Beispiel den riesengroßen Bischof aus den USA, der immer darüber meckert, dass er nicht genug Platz hat, auch wenn der Beifahrersitz ganz nach hinten geschoben wurde. Es gibt den eiligen Kirchenmann, der die Fahrer hetzt, damit er sein Flugzeug nicht verpasst, und es gibt jene, die nur so tun, als hätten sie einen Termin, um sich in Wirklichkeit eine Spazierfahrt zu gönnen. An eine Eigenheit des langjährigen Chefs der Deutschen Bischofskonferenz, Karl Kardinal Lehmann, kann man sich in Rom noch gut erinnern. Er interessierte sich für alles Technische, plauderte mit den Fahrern gern darüber, wie ein Navigationsgerät wohl funktioniert. Verhasst ist aber vor allem jene Gruppe Kirchenmänner, die die Fahrer stundenlang warten lassen. Doch leider gehört es zu einer der verbreiteten Unsitten im Vatikan, die Fahrer auch noch vergebens warten zu lassen. Das Problem ist immer das gleiche: Die älteren Kirchenherren bestellen den Fahrer, lassen sich irgendwohin bringen und versprechen, dass das Treffen nur ein paar Minuten dauern wird. Wenn sie aber erst einmal im Gespräch sind, erinnert man sich zusammen an alte Zeiten und längst verstorbene Päpste, und die Herren der Fahrbereitschaft stehen sich vor dem Gebäude die Beine in den Bauch. Einfach wegfahren können sie nicht, den Passagier erreichen auch nicht, weil die meisten Kirchenmänner eine hartnäckige Abneigung gegen so etwas Modernes wie ein Handy haben.

Ich fuhr zur Via della Conciliazione, setzte mich in die Sonne und wartete einfach. Ich hatte frei an dem Tag und sowieso nichts zu tun. Und es dauerte nicht lange, bis ich auf der langen Straße den ersten genervten Fahrer neben seiner blauen Limousine stehen sah. Er versuchte, sich nicht anmerken zu lassen, dass er kurz davor war, zu explodieren; ich konnte mir vorstellen, dass ein älterer Kirchenmann mal wieder den wartenden Fahrer einfach vergessen hatte.

Ich ging zu ihm hinüber, wir grüßten uns. Der Vatikan ist so klein, dass man eigentlich täglich denselben Leuten über den Weg läuft, nach über zwanzig Jahren kennt man dort fast jeden.

»Hast du Lust, einen Kaffee zu trinken?«

Er schmiss verärgert die Autotür zu, drückte die Fernbedienung, um abzuschließen. »Das hier wird wieder einmal eine Weile dauern.«

Wir bestellten Kaffee und stellten uns an die Theke. Er ließ seinem Ärger freien Lauf. »Verstehst du, sie sind diese hohen Herren und denken, dass sie sich alles erlauben können. Sie haben einfach keinen Respekt vor uns. Wenn ich dann mal sage, Eminenz, ich will auch irgendwann Feierabend haben oder nach Hause zu meiner Familie, die auf mich wartet, dann heißt es gleich, ich sei faul. Ach, vergiss es.«

»Ich wollte dich was fragen«, versuchte ich, ihn von seinem Ärger abzulenken.

»Das wundert mich jetzt nicht wirklich«, sagte er.

Die Fahrer des Vatikans waren damals überaus begehrte Informationsquellen, sie hatten wenige Monate zuvor eine entscheidende Rolle in der Affäre um das umstrittene Wunder einer angeblich Tränen weinenden Madonnenstatue gespielt. Vom 2. Februar bis zum 15. März 1995 sollte in Civitavecchia bei Rom eine kleine Gipsstatue der Muttergottes Tränen aus Menschenblut geweint haben. Wenn die Kirchenmänner das für Betrug hielten, dann würde es außer bösen Briefen aus dem Vatikan keinerlei Reaktion geben. Aber wenn die Kardinäle an ein Wunder glaubten, dann würden sie sich dorthin fahren lassen – mit der Fahrbereitschaft. Damals wussten nur die Fahrer, was der Vatikan wirklich dachte: Ob es ein alberner Betrug oder ein unerhörtes Wunder war. Schließlich stellte sich damals übrigens heraus, dass es beides war: Joseph Kardinal Ratzinger hielt es für Unsinn. Das ging so weit, dass er dem betroffenen Bischof Girolamo Grillo verbot, darüber zu sprechen. Der engste Freund von Papst Johannes Paul II., Andrzej Maria Kardinal Deskur, ließ sich hinfahren, um das große Wunder zu verehren. Nur so erfuhren wir davon, dass es doch Anhänger des Tränen-Wunders im Vatikan gab.

Wenn das Wunder, das mit der Blutprobe zu tun hatte, auch diesmal außerhalb von Rom passiert war, dann konnte es sein, dass die Fahrbereitschaft davon wusste.

»Sag mal, gab es in letzter Zeit Anfragen für Fahrten mit der Fahrbereitschaft aus der Glaubenskongregation?«

Er schüttelte den Kopf, dann lachte er. »Ich kenne eine Menge von denen, die da arbeiten. Die fahren mit dem Mofa. Den Kardinal fahren wir zum Flughafen und zurück, aber auch das selten.«

»Ich meine, gibt es seltsame Fahrten, weißt du noch, Civitavecchia?«

»Die Blut weinende Madonna?«

»Genau.«

»Nee, in letzter Zeit wüsste ich nicht, das wäre uns aufgefallen.«

»Es geht um einen ganz bestimmten Zeitraum, die Tage nach dem 31. Oktober.«

»Keine Ahnung«, sagte er.

»Kannst du dich mal umhören?«

»Okay«, versprach er, »ich versuch's.«

Jetzt war ich dran. Jetzt würde er seinen Preis nennen –

und der war immer der gleiche, alle Bekannten im Vatikan wollten das Gleiche.

»Sag mal, kannst du mir auch einen Gefallen tun?«

»Was denn?«

»Na ja, ich will zum Oktoberfest.«

»Du auch? Der halbe Vatikan fährt dorthin.«

»Kannst du mir ein paar Tipps besorgen? Wie kommt man günstig hin, gibt es bezahlbare Hotels, in welches Zelt soll man sich setzen? So was eben.«

»Ich schreibe es dir auf«, versprach ich ihm. Ich hatte das schon ein paar Dutzend Mal gemacht. Ich selber war noch nie auf dem Oktoberfest gewesen, aber einer halben Hundertschaft Vatikan-Mitarbeiter hatte ich zum Oktoberfest-Besuch verholfen.

Ich hinterließ ihm ein paar Tage später den Zettel mit den Anweisungen für das Oktoberfest gleich am Eingang des Pressesaals, und nach ein paar Tagen rief er mich an, um sich zu bedanken. Er hatte noch alle möglichen Fragen und wollte besorgt wissen, ob man auf dem Oktoberfest auch ein kleines Bier, 0,1 Liter, bekommen könne für seine Frau. Als wir alle Fragen besprochen hatten, war ich an der Reihe.

»Und ist euch was aufgefallen, was die Glaubenskongregation angeht?«

»Nein. Das tut mir leid. Gar nichts. Ich hab mal herumgefragt. Es gab keine Anfrage der Glaubenskongregation in den Tagen um den 31. Oktober. Aber es gab eine seltsame Fahrt umgekehrt. Ein Kollege konnte sich erinnern, dass er am 1. November einen Mann zur Glaubenskongregation bringen sollte, einen Priester aus Asien oder Nordamerika, der war sehr aufgeregt und faselte die ganze Zeit etwas von einem Wunder.«

»Ein Wunder?«

»Er stieg aber bei der Glaubenskongregation gar nicht erst aus, es war keiner mehr da; also ließ er sich wieder zurückfahren. Das ist alles.«

»Viel ist das nicht. Ein Asiate oder Nordamerikaner, sagst du?«

»Der Kollege konnte sich nicht genau erinnern, der Priester sprach auf jeden Fall englisch.«

»Asien und Nordamerika sind groß, und Priester, die da englisch sprechen, gibt es reichlich. An seinen Namen konnte er sich nicht erinnern? Wer von den Kollegen war das denn?«

Er nannte einen Namen, der mir nichts sagte; doch als er den Mann beschrieb, groß und massig, wusste ich, wen er meinte. Besagter Fahrer lief mir ein paar Tage später auf der Via della Conciliazione über den Weg, das heißt, er stand neben seinem Auto – und wartete genervt.

Er konnte sich an den Mann erinnern. »Es war ein kleiner Priester, sehr aufgeregt, er versuchte mir die ganze Zeit etwas zu erklären, aber du weißt schon, ich kann kein Englisch, ich verstand nur, dass er immer Miräkel sagte.«

Er meinte das englische »miracle«, Wunder.

»An seinen Namen kannst du dich nicht erinnern?«

»Nein. Doch. Halt, da war noch etwas, ich sollte ihm etwas erklären. Was war das noch? Richtig, er wollte wissen, wie er nach Orvieto kommen kann und an die Adria. Ich weiß noch, dass ich fragte, was der da will. Schwimmen gehen?« Er lachte.

»Danke!«

Ich ging zu meiner Vespa, und er winkte mir nach.

Im Zentrum der Blutwunder

Und, was wusste ich jetzt? Nichts. Der Vatikan tuschelt über ein Wunder, das mit einer Blutprobe zu tun haben sollte. Zeitpunkt: 31. Oktober 1995. Einen Tag später lässt sich ein hysterischer Pater zur Glaubenskongregation fahren, geht allerdings nicht hinein. Dafür lässt er sich den Weg nach Orvieto und an die Adria beschreiben. Warum? Was wollte er da? Wusste dieser Pfarrer, woher immer er auch gekommen war, etwas über das Wunder, wollte er deswegen mit der Glaubenskongregation sprechen? Aber was wollte er dann in Orvieto und an der Adria?

Wenn die Jungs von der Fahrbereitschaft sich nicht an den Namen erinnern konnten, nicht einmal daran, aus welchem Land er kam, dann war die Suche aussichtslos. Außer einem Gerücht, dass irgendetwas am 31. Oktober 1995 geschehen sein sollte, das wiederum irgendwie mit der Untersuchung einer Blutprobe zu tun hatte, wusste ich nichts.

Vergiss es, dachte ich. Vergiss es einfach. Und dann hatte ich Glück. Ein paar Tage später fuhr ich nach Orvieto, um im Diözesanmuseum eine neue Ausstellung anzuschauen. Ich kenne jede Menge Katholiken, sogar solche, die an Fronleichnam frei haben, die nicht wissen, dass Orvieto, diese Stadt in Umbrien, mit dem Fronleichnamsfest besonders verbunden ist. Als Kind ging ich an Fronleichnam mit meiner Mutter zur Fronleichnamsprozession, danach auf den Friedhof. Wir schmückten das Grab meiner Großeltern, und so entwickelte sich in meinem Kopf die eigenwillige Vorstellung, das Fronleichnamsfest habe mit dem Schmücken der Gräber zu tun, und die Leichen im Grab seien deswegen froh. Als ich diese Version meiner Mutter erzählte, konnte sie gar nicht aufhören zu lachen. Aber auch sie wusste nicht, was das Fest mit dieser wundervollen Stadt in Italien zu tun hat.

Jeder Italienbesucher sollte es sich einmal im Leben gönnen, im Winter, wenn der Nebel vom Tiber aufsteigt, von Bolsena aus Richtung Orvieto zu fahren. Dann scheint es, als schwebe die Stadt über den Wolken. Tief unten liegt der Nebel, und nur oben auf dem Felsen blinken die weißgoldene Fassade der riesigen Kirche und die Paläste in der Sonne. Papst Urban IV. war im August des Jahres 1264 von einem Wunder am Bolsena-See so beeindruckt, dass er das »Corpus Domini«-Fest einführt, Fronleichnam. In Orvieto werden die Beweisstücke dieses Wunders aufbewahrt. Ein Pfarrer aus Böhmen, der angeblich Peter von Prag geheißen haben soll, feierte in Bolsena die heilige Messe, und weil er nicht sonderlich überzeugt davon war, dass Christus tatsächlich in der Hostie präsent ist, schickte ihm der Himmel ein Wunder. Die Hostie soll sich in Fleisch verwandelt haben. Dieses Stück frisches Fleisch soll Blut auf das Altartuch getropft haben, und diese Tropfen werden in der herrlichen Kirche von Orvieto verehrt. Wer außerdem sehen möchte, wo Michelangelo Buonarroti die Ideen für das Weltgerichts-Fresko in der Sixtinischen Kapelle geklaut hatte, der sollte sich auf jeden Fall die Kapelle der Madonna des Luca Signorelli im Dom von Orvieto anschauen.

Ich setzte mich damals in die Kathedrale, schaute mir die Fresken an und sah plötzlich ein paar Meter weiter einen entfernten Bekannten, den ich aus den Thermen in Viterbo kannte. Die Päpste ließen sich früher mit der Karosse in die Thermen fahren und stiegen durch ein Loch im Boden der Kabine ins Wasser, sodass sie keiner sehen konnte. Heute sind die Thermen eine Touristenattraktion, herrlich für eine entspannende Auszeit. Man liegt wie die Robben auf der Sandbank im warmen Wasser und quatscht mit Bekannten; wer Lust hat, geht im tiefen Teil des Beckens schwimmen. Der junge Mann erkannte mich wieder, und wir setzten uns nach draußen in die Sonne.

Wir plauderten ein Weile, dann erzählte ich ihm: »Ich suche hier jemanden, habe aber wohl keine Chance, ihn zu finden.«

»In Orvieto?«, fragte er überrascht. »Orvieto ist viel zu klein, um sich zu verstecken. Wer war das denn?«

»Ein Priester, ein Amerikaner oder ein Asiate, er muss in den ersten Novembertagen nach Orvieto gekommen sein.«

»Und was hat er hier gemacht?«

»Ich habe keine Ahnung. Ich glaube, dass er in Rom ein Wunder erlebt hat.«

»Ein Wunder, was für ein Wunder?«

»Ich weiß es nicht.«

»Na ja, eine Spur hast du dann schon. Wenn er ein frommer Priester gewesen ist, der am 1. November nach Orvieto kam, dann war er ohne Zweifel im Dom.«

»Da waren aber mit ihm noch ein paar hundert andere, fürchte ich.«

»Du hast keine Ahnung, wie er aussah?«

»Nein, nur, dass er ein Wunder erlebt haben will.«

»Na ja«, sagte er, »ich frag mal meine Tante. Die betet jeden Tag mit ihren frommen Freundinnen den Rosenkranz im Dom, vielleicht erinnert sie sich.«

Zwei Tage später versuchte ich in den Thermen von Viterbo eine leichte Erkältung auszukurieren; ich ließ mich im heißen Wasser treiben, als ich meinen Bekannten aus Orvieto wiedersah. Er saß schwitzend im Wasser, und aus seinem strahlenden Gesicht schloss ich, dass er mir irgendetwas zu sagen hatte.

»Ich habe ihn gefunden!«

»Wen?«

»Den Priester, der in Orvieto gewesen sein soll am 1. November. Meine Tante konnte sich tatsächlich an einen Priester erinnern, der in die Kirche gekommen war, mit ihnen zusammen betete und die ganze Zeit davon faselte, dass er in Rom ein Wunder erlebt habe.«

»Was hat er genau gesagt?«

»Keine Ahnung. Meine Tante kann nur ein paar Worte Englisch. Aber sie konnte sich daran erinnern, dass eine Freundin von ihr versuchte, dem Mann mit Händen und Füßen zu erklären, wie er an die Adria, nach Lanciano kommen konnte. Dorthin wollte er unbedingt, in unsere Patenstadt.«

Mir wurde im heißen Wasser plötzlich eiskalt. Das ist er, dachte ich, das muss er sein.

Auf der Suche

Ein paar Stunden, nachdem im Vatikan das große Tuscheln über eine Blutprobe begonnen hatte, die mit einem Wunder zu tun haben sollte, war ein rätselhafter Mann aufgeregt zur Glaubenskongregation gefahren, um ein Wunder zu melden. Dann war er ausgerechnet in die einzigen beiden Städte auf dieser Welt gefahren, die aus Sicht der katholischen Kirche enger als jede andere mit Blut verbunden sind: Orvieto und Lanciano. Das konnte kein Zufall sein. In Orvieto wird das Andenken an das unfassbare Wunder vom Bolsena-See verehrt, als aus einer Hostie Blut auf ein Tuch auf den Altar getropft sein soll. In Lanciano wird eine noch unglaublichere Reliquie aufbewahrt, eine Hostie aus menschlichem Fleisch und menschlichem Blut. Aber warum war der rätselhafte Mann, der von diesem Wunder gehört haben wollte, zunächst nach Orvieto gefahren und dann nach Lanciano? Was hatte er dort gesucht? Außer dass er englisch gesprochen hatte, wusste ich immer noch nichts über ihn. Ich kannte weder seinen Namen noch seine Herkunft.

Ich nahm mir einen Urlaubstag und fuhr nach Lanciano an die Adria. Jedes Mal, wenn ich dorthin komme, wundere ich mich darüber, wie wenig bekannt dieser Wallfahrtsort ist. In Lourdes können die Pilger nur die Grotte sehen, in der die Muttergottes erschienen sein soll, in Fatima existiert von dem Baum, auf dem sie erschienen sein soll, nicht einmal mehr die Wurzel. Aber in Lanciano kann man einen Gegenstand anschauen, der so unglaublich ist, dass er über Jahrhunderte als plumpe Fälschung galt. Im vergangenen Jahrhundert sollten die Wissenschaftler den Gegenstand, der schon seit mehr als einem Jahrtausend innerhalb der Kirche als schlichter Betrug angesehen wurde, endgültig enttarnen. Doch dann geschah etwas, womit keiner gerechnet hatte: Ausgerechnet die modernen Wissenschaften lieferten begründete Zweifel daran, dass es sich wirklich um eine Fälschung handelte.

Im siebten Jahrhundert soll in der Stadt Lanciano ein Mönch daran gezweifelt haben, ob die Hostie tatsächlich das Fleisch und der Wein das Blut Jesu Christi enthalte. Während einer Messfeier soll sich die Hostie in Fleisch und der Wein in Blut verwandelt haben. Die Hostie wird nachweislich etwa seit dem Jahr 1300 als Reliquie verehrt. Die Geschichte glaubten schon im Mittelalter nur wenige Pilger. Während der nahe gelegene Monte Sant'Angelo mit der sogenannten Grotte Satans, wo der Erzengel Michael gegen den Teufel gekämpft haben soll, zu einer der wichtigsten Pilgerstätten der Welt, neben Rom und Jerusalem, aufstieg, interessierte sich kein Mensch für Lanciano. Die Vorstellung, dass während einer Wandlung sich das Brot in echtes Fleisch verwandelt haben könnte, schien selbst den recht einfältigen und naiven Gläubigen des Mittelalters wenig glaubwürdig. In den siebziger Jahren des zwanzigsten Jahrhunderts und ein weiteres Mal 1981 ordnete die Leitung der Diözese in Lanciano eine Untersuchung der angeblich blutigen Hostie an. Die Bewahrer der Hostie, die Franziskanermönche, waren einverstanden und beauftragten den Gerichtsmediziner Eduardo Linoli, die Hostie zu prüfen. Der Professor kommt zu einem unglaublichen Ergebnis: »Es war mit den Methoden, die im Jahr 1300 zur Verfügung standen, nicht möglich, diese Reliquie als eine Fälschung herzustellen. Was immer es auch ist, es ist keine Fälschung.« Die Kirchenleitung hätte überraschter nicht sein können. Erwartet hatte man, dass es sich um eine plumpe Fälschung handelt, um das Stück Fleisch eines Tieres, das, getränkt mit mittelalterlichen Konservierungsstoffen, irgendwann in eine Reliquienschale gesteckt worden war. Doch die Wissenschaftler wiesen nach: Es war Teil des Herzmuskels eines Menschen.

Gemessen an den Mega-Kirchen der Wallfahrtsorte von Santa Maria von Guadalupe in Mexiko oder Fatima ist die Kirche des Heiligen Franz in Lanciano winzig. Eine seltsame Installation, eine Art durchsichtiges schwarzes Tuch, lenkt den Blick des Betrachters auf die Hostie. Ich setzte mich in die Kirchenbank und sah auf den Altar, wo die Reliquie aufbewahrt wird. Wer mochte der Betrüger gewesen sein, der das seltsame Objekt hergestellt hatte? Oder war es doch ein Wunder? Die Untersuchung von Professor Eduardo Linoli hatte einen Umstand unmissverständlich geklärt: Die Reliquie soll zwar bereits im Jahr 700 aufgetaucht sein, aber mit Sicherheit lässt sie sich im 13. Jahrhundert nachweisen. Zu jener Zeit war es aber verboten, Leichen zu sezieren, darauf stand die Todesstrafe. Es gab also überhaupt keine Erfahrungen mit der Herstellung von Präparaten des menschlichen Körpers; außerdem hatte man noch keine geeigneten Spezialwerkzeuge, um ein solches Präparat aus einem Herzmuskel zu schneiden. Wie aber war dann die hauchdünne Scheibe des menschlichen Herzens in den Behälter gekommen?

Professor Linoli hatte vor allem nach einer deutlichen Spur der Fälscher gesucht. Wenn sie ein frisches Stück Fleisch in den Behälter gesteckt hätten, so wäre es längst zu Staub zerfallen. Es gab nur eine Möglichkeit. Sie mussten es konservieren, mumifizieren, damit es erhalten blieb. Im Mittelalter waren sehr einfache Techniken zur Mumifizierung bekannt, weit primitivere als im antiken Ägypten. Um dafür zu sorgen, dass das Fleisch erhalten blieb, mussten sie also Chemikalien beimischen, und diese Chemikalien mussten sich auch heute noch nachweisen lassen. Doch diese Scheibe des Herzmuskels wies ohne jeden Zweifel keinerlei Spuren einer Konservierung auf. Professor Eduardo Linoli fand überhaupt keine Chemikalien, nichts, was man zur Mumifizierung eingesetzt hatte. Aber warum war das Gewebe dann nicht zerfallen? Nach Meinung des Professors war das unmöglich. Noch etwas irritierte den Professor zutiefst: Das Stück des menschlichen Herzens musste einem noch lebenden Menschen entnommen worden sein. Der Professor konnte keine Spuren von Totenstarre feststellen, die sich aber hätte nachweisen lassen müssen, wenn das Stück Teil einer Leiche gewesen wäre.

Wie hatten also im 13. Jahrhundert Betrüger eine so feine Scheibe eines menschlichen Herzmuskels herstellen können, lange bevor die nötigen Gerätschaften erfunden wurden, und vor allem in einer Zeit, in der keinerlei Erfahrungen mit dem Sezieren von Leichen existierten? Es gab eigentlich nur zwei Möglichkeiten. Entweder hat ein Genie mit einer heute unbekannten Technik auf geradezu unglaubliche Weise dieses Präparat eines menschlichen Herzmuskels hergestellt – oder es war ein Wunder.

Jede italienische Diözese kommt früher oder später nach Rom und damit auch jeder Diözesansprecher. Wenn man ihnen eine Frage stellen will, die sie gern beantworten wollen, können sie sehr hilfreich sein; aber in der Regel ist der Kontakt mit ihnen mühsam, immer muss erst ihr Bischof oder der Herr Kardinal zustimmen, bevor sie den Mund aufmachen dürfen. Meistens haben sie einige Mitarbeiter, die noch weniger sagen dürfen, nämlich gar nichts. Diese Menschen sind ein großer Segen für meine Arbeit, denn sie sind häufig so sauer auf ihren Chef, der ihnen pausenlos den Mund verbietet, dass sie hinter seinem Rücken gern quatschen – sofern sie sicher sind, dass es niemals herauskommen wird. Eine solche mir bekannte Mitarbeiterin half mir auch in Lanciano; offiziell fragte ich in der Diözese gar nicht erst an, denn was sollte ich auch schon fragen? Ich suchte ein Gespenst, einen Mann, der in Rom von einem Wunder gefaselt hatte, ausgerechnet an dem Tag, an dem der ganze Vatikan über ein Wunder getuschelt hatte. Er war an die Orte des Blutwunders gefahren, nach Orvieto und Lanciano. Aber möglicherweise war er doch nur ein Tourist.

Meine Bekannte nahm mich mit in ihr Büro in der Innenstadt von Lanciano. »Als du angerufen und mich gefragt hast, ob ich mich an irgendeinen seltsamen Besucher vom 2. November erinnern könnte, habe ich gleich gewusst, wen du meinst. Der Priester war Amerikaner, würde ich schätzen, er sprach auf jeden Fall nur englisch, kein Wort italienisch, und ich hätte ihn bestimmt vergessen, wenn er nicht so aus dem Häuschen gewesen wäre. Ich dachte: Oh Gott, der springt mir gleich aus dem Fenster.«

»Warum denn?«

»Er wollte unsere Dokumentationen sehen, die Untersuchungen aus dem Jahr 1981. Er las die Geschichte immer wieder, wir haben ja eine englische Fassung. Auf einmal hatte er im Text etwas gefunden.«

»Was denn?«

»Die Blutgruppe, wir haben ja die Blutgruppe von der Hostie bestimmen lassen. Es ist die seltene Gruppe AB. Das brachte ihn völlig aus der Fassung. Er stotterte immer wieder: Auch hier AB, AB. Ich dachte, der hört gar nicht wieder auf. Dann wollte er mich umarmen und sagte, ›The blood of God – das Blut Gottes‹.«

»Das Blut Gottes?«

»Ja, das hat er gesagt.«

»Aber seinen Namen hat er dir nicht gesagt?«

»Wir hätten ihn natürlich registriert, wenn er etwas Besonderes gewollt hätte, aber ein katholischer Priester, der sich nichts als Unterlagen über unser Wunder anschauen wollte, war nichts Ungewöhnliches. Ich glaube, er hieß Father Joseph, ich bin mir aber nicht sicher.«

»Er hat dir keine Karte gegeben?«

»Nein, wir haben uns zum Schluss noch hier an meinen Schreibtisch unterhalten. Er machte sich Notizen.« Sie zeigte auf die Unterlage des Schreibtisches, ein großes

Blatt mit Werbung einer Bürofirma »Das hier, das ist von ihm.« Ich schaute auf die vollgekritzelte Unterlage und sah zunächst nur ein Chaos aus blauen Strichen. Ich war dem Mann so nahe gewesen, genau hier an dieser Stelle hatte er gesessen – und das war erst vier Tage her.

»Sieht aus wie Chinesisch. Wie chinesische Schriftzeichen. Kannst du mir das abreißen?«, bat ich sie.

Ich schaute mir den Zettel noch einmal an. Der Mann hatte offenbar gedankenverloren auf die Schreibtischunterlage gekritzelt, vielleicht waren es nur chaotische Striche, aber ich dachte: Es könnten auch Schriftzeichen sein.

Die Blutspur

Ich hatte ihn gefunden, aber wirklich gebracht hatte mir das nichts. Er war zu dem Blutwunder gefahren und hatte sich darüber gewundert, dass er die Blutgruppe AB gefunden hatte, ein seltene Blutgruppe. Aber was hatte er damit gemeint, dass sie »auch hier« vorkam? Wo noch?

Zurück in Rom, fuhr ich nicht gleich nach Hause, sondern hielt vor einem chinesischen Restaurant, in dem ich gelegentlich gegessen hatte. Der Besitzer war ein freundlicher Mann, ich ging hinein, bestellte ein Bier und zeigte ihm den Zettel. »Ist das Chinesisch?«, fragte ich ihn. »Ich habe keine Ahnung«, sagte er. »Ich bin Vietnamese. Aber ich glaube nicht, dass es Chinesisch ist. Warten Sie mal.«

Ein sehr dünner Mann in weißer Schürze kam aus der Küche. Ich zeigte ihm den Zettel. »Können Sie die Zeichen lesen, ist das Chinesisch?«

»Ich kann kein Chinesisch«, sagte er. »Ich bin Koreaner, und das da ist Koreanisch.«

»Und was steht da?«, fragte ich.

»Papst. Da steht einfach Papst.«

Ein Koreaner. Er hatte in Rom ein Wunder gepriesen, das er erlebt haben wollte, war nach Orvieto und Lanciano gefahren, um sich Blutwunder anzuschauen, und hatte gedankenverloren das Wort Papst auf eine Unterlage gekritzelt. Warum? Was hatte der Papst mit all dem zu tun? Am selben Abend noch kontrollierte ich die aktuellen Einträge zu Südkorea. Karol Wojtyla war 1984 und 1989 in Korea gewesen; stand jetzt ein weiterer Besuch in Seoul bevor? Mir war nichts an den Eintragungen der koreanischen Botschaft am Heiligen Stuhl aufgefallen. Aber ich war mir absolut sicher, dass da irgendetwas sein musste.

Ich rief meinen Bekannten im Generalvikariat im Lateran an, wahrscheinlich wie so oft ein aussichtsloser Versuch. Aber die Sache war es wert.

Er meldete sich sofort. Man mag den Kirchenmännern eine Menge vorwerfen, aber fleißig sind sie.

»Ciao, na, wie geht's?«, fragte ich.

»Schlecht«, antwortete er. »Was machst du bei den Passionisten? Was immer du vorhast, lass die Finger davon!«

Ich wusste, dass sich im Vatikan Dinge schnell herumsprechen, hatte allerdings nicht erwartet, dass es so schnell ging. Ich hatte keine Ahnung, was ich sagen sollte, warf also versuchsweise einen Stein ins Wasser, um zu sehen, was passieren würde.

»Ich interessiere mich für Blut, wie alle im Vatikan für die Blutgruppe AB.«

»Ich weiß nicht, was du meinst, und lass mich jetzt in Ruhe.«

»Korea« sagte ich dann, in der Hoffnung, er würde sich zu einer Antwort verleiten lassen. Und ich hatte getroffen.

Er schnaubte in den Hörer: »Hör mir mal genau zu, diese Papst-Messe hat es nie gegeben, für mich nicht und für dich nicht. So einfach ist das. Sie hat nicht stattgefunden.« Er knallte den Hörer auf die Gabel.

Jetzt wusste ich, wonach ich zu suchen hatte. Ich kontrollierte die Einträge der Gruppen, die eine private Messe mit dem Papst gefeiert hatten, – und Bingo: Die Südkoreaner hatten eine Privatmesse mit dem Papst gefeiert, am 31. Oktober 1995, dem Tag, an dem das Wunder passiert sein sollte.

Meine folgenden Gespräche mit der koreanischen Gemeinde in Rom brachten mir vor allem ein, dass sie wissen wollten, wie viel ich wusste. Ich gab natürlich nicht zu, dass ich so gut wie gar nichts wusste, aber es schien sie schon ausreichend zu beunruhigen, dass ich von dem Priester wusste, der in Orvieto und Lanciano gewesen war.

Ein Vertreter der koreanischen Gemeinde stimmte schließlich zu, sich mit mir zu treffen. Ich wusste bis zu diesem Tag nicht, dass es in Rom teure Restaurants mit asiatischer Küche gab. Alle asiatischen Restaurants, die ich damals in Rom kannte, waren billig und hatten auch nicht gerade Spitzenmenüs im Angebot. Doch die Koreaner luden mich in Roms eleganteste Gegend an der Via Veneto ein, in ein koreanisch-chinesisches Restaurant, das geradezu fürstliche Preise verlangte. Es standen Gerichte auf der Speisekarte, von denen ich noch nie gehört hatte. Normalerweise nahm ich ein paar Frühlingsrollen und dann das Huhn süßsauer, aber das hier war etwas ganz anderes. Zum ersten Mal aß ich frischen Fisch, so wie Koreaner ihn zubereiten. Nach einer Unmenge gegenseitiger Höflichkeitsbezeigungen, ließen sie die Katze aus dem Sack. Sie wollten wissen, wie viel ich wusste, und ich fürchtete, dass es nur eine

Frage der Zeit sein würde, bis sie herausbekommen hatten, dass ich keine Ahnung hatte, was wirklich passiert war. Ich setzte deshalb alles auf eine Karte. Sie sahen mich fragend an, alle Augen der insgesamt sechs Frauen und Männer schienen jede meiner Gesten genau zu registrieren: »Ich weiß, dass es die Blutgruppe AB ist, genau wie in Lanciano.«

Sie blickten sich entsetzt an. Der ältere Mann, der mich persönlich eingeladen hatte, betrachtete mich jetzt interessiert. »Der Heilige Vater will nicht, dass darüber gesprochen wird. Das weiß ich längst«, sagte ich.

»Warum lassen Sie es dann nicht auf sich beruhen?«

»Das liegt doch auf der Hand. Es wird einmal der Tag kommen, an dem ich darüber sprechen darf, und wenn ich erst dann anfangen würde, Sie zu suchen, sind Sie längst nicht mehr in Rom, sondern in Korea oder wer weiß, wo. Jetzt sind Sie hier, und jetzt kann ich Sie fragen. Aber ich gebe Ihnen mein Wort, dass ich nichts darüber schreiben werde, solange der Papst am Leben ist. Das ist die Abmachung mit seinem Sekretär.«

»Es gibt also andere Fälle?«

Ich nickte. »Ja, es gibt eine ganze Menge Menschen, die glauben, dass in seiner Umgebung Wunder passieren, aber ich werde Ihnen nichts darüber sagen. Ich weiß, dass Sie auch mit einem Wunder zu tun haben – oder mit einem Betrug?«

Sie sahen mich empört an. »Ein Betrug war es ganz sicher nicht. Der Papst hat sie gesegnet.«

»Wen?«, fragte ich, »wen hat er gesegnet?«

Der ältere Herr nickte einer jungen Koreanerin zu. Es war klar, dass das die Erlaubnis war, zu reden.

»Wir haben eine kleine private Messe mit Papst Johannes

Paul II. gefeiert. Der Generalsekretär der Koreanischen Bischofskonferenz, Dionysio Paik, war dabei und Monsignor Thun. Unter den Gläubigen war auch Frau Julia Kim mit ihrem Mann und ihren Kindern. Als der Heilige Vater ihr die Kommunion gab...«

Sie sah unruhig auf den Tisch. »Als er ihr die Kommunion gab, verwandelte sich die Hostie in ihrem Mund in ein Stück Fleisch.«

Ich versuchte, nicht allzu deutlich zu zeigen, was ich dachte: Seid ihr eigentlich verrückt?

»Sie wollen sagen, die Hostie verwandelte sich in dem Mund der Frau in ein Stück blutiges Fleisch?«, vergewisserte ich mich.

»Genau. Wir haben die Zeugenaussage von Monsignor Thun, der hat es gesehen und bezeugt, dass die Hostie sich auf der Zunge von Julia Kim in ein dünnes, blutendes, herzförmiges Stück Fleisch verwandelte«, bestätigte der Mann.

Warum hat der Papst sie nicht rausgeschmissen?, fragte ich mich. Weniger frommen Menschen als Karol Wojtyla ist es ja wahrscheinlich egal, wenn ein Sakrament der katholischen Kirche veräppelt wird. Aber wenn das Heiligste der Kirche in den Dreck gezogen wurde, dann konnte der Papst sehr, sehr sauer werden, das hatte ich oft genug erlebt. Selbst Priester, deren Frömmigkeit außer Frage stand, konnten nicht verbergen, dass sie es unglaublich fanden, mit welcher Hochachtung sich Karol Wojtyla auf die Heilige Messe und die Eucharistie vorbereitete. Er betete intensiv vor der Heiligen Messe, ebenso danach. Dieser Papst musste also zutiefst erschüttert, ja empört sein, wenn in seiner Kapelle das Sakrament der Heiligen Kommunion verballhornt wurde. Die Frau hatte sich offenbar ein frisches Stück Fleisch besorgt, es kurz vor der Kommunion in ihren

Mund geschoben, es unter der Zunge verborgen, sodass es aussah, als habe sich die Hostie in ein Stück Fleisch verwandelt. Ein fieser, eiskalter Betrug, vor einem Papst. Er hatte gar keine andere Wahl, als die alle rauszuschmeißen.

»Was hat der Papst getan, als er das blutende Fleisch im Mund der Frau sah?«, fragte ich.

»Der Papst sah voller Überraschung, was da passiert war; er ging zu Julia Kim, sah auf das Blut in ihrem Mund und segnete sie. Wir haben die Fotos davon, Sie können sie haben.«

Ich konnte es nicht fassen. Der Papst hatte tatsächlich geglaubt, dass das ein Wunder war – und meine Nachfragen später im Vatikan bestätigten das. Der alte Mann sagte die Wahrheit. Johannes Paul II. hatte tatsächlich geglaubt, dass ein solches Wunder, die Verwandlung einer Hostie in echtes Fleisch und Blut, sich vollzogen hatte.

»Warum hat Ihr koreanischer Priester dann die Reise nach Orvieto und Lanciano angetreten? Was hat er da gesucht?«

»Die Blutgruppe. Wir haben das Blut im Mund von Frau Kim untersuchen lassen. Sie selber hat die Blutgruppe B, aber das Blut in ihrem Mund hatte die Blutgruppe AB, das ist die gleiche Blutgruppe, wie sie in der Hostie in Lanciano gefunden wurde, die gleiche Blutgruppe, die in Orvieto gefunden wurde, und die gleiche Blutgruppe, die auf dem Leichentuch von Turin entdeckt wurde. Wenn diese Reliquien alle zusammen keine Fälschung sein sollten, dann hatte Gott die seltene Blutgruppe AB.«

Hatte der große Papst den Betrug nicht bemerkt? Hatte er sich von den Priestern, die überzeugt waren, es sei ein unglaubliches Wunder geschehen, einfach überreden lassen? An die letzte aller Möglichkeiten mochte ich gar nicht erst denken: War es wirklich ein Wunder gewesen? Die Zeugen, die damals zugegen waren, die katholischen Priester Monsignor Thun und Monsignor Paik blieben immer dabei: Es hatte sich ihrer Ansicht nach nicht um einen Betrug gehandelt. Julia Kim wird in Korea im Heiligtum Naju seit dem Ereignis als Mystikerin verehrt. Es gibt nur zwei Möglichkeiten: Die Frau musste eine eiskalte Betrügerin sein, und der Papst wurde an diesem 31. Oktober 1995 auf eine unverschämte Weise hereingelegt. Oder aber es ist das geschehen, was Papst Johannes Paul II. glaubte gesehen zu haben: ein Wunder. Wenn er zu dem Ergebnis gekommen wäre, dass Julia Kim eine Betrügerin ist, dann hätte er mit Sicherheit verhindert, dass ein von der katholischen Kirche akzeptierter Wallfahrtsort dieser Frau in Südkorea entstand. Papst Johannes Paul II. hatte am 3. November 1974 als Kardinal auf seinen ausdrücklichen Wunsch den Wallfahrtsort der Hostie in Lanciano besucht und das unglaubliche Wunder gepriesen.

War der Papst damals hintergangen worden? War er Opfer eines hinterhältigen Betrugs, den er nicht erkannt hatte? Segnete er Julia Kim nur, weil er nicht gemerkt hatte, dass sie ein blutiges Stück Fleisch in ihren Mund geschmuggelt hatte? Möglicherweise war das so. Aber ob ich will oder nicht, ich muss auch die andere Möglichkeit in Betracht ziehen. Dass der Papst an dieses Wunder tatsächlich geglaubt hat. Denn es gibt nicht den geringsten Zweifel daran, dass er an die außerordentlich heilende Wirkung der geweihten Hostie bedingungslos geglaubt hat. Er hatte schon einmal ein dramatisches Wunder mit einer Hostie erlebt, und diese Geschichte ist die einzige, die der »schweigsame« Don Stanislaw Dziwisz jemals erzählt hat.

Dein Glaube wird dich retten

Wie klein das Büro der Sekretäre des Papstes in diesem riesigen apostolischen Palast ist, hat mich sehr verwundert, als ich zum ersten Mal dorthin eingeladen wurde. Dort spielte sich viele Jahre später auch eine der schmerzlichsten und gleichwohl schönsten Begebenheiten meines Lebens ab. Ich weiß nicht, wie viele Tage im Leben eines Menschen wirklich unvergesslich bleiben. Der Tag, an dem ich zum ersten Mal meinen Sohn auf dem Arm hielt, der Tag, als ich meiner Frau den Heiratsantrag machte. Aber dieser Tag gehört auf jeden Fall dazu. Ich saß in diesem kleinen Büro und wusste natürlich nicht, dass Papst Johannes Paul II. drei Tage später sterben würde. Don Stanislaw Dziwisz gab mir das Abschiedsgeschenk des Papstes, ein Foto meiner Familie zusammen mit Karol Wojtyla, und er hatte seinen Namen auf das Bild geschrieben. Es muss eine der letzen Unterschriften seines Lebens gewesen sein (siehe Bildteil). Dann erzählte mir Don Stanislaw auch, was damals geschehen war.

Ich konnte mich an diesen Tag sogar erinnern, obwohl ich nicht im Entferntesten verstanden hatte, was wirklich passiert war. Ein Krankenwagen war in die päpstliche Residenz nach Castel Gandolfo gerollt, und ein Fotografen-Freund rief mich aufgeregt an.

»Es geht los«, rief er ins Telefon. »Sie haben einen Krankenwagen geholt. Er ist in die Residenz nach Castel Gandolfo gefahren.«

»Um Gottes willen«, sagte ich. »Ich komme, danke, dass du mich angerufen hast. Ist der Krankenwagen noch drin?«

»Ja, schon eine ganze Weile.«

»Was soll das?«, ging mir durch den Kopf? Sie holen einen Krankenwagen, aber statt den Papst dann in Windeseile wegzufahren, lassen sie ihn da einfach stehen. Was soll das? Außerdem wäre es viel einfacher, im Notfall einen Hubschrauber zu schicken.

Ich ahnte natürlich nicht, was sich wirklich ereignet hatte. Ein todkranker Mann aus New York hatte sich bei Don Stanislaw gemeldet. Es war ein sehr reicher Jude. Er hatte geschrieben, dass ihm im Leben noch zwei Wünsche blieben, einmal den Papst zu treffen, um dann in Jerusalem zu sterben.

Der Papst hatte den Mann eingeladen, nicht obwohl er Jude war, sondern weil er Jude war. Dessen bin ich mir sicher. Karol Wojtyla ist mit der Bitte um Vergebung an die Juden, für das, was Christen ihnen angetan haben, im Jahr 2000 in der Holocaust Gedenkstätte und an der Klagemauer in die Geschichte eingegangen. Damals hatte er auch mein Herz als Katholik geheilt, mit dieser Bitte um Vergebung, dass nie wieder Christen Juden Schaden zufügen dürften. Wenn überhaupt jemals irgendein Oberhaupt etwas auch in meinem Namen getan hat, dann war das Papst Johannes Paul II. an diesem Tag an der Klagemauer. Der damalige stellvertretende Außenminister Israels Rabbi Melchior sagte mir zu diesem Anlass: »Jetzt wird nach zwei Jahrtausenden doch noch alles gut, Katholiken und Juden können jetzt endlich in eine gute Zukunft schauen.« Wir Deutschen, nicht die Polen, nicht das Volk Karol Wojtylas, hatten das schlimmste Verbrechen der Geschichte begangen – und ich hatte damals an der Klagemauer neben Karol Wojtyla das Gefühl, dass auf dieser Welt das Gute eben doch siegen kann.

Die Tatsache, dass Karol Wojtyla einen todkranken Juden

empfangen wollte, war daher ganz in seinem Sinne. Stanislaw Dziwisz erzählte später, was geschah: Als der Mann auf seiner Krankenbahre in Castel Gandolfo ankam, lud ihn der Papst zur Messfeier ein, und der Kranke wurde in die Privatkapelle des Palastes gebracht. Der Jude nahm an der Messfeier teil, und im Augenblick der Kommunion bot der Papst auch dem schwerkranken Mann aus New York die Kommunion an, und der ließ sie sich geben.

Don Stanislaw wandte sich nach der Messfeier an den Mann und tadelte ihn. Er hätte als nicht Getaufter die Kommunion verweigern müssen, doch ich glaube, wirklich ernst war ihm dieser Tadel nicht. Don Stanislaw erzählte mir weiter: »Der Milliardär flog, begleitet von seinem Arzt, nach der Messfeier nach Jerusalem, um dort zu sterben. Einige Monate später meldete er sich bei mir. Er war von seiner unheilbaren, tödlichen Krankheit genesen.« Don Stanislaw berichtete dem Papst von der Heilung nach der Einnahme der geweihten Hostie, und Karol Wojtyla sagte nur, dass es ihn immer wieder freue zu sehen, welch große Taten Gott wirken könne, und dass er den größeren Brüdern der Christen, den Juden, zutiefst dankbar sei.

Die Taube von Zacatecas

Mexico City, 22. Januar 1999. Ich wusste sofort, dass ich einen Fehler gemacht hatte, einen schweren Fehler. Die beiden überkorrekten Priester, die soeben noch in atemberaubendem Tempo auf mich eingeredet hatten, schwiegen schlagartig und sahen sich entsetzt an. Es war blitzartig still geworden in dem Büro für Akkreditierungen in Mexiko Stadt. Ich hatte keine Ahnung, was an meinem Wunsch so furchtbar sein konnte, dass die Kirchenmänner mich ansahen, als wäre ich eine schreckliche Erscheinung. Ich wiederholte, was ich gerade gesagt hatte: »Ich hatte Sie nur gebeten, mir zu helfen, mir ein Flugticket nach Zacatecas zu besorgen.« Sie antworteten nicht, sondern starrten mich stumm an. In meinem ganzen Leben hatte ich noch nie katholische Priester wie sie gesehen. Sie trugen alle den gleichen perfekten Haarschnitt. Der Scheitel schien mit dem Lineal gezogen worden zu sein, und zwar bei jedem einzelnen von ihnen. Ihre Priesterkleidung, der schwarze Anzug, war ohne jeden Zweifel eine Maßanfertigung, eine sehr, sehr teure Maßanfertigung. Sie mussten irgendeiner Organisation angehören, irgendeinem neuen kirchlichen Orden. Aber ich hatte damals keine Ahnung, was für ein Orden das sein sollte. Sie hatten mich mit geradezu unglaublichem Überschwang empfangen. Sie hatten mich behandelt wie einen Prinzen und mir wieder und wieder gesagt, wie sehr sie mich darum beneideten, in der Nähe des Heiligen Vaters in Rom sein zu dürfen. Ich behielt besser für mich, dass ich es manchmal ganz schön satthatte, die ganze Zeit dem Heiligen Vater hinterherzurennen. Sie hatten mein mexikanisches Arbeitsvisum überprüft, mir alle Papiere perfekt geordnet ausgehändigt. Die Unterlagen lagen so akkurat aufeinander, als hätte sie jemand mit dem Lineal und der Wasserwaage aufeinandergestapelt und dann noch gebügelt. Sie hatten mir erklärt, dass sie mir bei jedem Schritt in Mexico City behilflich sein wollten, egal, wann ich wohin wollte, welche päpstliche Zeremonie ich besuchen wollte, sie würden mir stets rund um die Uhr helfen, ich sollte nur sagen, was ich wünschte. Es war aus meiner Sicht herrlich, endlich einmal in einem streng katholischen Land zu sein. Ich hatte schon Länder mit dem Papst bereist, denen die Anwesenheit des Heiligen Vaters schnurzegal war, in denen keiner daran dachte, mir auch nur im Geringsten zu helfen. Hier bot man mir nicht nur einen eigenen Fahrer an, sondern einen Priester, der mir persönlich als Helfer und Berater zur Verfügung stehen würde – paradiesische Zustände. Sie hatten mir sogar versichert, dass sie mein Hotelzimmer kontrolliert hätten, damit es mir an Komfort nicht mangele. Und dann hatte ich diese Frage gestellt, die sie wie ein Blitz getroffen zu haben schien und auf die ich immer noch keine Antwort bekommen hatte. »Können Sie mir helfen, rasch nach Zacatecas und wieder zurückzufliegen?« Sie sahen mich immer noch sprachlos an, die Stille lag schwer über dem Raum, bis einer der streng gescheitelten Priester mich plötzlich anlächelte und sagte: »Aber Señor, es gibt gar keinen Flughafen in Zacatecas.«

»Danke«, sagte ich rasch und verließ den Raum.

Ich verließ das Akkreditierungszentrum und fuhr mit einem typischen Taxi Mexico Citys, dem VW-Käfer »Vocho«, zurück in die Zona Rosa, das Stadtzentrum von Mexiko-Stadt, wo mein Hotel lag. Waren meine Freunde so dumm gewesen und hatten übersehen, dass ich gar nicht nach Zacatecas fliegen konnte? Ich ärgerte mich jetzt, mich auf diesen Unsinn eingelassen zu haben. Ich ging hinauf in mein Hotelzimmer und versuchte nachzudenken. Morgen, am Samstag, dem 23. Januar, las der Papst die Messe im Heiligtum der Muttergottes von Guadalupe. Da konnte ich nicht schwänzen. Am Sonntag, 24. Januar, zelebrierte er die Massenmesse auf der Autorennbahn Hermanos Rodriguez in Mexiko-Stadt, auch dort musste ich dabei sein. Am Montag aber, 25. Januar, konnte ich das Treffen mit den »Generationen Mexikos« und dem Papst ausfallen lassen. Erst am Dienstag, dem 26. Januar, ging es weiter nach St. Louis in den USA. Montag musste es sein, dachte ich und unterstrich den Tag in meinem Kalender, es geht nur am Montag. Aber wenn es in Zacatecas keinen Flughafen gab, wie sollte ich in die weit entfernte Stadt kommen? In meinem Koffer ruhte gut verborgen ein dickes Bündel US-Dollarnoten, das nach Zacatecas musste. Das hatte ich versprochen. Hätte ich es doch bloß gelassen, dachte ich.

Heute vergisst man häufig, dass es eine Zeit vor dem drahtlosen Internetzugang gab. Ich versuchte mich von meinem Zimmer aus in das Internet einzuwählen, aber die Telefonnummer, mit der ich über ein Modem ins Internet wollte, war entweder immer besetzt oder antwortete gar nicht. Ich suchte ein gutes altes Telefonbuch heraus und versuchte, mit meinem gebrochenen Spanisch über ein Reisebüro herauszufinden, wie ich am Montag am schnellsten von Mexico City nach Zacatecas kommen konnte. Vielleicht Schnellzug oder Mietwagen? Doch die junge Dame am anderen Ende der Leitung reagierte verständnislos. »Wieso fliegen Sie denn nicht? In einer Stunde, zwanzig Minuten sind Sie da.«

»Aber es gibt doch keinen Flughafen in Zacatecas«, sagte ich verwirrt.

Sie lachte. »Das ist eine Touristenstadt. Natürlich gibt es dort einen Flughafen, den La Calera-Airport, einen großen Flughafen. Ein Ticket bekommen Sie in jedem Reisebüro.«

Die haben mich angelogen, dachte ich. Warum, zum Teufel, haben die mich angelogen? Zwei katholische Priester, die sich überschlugen vor Freundlichkeit, hatten mich ganz offensichtlich belogen. Warum sollte ich nicht nach Zacatecas fliegen? Hatte mich jemand verraten? Mir lief es kalt den Rücken hinunter. Ich hatte keine Ahnung, ob ich die Devisenbestimmungen Mexikos verletzt hatte, weil ich viel zu viele US-Dollar dabeihatte, aber möglich war es schon. Hatte mich irgendwer in Rom verpfiffen, sodass die Priester hier Bescheid wussten?

Ich stellte mich ans Fenster, sah hinaus auf die Stadt, über der eine riesige Smog-Glocke hing, und versuchte mit aller Kraft nicht daran zu denken, mir eine Zigarette anzuzünden. Warum hatte ich mich auf diesen Unsinn bloß eingelassen? Pater E. war schuld, der junge Mann mit dem runden Gesicht auf Kuba, der einige Pfunde zu viel auf den Rippen hatte, aber ein herzliches Lächeln besaß. Er erinnerte an einen dicken Kater. In seinen Turnhosen und T-Shirts wäre kein Mensch je auf die Idee gekommen, dass er in Wirklichkeit ein Pater war – auch die kubanische Polizei nicht. Seine Mitbrüder in Rom hatten mich kontaktiert, um ihm ein Päckchen mitzunehmen, als ich mit Papst Johannes Paul II. nach Kuba geflogen war. Ich hatte mir nichts dabei gedacht. Ich würde an die Klosterpforte gehen, irgendwo in Havanna, das Päckchen abliefern und verschwinden. Dass dieses Kloster nicht legal war, dass es überhaupt nicht wie ein Kloster aussah, hatte ich nicht erwartet, und ich hatte auch einen Mann wie Pater E. nicht erwartet. Er hatte darauf bestanden, mir zu zeigen, wozu sie das Geld und die Medikamente brauchten. Ich sah in einem heruntergekommenen, schmutzigen Raum Ärzte einem Mann den Bauch aufschneiden, sie steckten ihm einen Holzstock zwischen die Zähne. Es dauerte eine Weile, bis ich begriff, dass diese Männer ohne Betäubungsmittel operieren mussten, weil es einfach keine Medikamente gab. »Die hierher kommen, haben alle irgendwie Ärger mit dem Regime. Viele sind Katholiken und haben sich so ›schwerer‹ Vergehen schuldig gemacht wie Weihnachten zu feiern, was angeblich die Zuckerrohrernte stört. In Krankenhäusern des Staates werden sie nicht behandelt. Wir helfen, so gut wir können«, sagte er.

Ich sah einen Mann, dessen Operationswunde stark blutete. Sie hatten ihn mit Mullbinden versorgt, die sie ihm gerade wieder abnahmen, um sie auszuwaschen und wieder zu verwenden. Diese Binden waren alles andere als steril, der Mann riskierte eine schwere Infektion.

Ich hatte diesen Tagen auf Kuba viel zu verdanken. Alles, was ich über die praktische Seite der Theologie der Befreiung wusste, hatte ich dort gelernt. Pater E. wurde ein Freund, ein Freund, der viel zu viele von diesen fettigen, salzigen Bananenchips futterte, die es überall auf der Insel gibt, und der keinen Rum mochte, was ihn nicht weiter störte, weil es keinen gab. Zurück in Rom, hatte ich natürlich darüber Bericht erstattet, dass ich in seinem Kloster gewesen war, hatte erzählt, wie Pater E. dort kämpfte. Dann war der Anruf gekommen, an dem Tag, an dem die Reise Papst Johannes Paul II. nach Mexiko bekannt gegeben wurde. »Andreas«, sagte mir der Pater am anderen Ende der Leitung, »kannst du etwas für uns nach Mexiko bringen? Unser Mann wird es von dort nach Kuba schaffen. Du begleitest den Papst, dir kann nichts passieren.«

»Und was soll ich bringen?«

»Wie immer Medikamente und Geld.«

Ich willigte ein, obwohl ich diese Aktion nicht verstanden hatte. »Warum überweist ihr denn eurem Pater auf Kuba nicht einfach das Geld?«

Der Mönch war in schallendes Gelächter ausgebrochen. »Weißt du, was passieren würde, wenn wir das Geld nach Kuba überweisen? Sehr wahrscheinlich wäre es weg und der von uns genannte Empfänger im Knast. Im besten Falle erhielten unsere Brüder keine zehn Prozent von der Summe, die wir hier mühsam zusammengekratzt haben.«

»Dann überweist es nach Mexiko.«

»Das ist alles so kompliziert, tu uns doch einfach den Gefallen und bring es ihnen.«

»Aber warum muss ich nach Zacatecas?«

»Unser Vertrauensmann ist nun mal da. Wir zahlen dir den Flug ab Mexiko-Stadt, du fliegst hin, lieferst das Päckchen ab und fliegst zurück.«

»Warum kann ich es nicht einfach in Mexiko-Stadt lassen, und er holt es sich da?«

»Er ist ein Pater, er kann sich nicht so einfach bewegen wie du.«

»Und wenn ich es einfach an der Hotel-Rezeption hinterlege?«

»Mir wäre nicht wohl dabei, komm, bitte, tu uns den Gefallen.«

Ich hatte mich darauf eingelassen, ich Idiot. Ich hätte

darauf bestehen müssen, dass sie nach Mexiko-Stadt kommen, um das Päckchen zu holen.

In Rom war es jetzt schon spät am Abend. Ich versuchte es trotzdem und rief das Kloster an. »Ich schaffe es nicht nach Zacatecas. Bitte sagt mir, wo ich das Geld hier in Mexiko-Stadt lassen soll.«

»So schnell können wir das nicht organisieren. Du musst nach Zacatecas«, beschwor mich der Pater am Telefon.

So ein Mist. Ich gönnte mir einen kleinen Whiskey und hoffte, dass er mich vor den Magen-Darm-Problemen bewahren würde, denen man in Mexiko nur schwer entgehen kann.

Was geschah in Zacatecas?

Der Morgen des Samstag, dem 23. Januar 1999, war eiskalt. Ich hätte nie erwartet, dass Mexico City so kalt sein könnte; immerhin liegt die Stadt auf dem Breitengrad wie das Innere der Sahara, allerdings sehr hoch. Aber frieren? Wie immer brachte uns der Vatikan Stunden, bevor die Heilige Messe anfing, zur Basilika der Jungfrau von Guadalupe in Mexiko-Stadt. Vor der Basilika hatten die Menschen über Nacht auf dem Gelände kampiert. Die Sanitäter behandelten eine Reihe von Menschen mit Erfrierungen. Der Tag fing schlecht an. Ich setzte mich neben einen Kollegen und wartete darauf, dass die Messe begann. Schließlich fragte ich ihn, ob er wüsste, wo ich mir heute noch ein Flugticket besorgen könnte. »Das Reisebüro im Hotel ist zu, morgen ist Sonntag und alles geschlossen.«

»Wozu brauchst du ein Flugticket? Willst du zum Baden nach Acapulco statt zum Beten in Mexiko-Stadt.« Er fand das lustig. Er deutete auf einen mexikanischen Priester, der ein paar Meter weiter von uns entfernt saß. »Der Priester ist aus Mexiko-Stadt, er arbeitet für irgendeinen Radiosender, er kann dir bestimmt helfen.«

Ich stand auf und setzte mich zu dem mexikanischen Kirchenmann. Er hatte eine etwas fleckige und nicht mehr ganz neue Soutane an. Eine Diät hätte ihm auch nicht geschadet. Das Fleisch quoll über seinen Gürtel. »Ich muss irgendwie ein Reisebüro auftreiben. Wissen Sie, ob es hier in der Nähe so etwas wie ein Geschäftszentrum gibt?«

»Wo wollen Sie denn hin?«

»Am Montag nach Zacatecas.«

Er sah mich an, als hätte ich eine Ungeheuerlichkeit geäußert. Sein Entsetzen beruhigte mich ungemein. Es war völlig unmöglich, dass jeder Priester Mexikos wusste, was ich in meinem Koffer hatte. Die megakorrekten Priester im Akkreditierungszentrum hatten also nicht deshalb so seltsam reagiert, weil ich verpfiffen worden war, sondern aus irgendeinem anderen Grund. Irgendetwas war mit dieser Stadt Zacatecas nicht in Ordnung.

»Ich weiß«, sagte ich, »schon Ihre Priesterfreunde vom Empfangskomitee haben mir zu verstehen gegeben, ich sollte einen Bogen um die Stadt machen. Was ist denn da gerade los? Eine Pestepidemie?«

»Das sind sicher nicht meine Freunde, die Herren vom Empfangskomitee. Sie gehören zu einer geistlichen Bewegung in Mexiko, den Legionären Jesu Christi. Ohne sie passiert im kirchlichen Leben nichts mehr. Sie sind sehr einflussreich, auch in Rom. Aber meine Freunde sind sie ganz sicher nicht.«

»So, wie Sie reden, scheinen Sie sie nicht sonderlich zu mögen.«

»Die Bewegung hat einen Spitznamen. Wir nennen sie nicht die Legionäre Christi, sondern die Millionäre Jesu Christi, denn sie stammen aus sehr reichen Familien, sind sehr korrekt gekleidet und sehr, sehr konservativ. Aber was immer man auch über die denken mag, Rom und der Papst scheinen sie zu lieben. Sie haben die ganze Organisation des Papstbesuches hier in Mexiko in der Hand.«

Natürlich hatte ich damals nicht einmal eine vage Ahnung, was die Worte des Mannes einmal bedeuten würden. Es würde sich herausstellen, dass der Priester, der die Bewegung gegründet hatte, Monsignor Marcial Maciel Degollado, nicht nur Seminaristen missbraucht hatte, mit mehreren Frauen zusammenlebte und mit ihnen zahlreiche Kinder zeugte, sondern sich sogar an seinen Kindern verging. Diesem Mann und seiner Organisation hatte der Vatikan den Papstbesuch anvertraut. Ein Jahrzehnt später würde das dem Vatikan erhebliche Kopfschmerzen bereiten, weil viele fragen würden, ob wirklich niemand etwas von den Sexualverbrechen des Chefs der Legionäre Jesu Christi geahnt hatte.

Ich weiß noch, dass ich den Priester fragte: »Und was haben Sie nun gegen die Legionäre?«

Er antwortete mir: »Sie sind sehr fromm. Aber für die Drecksarbeit, wenn ich das so sagen darf, für die Seelsorge der Hungernden, der Armen, der Drogenabhängigen der Stadt, haben sie nicht sonderlich viel übrig.«

»Verstehe.«

»Dennoch organisieren sie nun mal den Papstbesuch, und obwohl ich sie nicht mag, halte ich es für richtig, dass sie Leute wie Sie nicht nach Zacatecas lassen. Die wissen schon, was Sie da wollen.«

»Das bezweifle ich sehr.«

Er lachte. »Sie machen die weite Reise doch nur aus einem Grund, darauf wette ich.«

»Was für ein Grund?«

»Nehmen Sie mich nicht auf den Arm«, sagte er. »Es ist das Wunder, was sonst?«

»Was für ein Wunder?«

»Ach, tun Sie doch nicht so! Vergessen Sie es. Gott hat dort vielleicht etwas Besonderes getan, aber nicht, damit Sie es in die Welt hinausposaunen.«

»Was hat Gott dort getan?«

»Ich hoffe sehr, dass Sie es wirklich nicht wissen.«

Er wandte sich ab, und ich hielt es für besser, mir wieder einen anderen Platz zu suchen. Ein Wunder? Was für ein Wunder? Warum zum Teufel will keiner darüber reden? Eigentlich müssten die doch heilfroh sein, wenn hier ein Wunder passiert ist.

Ich ging durch die Reihen, sichtete einen der Sprecher der Diözese Mexico City und beschloss, alles auf eine Karte zu setzen.

»Wird es immer noch nicht gern gesehen, über das zu sprechen, was in Zacatecas passiert ist?«

Er lächelte: »Aber wie kommen Sie denn darauf? Wir haben doch nichts zu verbergen, und Sie können schreiben, was Sie wollen.«

»Auch über Zacatecas?

»Aber sicher.«

»Auch über das Wunder?«

Er sah mich überrascht an. »Was für ein Wunder? Ich weiß von keinem Wunder.«

Okay, dachte ich. Das hat keinen Sinn.

»Sagen Sie«, fragte ich ihn, »wäre es möglich mit Priestern zu sprechen, die aus der Kirche ausgeschieden sind, weil sie geheiratet haben oder aus anderen Gründen die Kirche verlassen haben?«

Er sah mich mit schmerzlich verzerrtem Gesicht an. »Sie können nicht ernsthaft erwarten, dass ich Sie mit diesen Herren in Verbindung bringe, sofern es sie überhaupt in Mexiko gibt.«

Ich verließ die Kathedrale und ging in das Pressezelt, das neben der Kathedrale aufgebaut worden war. Die Organisatoren der Legionäre Jesu Christ hatten sich wirklich alle Mühe gegeben. Es standen Dutzende von Computern an den Arbeitsplätzen, doch die Internetverbindung funktionierte schlecht. Die Arbeit war so unmöglich. Ich ließ mir wieder das gute alte Telefonbuch geben. Ich telefonierte kreuz und quer durch Mexico City, versuchte über die Caritas, die katholischen Ordensfrauen und Ordensbrüder, über alle möglichen katholischen Gruppen an Adressen von ausgeschiedenen Priestern zu kommen. Nach einer Stunde hatte ich eine Telefonnummer einer Organisation von Priestern, die ausgeschieden waren und fast alle geheiratet hatten. Zu meiner Überraschung ging tatsächlich an diesem Samstag in der Organisation jemand ans Telefon. Als ich ihm sagte, dass ich mit dem Gefolge des Papstes gekommen sei, dachte er erst, ich wolle ihn an der Nase herumführen. Dann konnte ich ihn überzeugen.

»Was wollen Sie eigentlich von mir wissen?«, fragte er.

»Na ja, wie die Kirche hier mit Priestern umgeht, die heiraten wollen.«

Er schwieg einen Augenblick.

»Wo sind Sie?« fragte er.

»Ich bin an der Kathedrale, im Pressezelt.«

»Ich bin ganz in der Nähe. Ich komme gleiche«, sagte er.

Ich ging in die Kathedrale, sah dem Papst zu, dann ging

ich zurück in das Pressezentrum und wartete auf den Mann.

Er war ein sehr dünner Mischling, seine Haut schien wie Bronze zu schimmern. Sein langes Gesicht erinnerte an ein mageres Pferd, das eine Kolik gehabt hatte. Er schien mir ziemlich unglücklich.

Wir setzten uns in eine Ecke, und ich versuchte mich auf ihn zu konzentrieren. Er erzählte mir all das, was ich mit dieser Dramatik, aber auch mit dieser Traurigkeit schon Dutzende Male gehört hatte. Seltsam ist, dass Priester, die aus der Kirche ausscheiden, diesen Verlust sehr selten überwinden. Oft geben sie später die Schuld für diese Entscheidung ihrer Frau oder ihrer Partnerin oder ihrem Partner. Glückliche Ehemänner, die einmal Priester waren, habe ich noch nie kennengelernt. Auch der Ex-Priester damals in Mexiko schwor, wie sehr er die Kirche geliebt hatte, er erzählte, wie schlecht er von seinem Bischof behandelt worden war, dass er den Zölibat für Unsinn halte und dass alle Priester entweder schwul oder unglücklich seien. Besonders überzeugend klang das alles nicht. Er sah dazu selbst viel zu traurig aus. Schließlich wagte ich endlich zu fragen, was ich wirklich wissen wollte.

»Ich interessiere mich besonders für Verbote der mexikanischen Kirche.«

»Ach, Sie ahnen gar nicht, was uns alles verboten wurde.« Er sagt eine endlose Liste auf von angeblichen Schikanen des Bischofs. Dann nahm ich meinen Mut zusammen und fragte ihn: »Ich meine mich an eine besonders schlimme Behandlung des Pfarrers in Zacatecas zu erinnern.« Er sah mich erstaunt an. »Zacatecas? Welche Kirche dort? Kann schon sein, aber ich erinnere mich nicht.«

»Es wäre für mich sehr wichtig.«

Er nahm eines der Telefone, die auf dem Tisch standen und wählte eine Nummer. »Ich habe einen Freund, einen Priester, der auch geheiratet hat. Er hat über alles und jedes Buch geführt, was immer an Schikanen aus der Kirche in Mexiko kam. Ich weiß nicht, ob er etwas über Zacatecas hat.«

Nach ein paar Minuten in maschinengewehrschnell gesprochenem Spanisch, von dem ich so gut wie nichts verstand, legte er auf.

»Nein, da gibt es nichts. Es gibt keinen von uns in Zacatecas.«

»Kein Verbot?«

»Keines, er hat überhaupt nur einen Zettel gefunden, der Zacatecas betraf.«

»Und was stand da?«

»Ein klassischer Maulkorb. Die Priester sollten die Klappe halten über alles, was am 12. Mai 1990 passiert ist.«

»Und was ist da passiert?«

»Er wusste es nicht. Ich weiß es auch nicht. Keine Ahnung.«

Ich versicherte meinem Gesprächspartner, dass ich über das Schicksal der verheirateten Priester schreiben würde, bedankte mich, und er ging. Ich hatte jetzt endlich einen Anhaltspunkt: Was war also am 12. Mai 1990 in der mexikanischen Stadt Zacatecas passiert? Was war an diesem Tag so bedeutend gewesen, dass sie die Priester angewiesen hatten, Stillschweigen darüber zu bewahren.

Die Verbindung zu den Computern im Pressezentrum war jetzt endgültig zusammengebrochen. Wie seit Jahrzehnten telefonierten die Kollegen die Texte durch. Damals gab es noch Sekretärinnen, die gelernt hatten, diktierte

Texte aufzunehmen. Am Ende des Pressezelts saß ein junger Priester, der frustriert auf den Bildschirm schaute. Offenbar war er angeheuert worden, um die Computer im Rechenzentrum zu betreuen. Dass das System zusammengebrochen war, schien er als persönliche Niederlage zu empfinden. Erleichtert nahm er zur Kenntnis, dass ich mich nicht beschweren wollte, sondern nur ein Reisebüro suchte.

»Sie brauchen ein Flugticket nach Zacatecas für Montag? Es ist Samstagmittag, und alles wird zu sein.« Er schrieb mir eine Adresse auf. »Hier in der Nähe liegt ein großes Einkaufszentrum. Dort gibt es Reisebüros, die haben garantiert noch auf.«

Ich fuhr mit einem »Vocho« durch Mexiko-Stadt und ließ mir vom Taxifahrer erzählen, wie oft er schon an der Ampel ausgeraubt worden war, während man ihm eine Pistole an den Kopf gehalten hatte. Ich fand schließlich ein Reisebüro, und eine kompetente hübsche Mexikanerin hatte mein Problem in Windeseile gelöst. Während sie die Reservierung ausdruckte, versuchte ich meine Gedanken zu ordnen. Diese seltsamen Legionäre Jesu Christi hatten verhindern wollen, dass ich nach Zacatecas flog. Warum, war völlig schleierhaft. Dann hatte der etwas schlampige Priester von einem Wunder gesprochen, er hatte unterstellt, ich sei auf der Suche nach Spuren dieses Wunders, und schließlich hatte ich herausgefunden, dass am 12. Mai 1990 dort etwas Außergewöhnliches passiert war. Aber was? Das Wunder? Oder hatte am 12. Mai 1990 einfach ein Pfarrer aus Zacatecas mit der Haushälterin das Weite gesucht, und nur deshalb hatte die Kirche die Priester angewiesen, zu schweigen? Das angebliche Wunder musste nicht mit dem Datum des 12. Mai zusammenhängen. Die Frage war, wonach ich eigentlich suchen sollte in Zacatecas.

Ich konnte kaum durch die Stadt laufen und nach einem Wunder suchen. Wie sucht man überhaupt nach einem Wunder? Wo sollte ich anfangen? Die einzige Chance war, den Patres, die mir immerhin verbunden sein mussten, weil ich ihnen das Päckchen gebracht hatte, so ins Gewissen zu reden, dass sie sich über das Schweigegebot hinwegsetzen würden, um mir zu verraten, was denn nun am 12. Mai 1990 passiert war oder ob sie je von einem Wunder in der Stadt gehört hatten. Immerhin musste es einen guten Grund geben, dass die Legionäre Jesu Christi meinen Flug mit einer Lüge hatten verhindern wollen.

Als ich zurück ins Hotel kam, überschlug ich noch einmal das Programm. Ich hatte reichlich Zeit, um am Sonntag an der Messe des Papstes teilzunehmen, das Angelus Gebet noch mitzubekommen und dann in aller Ruhe zum Flughafen zu fahren und am Montag zurück zu kommen. Ich hatte im Hotelzimmer einen Werbeprospekt über Mexiko gefunden, darin waren auch Fotos von Zacatecas. Die Stadt sah wunderschön aus, und ich wollte jetzt wissen, was für ein seltsames Geheimnis dort verborgen sein mochte.

Ich versuchte ein weiteres Mal eine Verbindung mit dem Internet zu bekommen, als das Telefon klingelte. Ein erleichterter Pater aus Rom teilte mir mit, dass es nicht mehr nötig sei, dass ich nach Zacatecas flöge. »Andreas, wir haben jetzt einen Mitarbeiter gefunden, der kommt heute Abend an deinem Hotel vorbei. Er holt das Päckchen ab, er heißt Pater Vincente.«

»Okay«, sagte ich, dankte, stornierte die Buchung nach Zacatecas. Ich würde nun nie erfahren, was dort passiert war und warum die mexikanische Kirche so scharf darauf war, dass ich niemals hinflöge. Gut, dachte ich, vergiss es einfach, es wird ein Geheimnis bleiben.

Ich ging hinunter zu dem Fahrer, der mich zum Treffen des Papstes mit den mexikanischen Gemeinden bringen sollte. Er war noch dabei, das Auto zu waschen, also spazierte ich die Straße entlang. Die Geschäfte quollen über von Andenken an den Papstbesuch. Es gab sogar Tüten mit Kartoffelchips, auf die das Bild Papst Johannes Paul II. gedruckt war, jede denkbare Form von Kugelschreibern war mit einem Papstbild verziert worden. Ich entdeckte sogar einen Johannes-Paul-II.-Kaugummi. Ich schaute mir die Unmengen von Papstdevotionalien an, die Kalender und Bildbände der Papstbesuche in Mexiko und dann, auf einmal, wusste ich, was am 12. Mai 1990 in Zacatecas geschehen sein konnte – und ich wusste auch, was ich zu tun hatte. Ich bat den Fahrer, mich zum Pressezentrum zu bringen, er setzte mich am Eingang ab, und ich wartete.

Wenn die Gruppe der Journalisten, die den Papst in unmittelbarer Nähe begleiten, von einem Termin mit dem Papst zurückkam, hatte das sehr wenig mit Eleganz und Frömmigkeit zu tun. Fotografen und Reporter in der Nähe des Papstes mussten sich immer in der gefährlichsten aller Zonen aufhalten, so nahe wie möglich am Papst, aber deshalb auch so nahe wie möglich an den Schlagstöcken der Polizei, die den Papst vor übereifrigen Fans verteidigen musste. Dabei waren die Superfans des Papstes weit gefährlicher als die Polizei. Sie hatten keine Mühe gescheut, hatten alles gegeben, um in die unmittelbare Nähe des Papstes zu gelangen. Sie versuchten alles, um den Papst anfassen zu können. Das führte aber in der Regel dazu, dass sie nicht den Papst berührten, sondern den Reportern, die um den Papst herum waren, die aufgenähten Taschen der Jacketts abrissen. Wenn der Pool, der den Papst begleitet, zurückkam, sah das immer so aus, als kämen sie aus einem glimpflich verlaufenen Bürgerkrieg zurück. Sie hatten Schrammen und Beulen, ab und zu blaue Augen und in jedem Fall total zerknitterte Anzüge. So auch an diesem Tag, und ich sah ein wenig mitleidig auf meinen Freund Arturo Mari, den damaligen Papstfotografen, der sechs Päpsten gedient hatte. Er hatte offensichtlich etwas abbekommen, er rieb sich die Schultern; das Klischee, dass die mexikanische Polizei nicht zimperlich war, schien zu stimmen.

»Arturo?«, rief ich ihm zu.

Er drehte sich zu mir um. »Andreas? Wo warst du?«

»Den Pool heute habe ich geschwänzt.«

»Sei froh. Die Mexikaner dreschen um sich, dass es kracht.«

»Kannst du dich an den 12. Mai 1990 erinnern? Der Papst war damals an diesem einen Tag in einer Stadt hier in Mexiko, in Zacatecas.«

Sein Gesicht, das bis zu diesem Augenblick noch eher gelangweilt ausgesehen hatte, spannte sich an.

»Komm«, sagte er. Wir gingen vor das Pressezelt. Er steckte sich eine seiner Marlboro-Zigaretten an. »Er will nicht, dass darüber gesprochen wird.«

»Wer?«

»Na, wer wohl? Der Papst, du weißt doch, dass er nicht will, dass man darüber spricht.«

»Was ist damals denn passiert?«

»Ein Wunder, ein Wunder ist eingetreten, der Papst hat ganz offensichtlich an diesem Tag mit Gottes Hilfe ein Wunder gewirkt. Aber du musst die Klappe halten.«

»Hast du es gesehen?«

Er lachte. »Ich habe es sogar fotografiert, den Augenblick des Wunders, ich habe ihn geknipst.«

Die Herren der Organisation von den Legionären Jesu Christi kamen zu uns, einen von ihnen erkannte ich wieder, es war der Mann, der meine Reise verhindern wollte.

Arturo sagte: »Ich muss jetzt gehen. Lass uns in Rom darüber sprechen. Dann erzähle ich dir, was passiert ist, aber halte bitte um Gottes willen die Klappe.«

Er ging los, um sich umzuziehen – und um sich später an diesem Tag, während des nächsten Termins mit dem Papst, ein weiteres Mal den Anzug ruinieren zu lassen.

Ich sah ihm nach, heute nahm ich mir noch mal frei, aber morgen würde ich mit Arturo auch wieder in den Kampf ziehen. Der elegante Legionär kam zu mir. »Wollen Sie immer noch nach Zacatecas?«, fragte er.

»Nein, mir gefällt der Flughafen da nicht.«

Er druckste einen Augenblick herum, dann sagte er: »Ich möchte mich entschuldigen.«

»Schon gut.«

»Ich hätte Sie aber nicht anlügen dürfen, natürlich gibt es einen Flughafen in Zacatecas.«

»Das weiß ich, es hat sich erledigt. Arturo Mari war damals dabei, und er hat genug Vertrauen zu mir, um mir nicht zu verheimlichen, was geschehen ist.«

»Ich habe es gerade gesehen, Sie sind mit ihm befreundet.«

»Ach wissen Sie, wir sind schon seit Langem zusammen auf Reisen mit Karol Wojtyla.«

»Wir wollten einfach nur nicht, dass jemand in der Sache herumschnüffelt.«

»Das wollte ich gar nicht, aber es hat sich erledigt.«

Der Priester sah mich nachdenklich an: »Arturo Mari war damals dabei. Ich weiß. Das Foto mit der Taube stammt von ihm.«

Ich dachte: Was für eine Taube? Antwortete aber: »Er hat es mir gesagt.«.

»Es gibt aber auch hier in Mexiko-Stadt noch Zeugen, die direkt dabei waren.«

»So?«

»Ich würde gern etwas für Sie tun«, sagte der Legionär. »Sozusagen, um es wiedergutzumachen. Wenn Sie mir ihr Wort geben, dass Sie zu Lebzeiten Karol Wojtylas nicht darüber schreiben, dann würde ich den Kontakt zu einem mexikanischen Zeugen herstellen. Ich glaube, dass er etwas gesehen hat, was Arturo Mari nicht gesehen hat.«

»Sie haben mein Wort.«

Er nahm einen eleganten, sehr teuren Stift aus dem Jackett und schrieb eine Adresse auf.

»Er ist jetzt Pfarrer hier in Mexiko-Stadt, das ist seine Adresse. Sagen Sie ihm, dass sie mit Pedro von den Legionären, der Organisation der Papstreise, gesprochen haben.«

Ich bedankte mich und suchte mir ein Taxi.

Der Papst sucht ein Kind

Die Kirche von Don Pablo sah völlig anders aus, als ich mir eine Kirche vorstelle. Als ich aus dem Vocho stieg, dachte ich, dass ich an der falschen Adresse angekommen sei. Eine Art Garage stand vor mir, mit einer Ziegelwand, die nicht ganz fertig schien. Irgendwo war auch ein Kreuz angebracht worden. Metalltore wie vor einem Stall schlossen die Kirche ab. Sie schien abrissreif zu sein, obwohl sie noch in Bau war. Innen war aber alles blitzblank, der Betonboden war sauber gefegt, Kirchenbänke standen in einer Reihe, ein Küster bereitete gerade den Altar für die nächste Messe vor. In einer Seitenkapelle, vor dem Bild der Muttergottes von Guadalupe, kniete ein Priester. Ich setzte mich in die Kirchenbank und wartete. Irgendwann hatte er sein Gebet beendet und stand auf. Ich ging zu ihm und fragte leise: »Sind Sie Don Pablo?«

Er nickte. Ich sagte ihm, wer mich geschickt hatte. Er war ein kugelrunder, kleiner Mann mit einem krebsroten Kopf und kleinen, listigen Augen. Er wiegte den Kopf hin und her und sagte: »Ich kann Ihnen leider nichts sagen, auch wenn Sie Don Pedro geschickt hat. Sie wissen schon, die Herren im Vatikan wollen nicht, dass darüber berichtet wird.«

»Okay, okay, der Legionär war der Meinung, ich sollte mir anhören, was Sie gesehen haben; aber mein Freund Arturo Mari kann mir auch erzählen, was damals passiert ist.«

»Ach ja, Arturo. Der war ebenfalls dabei. Grüßen Sie ihn bitte, er kann Ihnen natürlich genau sagen, was er damals fotografiert hat; aber ich kann Ihnen sagen, was ich empfunden habe, wenn Sie mir versprechen…«

»Ich weiß, ich weiß, kein Wort zu niemandem. Ich weiß, ich werde kein Wort schreiben, solange der Papst am Leben ist.«

Er setzte sich in eine Kirchenbank, und ich setzte mich neben ihn.

»Wissen Sie, was an diesem Tag so unglaublich war?«

»Sie meinen den 12. Mai 1990?«

»Ja, natürlich, der Besuch des Papstes in Zacatecas. Er stieg aus diesem Flugzeug, und das Erste, was ich dachte, als ich ihn sah, war: Was sucht er denn? Er kam die Gangway hinunter, und die unglaubliche Menschenmenge jubelte ihm zu. Er grüßte, er segnete die Menschen um ihn herum, aber ich hatte das Gefühl, dass er in der Menge nach etwas ganz Bestimmtem Ausschau hielt. Der Bischof, die Priester, die auf ihn warteten, das alles interessierte ihn nicht wirklich, er war nett, schüttelte Hände, doch deswegen war er nicht gekommen. Das spürte ich ganz deutlich. Er sah sich immer wieder um, und ich fragte mich erneut: Was will er denn eigentlich? Es sind doch alle da, die Pilger, die Priester, die Politiker, wonach hält er denn Ausschau? Ich war ganz in seiner Nähe. Er tat schon, was man von ihm verlangte, er blieb bei den wichtigen Leuten, die ihn am Flugzeug erwartet hatten, aber er sah über ihre Köpfe hinweg in die Menge. Ich hatte das Gefühl, dass er eine Verabredung hatte, dass irgendein alter Freund, ein Priester, ein Weggefährte hier irgendwo in der Menge auf ihn wartete und dass er nach ihm Ausschau hielt. Aber was immer er suchte, er fand es nicht. Die Begrüßungszeremonie nahm ihren Lauf, und auf einmal ging Papst Johannes Paul II. wie an einer Leine gezogen quer durch die Menge. Die Polizei war außer sich, weil er einfach so losmarschierte. Seine Augen kreisten fortwährend durch die Massen, als wüsste er zwar, dass da etwas sein musste, was auf ihn wartete, aber er wusste nicht genau, was es war. Ich weiß, dass sich das alles total verrückt anhört, aber glauben Sie mir, in seiner Nähe, da gibt es etwas ganz Besonderes, das ich nicht erklären konnte.«

»Ich weiß«, sagte ich.

»Ich hab bisher nie einem anderen Menschen verraten, was ich an diesem Tag in Zacatecas empfand, aber es schien mir, als sage ihm eine Stimme: Geh weiter, du musst dieses Kind finden! Sie kennen ja diese Situationen. Tausende drängten sich zu ihm, wollten ihn anfassen, nur die stärksten Männer hatten es geschafft, einen Platz an der Absperrung zu erobern, an der Johannes Paul II. vorbeigehen würde. Aber der Papst suchte ein Kind. Doch das Kind war schon so krank, dass die Mutter, die es auf dem Arm trug, nicht wagte, sich einfach rücksichtslos vorzudrängeln. Sie stand weit weg vom Papst. Ich schwöre Ihnen, ich habe weder die Mutter noch das Kind sehen können, ich sah nur die Menschenmassen. Aber Karol Wojtyla ging einfach weiter, immer weiter, er schaute sich genau um – und plötzlich sah er es. Inmitten der Menge, eingekeilt an einer weit entfernt liegenden Absperrung, stand die Frau, und der Papst schoss geradewegs auf das Kind zu. Wir erfuhren später, dass der Junge Heron Badillo hieß, unheilbar an Leukämie erkrankt war und die Ärzte ihm nur noch ein paar Wochen zu leben gegeben hatten. Der Papst segnete das Kind, streichelte es, küsst den kahlen Kopf. Neben dem Kind hielt jemand eine Taube fest. Der Papst macht zu dem Kind eine Geste wie: ›Hab keine Angst, die Krankheit fliegt mit der Taube davon.‹ Und dann flog die Taube wirklich in den Himmel. Der Papst herzte das Kind, er schien mir erleichtert und fröhlich. Als hätte er etwas getan, das er tun musste.«

»Was glauben Sie? War es ein Wunder?«

»Na ja, die Kirche tut sich schwer mit Wundern, die Menschen schon zu Lebzeiten gewirkt haben sollen. Das wissen Sie doch. Glauben Sie an Wunder?«

»Nein, eigentlich nicht. Woher kam die Familie?«

»Aus Río Grande.«

»Wie weit ist das weg?«

»Etwa ein, zwei Stunden von Zacatecas.«

»Zu weit für mich. Dann werde ich die Frau und das Kind wohl nie fragen können, was damals wirklich passiert ist«, sagte ich noch – doch da sollte ich mich irren.

Danke für ein zweites Leben

Vatikanstadt, Januar 2004. Der Tipp kam von einer mexikanischen Kollegin. Sie riefe mich an und sagte: »Er ist hier!«

»Wer? Wer ist hier?«.

»Weißt du nicht Bescheid? Seit Tagen geht es um nichts anderes als darum, ob er tatsächlich kommen wird: Heron Badillo.«

Der Name kam mir bekannt vor, aber zunächst wusste ich nichts damit anzufangen. »Heron wer?«

»Stehst du auf der Leitung? Der todkranke Junge aus Mexiko.«

Jetzt fiel der Groschen.

»Er wird nach der Generalaudienz vom Papst empfangen werden, danach treffen sich die Eltern mit Kardinal Javier Lozano Barragan.«

»Ich komme«, sagte ich.

Ich fuhr an diesem eiskalten, sonnigen Tag in die Audienzhalle, und tatsächlich, da war die ganze Familie aus Río Grande, die mich so lange beschäftigt hatten, Maria und Felipe Badillo und der inzwischen erwachsene junge Mann, Heron, der todkrank gewesen war. Mein Herz klopfte schneller, endlich konnte ich fragen, was damals wirklich passiert war. Maria Badillo, die Mutter, erzählte: »Heron war vier Jahre alt, ein ganz normales Kind, er spielte gern, aber auf einmal wurde er immer magerer, verlor die Haare, spielte nicht mehr. Ich brachte ihn zum Arzt. Das Ergebnis war furchtbar: Sie sagten mir, er habe Blutkrebs, Leukämie. Sie sagten mir auch, dass es kaum eine Chance gebe, das Kind zu heilen. Damals kannte man die Therapien noch nicht, die heute existieren. Sie behandelten ihn mit Chemotherapien. Es war entsetzlich, ihm zuzusehen. Er wurde immer noch magerer, schien wie eine schwache Kerze zu verlöschen. Dann, als er fünf Jahre alt war, sagte er auf einmal zu mir. ›Mama, ich habe im Fernsehen gehört, dass der Papst kommt, nach Zacatecas. Bitte bring mich hin.‹ Ein Bekannter beschaffte uns Tickets, um nach Zacatecas zu fahren und uns am Flughafen in die Nähe der Straße zu stellen, wo der Papst vorbeifahren würde. Wir standen sehr früh am Morgen auf, ich zog ihn an, aber er sagte zu mir: ›Zieh mir was anderes an. Ich sehe heute den Papst.‹ Als wir in Zacatecas ankamen, war dort eine unglaubliche Menschenmenge. Heron war schwach, ich konnte mich mit ihm nicht nach vorn drängeln. Wir waren eingekeilt in der Menge, weit weg von der Stelle, an der der Papst aus dem Flugzeug stieg. Dann passierte etwas Unfassbares: Der Papst schien uns regelrecht zu suchen.«

Mir stockte der Atem. Was hatte mir dieser mexikanische Priester damals gesagt, was hatte ihn so fassungslos gemacht? »Seine Augen kreisten fortwährend durch die Massen, als wüsste er ganz genau, was er suchen musste.« Die Frau erzählte weiter: »Ich stand da mit Heron, und der Papst überquerte diesen Platz und kam auf uns zu, als wüsste er, dass wir auf ihn warteten. Er sagte nichts. Ich sah ihm in die Augen, und ich spürte, dass er den Schmerz einer Mutter verstand. Er streichelte Heron mit unglaublicher Zärtlichkeit, dann küsste er ihn auf den Kopf. In diesem Augenblick flog eine Taube davon, ich dachte, jetzt wird alles gut. Der Papst ging weiter, und ich spürte, wie glücklich Heron war. Wir fuhren nach Hause, und als wir ankamen, sagte mein Sohn: ›Ich habe Hunger.‹ Es war das erste Mal seit langer Zeit, dass er etwas essen wollte, es war Hühnchen.«

Maria Badillo musste weinen, wenn sie ihre Geschichte erzählte, und sie musste weinen, als sie an diesem Tag nach der Gerneralaudienz zu Papst Johannes Paul II. geführt wurde. »Was haben Sie dem Papst gesagt?«, fragte ich Heron nach der Audienz.

»Danke! Danke für mein zweites Leben.«

Nur einmal sprach der Papst mit einem Mitarbeiter über den Fall; er sagte zu Kardinal Barragan: »Was für wundervolle Dinge kann Gott doch bewirken.«

Der Kampf des Karol Wojtyla

Torun, Polen, Montag, 7. Juni 1999. Ich sehe die Ereignisse dieses Tages bis heute vor mir und trotzdem kann ich nicht glauben, was damals geschehen sein soll. Wir waren mit dem Helikopter in Torun gelandet. Papst Johannes Paul II. arbeitete während dieser 87. Auslandsreise wie ein Pferd. Er war um fünf Uhr aufgestanden, hatte um acht Uhr in Lichen einen Gottesdienst im Heiligtum der Muttergottes von Lichen gehalten, war nach Bydgoszcz weitergeflogen, hatte dort einen Heilige Messe zelebriert, um nach dem Mittagessen nach Torun weiterzufliegen. Dort erwartete ihn ein damals 39-jähriger Mann, der eine einzigartige Karriere gemacht hatte. Der junge Priester mit Namen Slawomir Oder hatte eine Aufgabe übertragen bekommen, die normalerweise nur ältere Herren erledigen dürfen. Als Postulator sollte er an entscheidender Stelle eine Seligsprechung vorbereiten. Die Wahl war auf den blonden Priester mit den schütteren Haaren gefallen, weil ein Mann seliggesprochen werden sollte, der selbst sehr jung gestorben war: Don Wincenty Frelichowski war gerade mal 32 Jahre alt geworden. Der Sohn eines Bäckers ließ sich im Jahr 1937 zum Priester weihen. Sein Name stand auf der Todesliste der Gestapo; er sollte eines der Opfer jener Strategie der Gestapo werden, die polnische katholische Kirche zu zerstören. Nach der Besetzung Polens, am 18. Oktober 1939, wurde er inhaftiert und durchlebte von diesem

Zeitpunkt an bis zu seinem Tod die Hölle. Nach kurzer Haft im Schlosskerker von Torun kam er in die Konzentrationslager Stuthoff, Sachsenhausen und schließlich nach Dachau. Im Lager war Typhus ausgebrochen, der junge Priester half den Kranken, so gut er konnte, bis er selber erkrankte. Er hätte nur noch ein paar Monate durchhalten müssen, um das Ende des Krieges zu erleben, die Befreiung von Dachau am 29. April 1945 durch US-amerikanische Truppen. Aber er schaffte es nicht, er starb am 23. Februar 1945. Diese Lebensgeschichte hatte der junge Priester Slawomir Oder aufbereitet, sie akribisch durchforstet und den Kandidaten für würdig befunden, seliggesprochen zu werden, als ein Schutzpatron der katholischen Pfadfinder. Oder wirkte nicht nur jung, sondern auch ungewöhnlich sportlich, schlaksig, ein krasses Gegenteil zu den vielen übergewichtigen Kirchenmännern rund um Karol Wojtyla. Wenn er nicht so mager gewesen wäre, hätte man ihn für einen sehr attraktiven Mann halten können. Er hatte wache Augen, und er war unglaublich aufgeregt, als er dem Papst Johannes Paul II. vorgestellt wurde. Karol Wojtyla war vor allem für die Priester Polens schon damals ein strahlender, einzigartiger Held, ein Mann, der längst in die Geschichte eingegangen war, eine lebende Legende, als erster slawischer Papst überhaupt, ein Papst, der dazu beigetragen hatte, ihrem Land die Freiheit zu bringen. Ich erinnere mich, dass mir Slawomir Oder in Torun beinah leidtat. Aus lauter Hochachtung vor dem Papst schien er wie eingefroren, wie eine Skulptur; er wusste nicht, wie er sich verhalten, wie er gehen und stehen sollte. Eigentlich war an dieser Situation nichts Besonderes. Der Papst hatte zu diesem Zeitpunkt schon hunderte Selig- und Heiligsprechungen absolviert, hunderte Postulatoren wie Slawomir Oder getroffen. Ich glaube, er konnte an diesem 7. Juni 1999 nicht ahnen, dass er vor dem jungen Mann stand, der einst über seine, Wojtylas, eigene Seligsprechung befinden würde, der jedes einzelne Wunder untersuchen würde, das Karol Wojtyla angeblich nach seinem Tode wirken sollte. Der Papst begrüßte den jungen Slawomir Oder freundlich und aufmunternd, gab ihm zu verstehen, dass er sich nicht vor dem Denkmal Karol Wojtyla zu fürchten brauchte. Aber was laut Slawomir Oder in jenen Momenten geschehen sein soll, kann ich mir nur schwer vorstellen. Ich schätze Slawomir Oder sehr; er ist ein gebildeter, freundlicher Mann, der mit beiden Beinen im Leben steht – alles andere als ein Spinner. Er ist kein Mystiker und auch kein Schwärmer. Er arbeitet als Wissenschaftler, ist wach und aufmerksam. Gerade deshalb ist das, was er über diesen Tag und die Jahre danach berichtet, unfassbar. Wir unterhielten uns in seinem Büro im Lateranpalast im Jahr 2006, und er sagte mir: »Ich bin mir sicher, dass der Papst wusste, dass ich eines Tages der Mann sein würde, der seine Seligsprechung vorbereiten sollte.«

»Unmöglich«, wandte ich ein, »zu Lebzeiten Karol Wojtylas stand doch noch gar nicht fest, wer der Postulator für das Verfahren Karol Wojtyla sein würde, und, bei allem Respekt, wer hätte gedacht, dass Sie, ein noch junger Mann, eine so gewaltige Aufgabe bekommen würden?«

»Niemand. Ich habe gleich gesagt, dass ich glaube, dass die Aufgabe viel zu groß für mich ist. Es war natürlich nicht klar, dass ich das machen sollte, aber er wusste es trotzdem. Ich glaube, er wollte mir in die Augen sehen. Ich glaube das, weil er mich hier in Rom später einmal zu einem Abendessen einlud. Es gab keinen Anlass dafür. Ich war kein wichtiger Priester, nicht wichtig genug, um ein privates Abendessen mit dem Papst zu haben. Ich glaube, dass er mich einlud, weil er wusste, dass ich in ein paar Jahren für das Verfahren seiner Seligsprechung verantwortlich sein würde. Ich glaube das ganz fest.«

Hat Karol Wojtyla vor der Seligsprechung des Pfadfinders, als ihm der junge blonde, aufgeregte Priester vorgestellt wurde, gewusst, dass dieser Mann einmal sein Leben sezieren würde, jeden Brief lesen, jede Unterlage prüfen würde, um mit gutem Gewissen sagen zu können, dass Karol Wojtyla die Seligsprechung verdient hatte? Konnte Karol Wojtyla also in die Zukunft sehen? Wenn Slawomir Oder nicht ein so integrer, ernst zu nehmender, vernünftiger Mensch wäre, würde ich sagen, dass er sich in eine Theorie verrannt hat. Aber ich weiß, dass er aufrichtig ist, wenn er von seinem festen Glauben daran spricht, dass Karol Wojtyla ihn sprechen wollte, weil er wusste: ›Dieser Mann wird einmal meine Seligsprechung vorbereiten.‹ Wollte er Slawomir Oder die Gelegenheit geben, ihn einmal ganz aus der Nähe zu sehen, um ihm in aller Ruhe in die Augen zu schauen und sich ein Bild machen zu können, ob dieser Mann es verdient haben würde, seliggesprochen zu werden? War Karol Wojtyla also ein Prophet, ein Mann, der Gott nicht nur besonders nahe war, sondern dem er auch gestattete, in die Zukunft zu schauen? Ob es Menschen mit prophetischen Gaben gegeben hat, wie die Bibel im Alten und Neuen Testament berichtet, weiß ich nicht. Ich konnte mir aber auf keinen Fall vorstellen, dass es heute Propheten gibt, und noch weniger, dass ich selber einen Propheten kannte, in dessen Gefolge ich mehr als ein Jahrzehnt verbracht hatte. Aber ich halte Monsignor Slawomir Oder nicht für einen Lügner und auch nicht für einen Blender oder Wichtigtuer. Ich habe keinen Zweifel an seiner tiefen

Überzeugung, dass Karol Wojtyla in die Zukunft schauen konnte – und vielleicht hat Slawomir Oder ja tatsächlich Recht.

Ein Papst reißt die Fenster auf

Auf politischer Ebene gab es im Vatikan schon lange das Gerücht, Karol Wojtyla verfüge über prophetische Gaben. Dieses Gerücht, Papst Johannes Paul II. könnte in die Zukunft sehen, war in den achtziger Jahren entstanden. Das Staatssekretariat versuchte über Jahrzehnte, an der alten Richtlinie des friedlichen Zusammenlebens mit dem Kommunismus festzuhalten. Kardinalstaatssekretär Agostino Casaroli (Kardinalstaatssekretär vom 1. Juli 1979 bis 1. Dezember 1990) glaubte daran, dass die katholische Kirche noch lange mit dem Sowjetimperium würde auskommen müssen. Er wollte seine vorsichtige Politik der Annäherung fortsetzen, vor allem wollte er mit den kommunistischen Herrschern keinen Streit. Karol Wojtyla hingegen machte nie einen Hehl daraus, dass er davon überzeugt war, dass das Sowjetreich in absehbarer Zeit zusammenbrechen würde. Dass der Papst damit recht haben könnte, glaubte ihm niemand im Vatikan. Selbst die US-Außenpolitik der Regierung Ronald Reagan ging davon aus, dass die Warschauer-Pakt-Staaten noch über einen langen Zeitraum dafür sorgen würden, dass die Welt in Ost und West geteilt bliebe. Vielleicht hatte sich niemand auf der Welt in dem Jahrzehnt vor dem Mauerfall so intensiv und so lange mit der Frage, ob das Sowjetreich zusammenbrechen könnte, beruflich auseinandergesetzt wie US-Verteidigungsminister Caspar Weinberger, der zur Zeit der Regierung Ronald

Reagan zwischen 1980 und 1987 im Amt war. Er machte keinerlei Hehl aus seiner Überzeugung, dass die USA noch über Jahrzehnte mit der Existenz des Sowjetreiches würde leben müssen. Der deutsche Diplomat Dr. Michael Schaefer, der zwischen 1984 und 1987 im Bonner Außenministerium arbeitete, gehört zu denen, die ganz unverblümt sagen, dass zumindest im Westen Deutschlands nur sehr wenige mit dem Fall der Berliner Mauer gerechnet hätten. Papst Johannes Paul II. dagegen war davon überzeugt, dass der Zusammenbruch des Moskauer Imperiums unmittelbar bevorstehe. Er mochte die behutsame Art nicht, mit der sein Kardinalstaatssekretär sich auf ein langes Zusammenleben mit den Sowjets einrichten wollte. Vor allem verabscheute er die Zugeständnisse an Moskau, die in den Augen der Katholiken des Ostens feige wirkten. So trug Agostino Casaroli eine Mitschuld daran, dass in Ungarn im Jahr 1964 bekannte Geheimagenten der ungarischen Kommunistischen Partei zu Bischöfen geweiht wurden. Der langjährige Diplomat und Abteilungsleiter im Staatssekretariat, Giovanni Kardinal Lajolo, beschrieb mir in seinem Amtssitz, dem Gouvernatorat, das schwierige Verhältnis der beiden Männer: »Karol Wojtyla und Agostino Casaroli hatten unterschiedliche Ansichten, wie mit den Kommunisten umzugehen sei. Es kam vor, dass der Papst Casaroli anschrie. Das habe ich miterlebt. Er hat sich dann aber sofort entschuldigt.«

Eine legendäre Begebenheit aus Krakau prägte die Umgebung des Papstes für Jahrzehnte. Während des Besuchs im Juni 1983 in Krakau hatten sich vor dem alten Amtssitz des ehemaligen Krakauer Bischofs Karol Wojtyla am Franziskanerplatz 3 am Abend zehntausende Menschen versammelt. Die polnische Geheimpolizei informierte daraufhin die polnischen Bischöfe, Johannes Paul II. möge die Fenster geschlossen halten. »Wenn der Papst hier in das Zimmer kommt, dann bleibt das Fenster zu. Wir wollen keinen Ärger«, soll der Beamte des Geheimdienstes nach den Erinnerungen der Augenzeugen gesagt haben. Als Karol Wojtyla schließlich in das Zimmer kam, sollen die polnischen Priester und Bischöfe ihn gebeten haben, die Geheimpolizei nicht zu reizen. Auch wenn er die Menschen draußen grüßen wolle, möge er doch bitte darauf verzichten, um nicht Unruhe zu provozieren. Schließlich müsse der polnische Klerus noch lange mit den Kommunisten leben. Doch Karol Wojtyla hielt sich nicht daran, er ging zum Fenster, riss es auf und zeigte den Gläubigen, dass er keine Angst vor den Kommunisten hatte und nicht daran dachte, ihnen zu gehorchen, und dass er auch nicht glaubte, dass man sich noch lange mit Moskau würde arrangieren müssen.

Was Agostino Casaroli und Karol Wojtyla trennte, war vor allem, dass Wojtyla die Kommunisten kannte. Er hatte hinter dem Eisernen Vorhang gekämpft, zum Beispiel für seine Kirche in Nova Huta. Casaroli kannte den Kommunismus nur aus den eleganten Sälen, in denen er verhandelt hatte. Zur Enttäuschung Casarolis besprach der Papst viele Probleme, die die Warschauer-Pakt-Staaten betrafen, mit seinen polnischen Freunden, mit Marian Kardinal Jaworski, seinem Sekretär Stanislaw Dziwisz und anderen Vertrauten – und zwar auf Polnisch. Agostino Casaroli konnte kein Polnisch; nach seinem Tod fand man in seiner Wohnung Polnisch-Lehrbücher. Offensichtlich hatte er versucht, es zu lernen. Streit gab es zwischen Agostino Casaroli und Karol Wojtyla also immer wieder über die Tatsache, dass Casaroli die Sowjets auf keinen Fall reizen wollte. Casaroli war gegen jede Aktion, die Moskau als Provokation hätte auslegen können.

Vor allem ein extremer Fall trennte den Papst und seinen Kardinalstaatssekretär: die katholischen Kämpfer gegen den atheistischen Kommunismus. Während des Kalten Krieges existierte eine Vielzahl linker Gruppen, die gegen alles, was aus dem Westen kam, demonstrierten, polemisierten oder gar mit der Waffe kämpften. Vom studentischen Rebellen bis hin zum Terroristen war auf der linken Seite so ziemlich alles vertreten. Die konservativen Katholiken neigten hingegen dazu, alles Extreme abzulehnen. Es gab keine Welle weltweiter Prozessionen gegen den Kommunismus, höchstens predigten einige Priester im Westen über die großen Probleme der katholischen Kirche hinter dem Eisernen Vorhang.

Während die linke Seite eine ganze Generation von Aktivisten gegen den Westen hervorbrachte, schienen die Katholiken untätig; aber das stimmte nicht ganz. Es gab eine Ausnahme: Die Gruppe, die Pater Werenfried van Straaten zum Vorbild hatte. Der im Jahr 1913 in den Niederlanden geborene Pater gründete im Jahr 1947 die »Ostpriesterhilfe«, die sich fünf Jahre später in die weltweit operierende Organisation »Kirche in Not« umbenannte, eines der Hauptquartiere war Königstein im Taunus. Das Anliegen der Organisation besteht darin, allen Priestern, die in Bedrängnis sind, weltweit unter die Arme zu greifen. Die meisten Priester in Not lebten damals natürlich im Ostblock. Die meisten Mitglieder dieser konservativen Organisation waren harmlos und sammelten einfach Spenden, um sie irgendwie hinter den Eisernen Vorhang zu schmuggeln. Aber es gab auch Sympathisanten dieser Organisation, Männer und Frauen, denen das nicht reichte.

Sie wollten konkrete Aktionen zur Unterstützung von osteuropäischen Christen und nahmen dafür sogar die Gefahr auf sich, in ein sowjetisches Straflager geschickt zu werden.

Papst Johannes Paul II. war als Bischof von Krakau Kontaktmann zur »Kirche in Not« für Polen. Er kannte die Organisation sehr gut, die schon im Jahr 1957 mit seinem Vorbild, dem polnischen Primas Stefan Kardinal Wyszynski, Kontakt aufgenommen hatte. Doch Agostino Kardinal Casaroli war allein schon die Vorstellung ein Gräuel, dass die katholische Kirche durch Sonderkommandos von Aktivisten und deren spektakuläre Aktionen die Sowjets in ihrem Heimatland reizen könnte. Casaroli sah natürlich auch das bereits im Jahr 1964 direkt an den Vatikan angebundene Hilfswerk »Kirche in Not« mit Sympathie, er wollte aber auf keinen Fall, dass Aktivisten dieser Organisation mit dem Vatikan in Verbindung gebracht werden könnten.

Bei einer der spektakulärsten Aktionen dieser Aktivistengruppe war ein Belgier verhaftet und in ein sowjetisches Arbeitslager gebracht worden. Er hatte Flugblätter in die Sowjetunion geschmuggelt und sie dort verteilt, nach seiner Entlassung aus der Haft und nach Abschiebung in den Westen bewarb er sich im Vatikan um einen Job. Es bestand nicht der geringste Zweifel, dass das Staatssekretariat Agostino Casarolis mit diesem Mann nichts zu tun haben wollte; bestenfalls hätte man ihn irgendwo im großen Apparat der katholischen Kirche auf einem verschwiegenen Posten versteckt, wo er auf keinen Fall aufgefallen wäre. Doch Papst Johannes Paul II. dachte ganz anders über Männer, die bereit waren, für Aktionen in der Sowjetunion zur Unterstützung der Kirche in ein Arbeitslager zu gehen. Statt diesen Mann zu verstecken, sorgte er dafür, dass er gut sichtbar an der Seite des Papstes knapp zwei Jahrzehnte um die Welt reiste.

Der Sekretär der Päpstlichen Kongregation für die Ostkirchen, Erzbischof Cyril Vasil, sagte mir im Sitz der Kongregation, einen Steinwurf weit vom Pressesaal des Heiligen Stuhls entfernt, in einem Gespräch über die gespannte Situation damals: »Wir brauchten die Hilfe der Katholiken aus dem Westen. Ich erinnere mich, wie wir auf blauem Durchschlagspapier aus dem Westen die Bibel abgetippt haben, weil es bei uns keine gab. Die Finger taten mir immer weh, weil wir so viele Bögen übereinander eingespannt hatten und man unglaublich auf die Tasten hauen musste, damit sie durchdrückten. Es gab in Ost-Berlin Anlaufadressen, wo man uns half. Die Organisation der Fokolaren war dort sehr präsent. Hilfe kam entweder aus Westdeutschland oder direkt aus Rom.«

Aber wusste der Papst, dass das Sowjetreich zusammenbrechen würde, weil er eine Prophezeiung erfahren hatte? Weil Gott ihn hatte sehen lassen, dass das Reich des Kommunismus zusammenbrechen würde – oder hatte er einfach lange genug in Polen gelebt, um zu erkennen, was unvermeidlich war? Hatte Karl Wojtyla genug Erfahrungen gesammelt, um zu wissen, dass die Sowjets bald am Ende sein würden, dass das Wirtschaftssystem zusammenbrechen musste? Hatte das alles also gar nichts mit einer Prophezeiung zu tun? Ich weiß es nicht, aber ich weiß, dass er in einem Fall fest an eine Prophezeiung glaubte, die auf unfassbare Weise eintrat.

Kicken mit dem Papst: Johannes Paul II. nahm sich als erster Papst der Geschichte die Zeit, einem Kind einen Fußball zuzuspielen – während des Treffens mit den Familien in seinem Sommersitz in Castel Gandolfo.

Bischof Piero Marini , Zeremonienchef Papst Johannes Paul II. seit 1987, vor dem Sarg des verstorbenen Karol Wojtyla. Auch am letzten Tag, an dem der Papst als Toter auf den Petersplatz gebracht wurde, blieb Marini an seiner Seite; er überließ seinem Stellvertreter Enrico Vigano die Ehre, an der Seite von Joseph Ratzinger den Totengottesdienst zu zelebrieren.

Versteckspielen im roten Mantel des Papstes – und das auch noch während einer Generalaudienz in der ehrwürdigen »Audienzhalle Papst Paul VI.«. Bis zum Amtsantritt Johannes Paul II. galten auch für Kinder strenge Regeln beim Besuch Seiner Heiligkeit.

Karol Wojtyla revolutionierte das Amt des Pontifex: Ein Papst auf Skiern, der auch noch sichtlich Spaß daran hatte, drei Tage lang die Adamello Berge bei Brescia hinunter zu brettern, während sein Gastgeber, der damalige Staatspräsident Sando Pertini, von einer Schneekatze aus zusah.

Heilig genug war der Papst der Kurie vom ersten Augenblick an nicht. Statt sich an das jahrhundertealte Protokoll zu halten und die Kardinäle nach seiner Wahl auf dem Thron sitzend zu empfangen, die dabei vor ihm knien sollten, bestand der Papst darauf, sie im Stehen zu empfangen und in den Arm zu nehmen. »Sie sind meine Brüder«, sagte er.

Der Arbeitsplatz von Papstfotograf Arturo Mari: immer an der Seite des Papstes. Sein ganzes Berufsleben verbrachte er damit, sechs Päpste abzulichten. Von Pius XII. und Johannes XXIII. über Paul VI. und Johannes Paul I. bis zu Johannes Paul II. und nun auch Benedikt XVI.

Papst Johannes Paul II. und einer seiner treusten Diener: Reisechef Roberto Tucci. Ein einfacher Jesuitenpater, der nie zum Bischof geweiht wurde, erhält die Kardinalswürde, obwohl er sich mit aller Macht dagegen gesträubt hatte; er wollte ein einfacher Diener bleiben.

Einmal im Leben den Papst anzufassen, der Traum von Millionen Katholiken. Mit Papst Johannes Paul II. wird er für viele Gläubigen wahr: Karol Wojtyla wird der erste Papst, den man anfassen kann, der die pompöse Sedia gestatoria, den Thron, auf dem sich Päpste 500 Jahre lang tragen ließen, abschafft. Er geht auf seinen eigenen Füßen zu den Menschen.

Papst Johannes Paul II. und sein Chirurg Professor Francesco Crucitti. Der Chirurg, der nach dem Attentat auf den Papst Karol Wojtyla in einer sechsstündigen Operation das Leben rettete, glaubte, dass eine »unsichtbare Hand« die Kugel im Körper des Papstes von seinen lebenswichtigen Organen abgelenkt habe.

Papst Johannes Paul II. in der Privatkapelle seiner Wohnung im apostolischen Palast. In seine Gebetsbank legten die Ordensschwestern die Fürbitten der Verzweifelten der Welt, die sich an den Papst wandten, um ihn zu bitten, sich bei Gott für sie einzusetzen.

War dieser Augenblick ein Zufall oder ein Wunder? Der Papst segnet den an Blutkrebs erkrankten José Heron Badillo, eine weiße Taube schwebt im selben Moment über den Papst und das Kind. Der Junge wird vollständig geheilt werden.

Papst Johannes Paul II. trifft 1999 in Torun Monsignor Slawomir Oder, den Mann, der nach seinem Tod als Postulator ermitteln wird, ob Johannes Paul II. selig gesprochen werden kann. Slawomir Oder ist überzeugt davon, dass Papst Johannes Paul II. dies im Voraus wusste, ihn deswegen zu sich in den Vatikan rief.

Die Berge liebte Papst Johannes Paul II. über alles. Bis ins hohe Alter wanderte der »Marathonmann Gottes«, der »eilige Vater«, wann immer er im Urlaub die Möglichkeit hatte, stundenlang durch das Gebirge.

Papst Johannes Paul II. im Heiligtum der Göttlichen Barmherzigkeit in Krakau. Karol Wojtyla wird ausgerechnet in jenen Stunden sterben, in denen dieses einzige kirchliche Fest, das er selber am ersten Sonntag nach Ostern in den Kirchenkalender eingetragen hat, beginnt.

Erwirkte Johannes Paul II. schon zu Lebzeiten Wunder? Zeigt dieses Foto eine unglaubliche Heilung, oder war alles nur Zufall? Ugo Festa (im Rollstuhl) litt an der unheilbaren Multiplen Sklerose, pilgerte mit dem Bild der Göttlichen Barmherzigkeit zum Papst. Er wird vollständig gesund werden.

Zeigt dieses Foto tatsächlich den Augenblick, als ein Wunder geschieht, wie Bischof Kelvin Felix von der Karibikinsel Saint Lucia glaubt? Papst Johannes Paul II. segnet in der Basilika von Castries Kevin Jeremies auf dem Arm seiner Mutter, daraufhin wird er von einer Missbildung geheilt.

Familienbesuch der Englischs bei Papst Johannes Paul II. Leonardo Englisch, damals sechs Jahre alt, und Autor Andreas Englisch während einer Privataudienz. Die Originalunterschrift des Papstes auf dem Bild ist eine der letzten seines Lebens; sie stammt aus dem März 2005.

Statt auf einem Thron saß er lieber bei den Armen. Dieser Besuch war nicht vorgesehen: Der Papst hatte die Hütte der armen Familie gesehen, sich einen Sitz geschnappt und sich zu ihnen gesetzt, die Limonade musste der Fahrer aus dem Auto bringen. Die Armut schockierte den Papst so sehr, dass er die Sahel-Stiftung ins Leben rief.

Ein Held, der ein Wunder erlebt haben soll. Don Alessandro Overa (2.v.l.) kämpft am Stadtrand von Neapel gegen die neapolitanische Mafia Camorra. Eine lebensbedrohliche Krankheit hatte ihn in den Rollstuhl gezwungen. Nachdem der Papst für ihn gebetet hatte, verschwand die Krankheit.

Mit seinen leeren Händen zwingt Papst Johannes Paul II. an diesem Tag im Mai 1993 in Agrigent (Sizilien) sogar die Mafia in die Knie. Nach dem Appell des Papstes an die Gangster, umzukehren, beschloss ein »Pate« der Camorra in Neapel, Carmine Alfieri, auszupacken; mehr als 400 Mafiosi wanderten hinter Gitter.

Das Geheimnis von Krakau

Krakau, Polen, Mittwoch 16. Juni 1999, gegen 19 Uhr. An diesem Abend hatte ich vom Papst und seinem Vatikan genug. Ich wollte keine Predigt mehr hören, keinen Gebeten mehr lauschen, keine Messfeier mehr sehen. Ich war seit zwölf Tagen in einem alten Militärhubschrauber kreuz und quer durch Polen gehetzt worden – von Danzig nach Pelplin, nach Elblag, nach Lichen und Bydgoszcz, nach Torun, wieder nach Lichen, nach Elk, Wigry, Siedlce, nach Drohiczyn, Warschau, dann nach Sandomierz, Zomosc, Radzymin, Lowicz, Sosnowiec, Gliwice, Krakau und Stary Sacz. Jetzt waren wir wieder einmal in Krakau, und ich wollte nach knapp zwei Wochen endlich einmal eine Pause und ein Bier. Wie immer während der päpstlichen Reisen war die »Prohibicija« verhängt worden, ein absolutes Alkoholverbot. In den Hotels gab es nur Wasser und Cola, die Minibars waren ausgeräumt, die Restaurants und Cafés, die Bars und Pizzerien weigerten sich, auch nur ein einziges Glas Bier oder Wein auszuschenken. Um einkaufen zu gehen, hatte ich keine Zeit, aber Kollegen hatten es versucht und ernüchtert berichtet, dass auch die Kaufhäuser die Regale mit Bier und Wein leer geräumt hatten. Ich hatte brav gearbeitet, mich um fünf Uhr aus dem Bett schmeißen lassen, hatte ein Gewitter in dem bedrohlich wackelnden alten Hubschrauber überstanden. Ich hatte geschrieben, eine Predigt gehört, wieder geschrieben, den Papst bei

Andachten, Einweihungen, Massengottesdiensten gesehen. Jetzt wollte ich nichts weiter als ein schlichtes Bier.

Gutgläubig, wie ich nun einmal bin, dachte ich, dass sich alle an die Prohibition halten würden. Doch an diesem Abend hatte ich in der Hotelhalle einige polnische Kollegen gesehen, die bester Laune waren und ganz ohne jeden Zweifel ein paar Bier getrunken hatten. Auf meine drängende Frage, wo sie gewesen waren und wieso sie an Alkohol gekommen waren, lachten sie nur und sagten das Zauberwort: »Prohibicija, wir haben nichts getrunken.«

Mir reichte es jetzt. Ich konnte sehr gut verstehen, dass Karol Wojtyla besorgt war, was die Heiligkeit seiner Messfeiern anging. Wenn die mehr als 1,5 Millionen Menschen auf dem Blonie-Feld zusammenkamen zu einer Messfeier in Krakau, dann standen da natürlich Würstchenbuden, wurden Brötchen verkauft. Viele zehntausende Menschen hatten am Montag schon die Nacht vor dem Gottesdienst auf dem Feld verbracht, sie mussten ja versorgt werden. Vor dem Altar drohte also in der kalten Nacht vor dem Gottesdienst die größte Grillparty in der Geschichte Polens. Wenn Bier ausgeschenkt würde, ließ sich nicht vermeiden, dass unter so vielen Menschen einige tausend oder zehntausend ein paar Bier zu viel trinken würden. Eine päpstliche Messe, die von einigen betrunkenen katholischen Polen gestört werden könnte, was dann weltweit live im Fernsehen ausgestrahlt würde, konnte kaum der Kirche Polens und Papst Johannes Paul II. zur Ehre gereichen. Die Menschen hatten auch noch umsonst gewartet. Der Papst lag mit Fieber im Bett; zum ersten Mal während einer Auslandsreise war er zu krank, um eine Massenmesse feiern zu können. Die Messe am Dienstag zur 1000-Jahr-Feier der Errichtung der Erzdiözese Krakau musste Kardinalstaatssekretär Angelo Sodano lesen. Das totale Alkoholverbot war absolut verständlich. Den Gläubigen in einer bestimmten Stadt, die der Papst besuchte, waren auch ein Abend und ein Tag ohne Alkohol zuzumuten.

Aber ich war dem Papst die ganze Zeit in alle Städte gefolgt, und während die Gläubigen, nachdem der Papst weitergereist war, sich in aller Ruhe ein Bier gönnten, flog ich von einer Stadt mit totalem Alkoholverbot in die nächste – und an diesem schönen Abend in Krakau hatte ich die Nase voll. Dem Papst ging es wieder besser, morgen würden wir zurück nach Rom fliegen. Ich ging hinunter in die Hotelhalle, wie jedes Mal waren wir in dem selben Hotel-Kasten an der Weichsel. Ich lief hinunter auf den Weg, der parallel den Fluss entlangführte, und beschloss, in der nächsten Kneipe dem Barkeeper so lange auf den Wecker zu fallen, bis er mir ein Bier gab. Das Wort hatte ich gelernt, »Pivo, Bier.« Doch bisher hatten die Barbesitzer in Polen, wenn ich hineinkam und nach einem »Pivo« fragte, stets den Kopf geschüttelt und mir geantwortet: »Nix Pivo.«

Die nächste Kneipe lag näher am Hotel, als ich erwartet hatte, und als ich hereinkam, schien mir der rotwangige Barbesitzer gutmütig und bestechlich. Ich zeigte ihm mein strahlendes Lächeln und fragte schüchtern »Pivo?«. Er schüttelte den Kopf. »Kaputt Pivo«, sagte er, offenbar war es nicht weiter schwer gewesen, mich als Deutschen zu erkennen. Ich versuchte es noch mal auf Deutsch: »Bitte ein Bier. Ich bin seit zwei Wochen mit dem Papst unterwegs.« Er grinste, ich hatte keine Ahnung, ob er mich verstanden hatte, dann sagte er: »Prohibicija.«

»Ich weiß, Prohibicija, Prohibicija, zum Teufel mit der Prohibicia. Hören Sie, geben Sie mir ein Bier, und ich vergesse es sofort. Ich verrate doch keinem, dass Sie mir ein Bier verkauft haben.«

Er grinste mich an. »Pivo kaputt«, wiederholte er.

»Verdammt noch mal«, dachte ich. Zu meiner großen Freude kam jetzt ein Kollege herein, ein polnischer Priester; Jarek arbeitete irgendwie und als irgendetwas für die polnische katholische Agentur Kai. Zumindest nahm ich das an, weil er immer mit einer Tasche herumlief, auf die der Name der Agentur in großen Lettern aufgedruckt war. Er sah mich, grüßte mich und bestellte eine Cola.

Ich wusste, dass er passabel Italienisch sprach, und versuchte, an seine Kollegialität zu appellieren. Ich flüsterte ihm zu: »Der Kellner will mir kein Bier ausschenken. Kannst du ihm nicht sagen, dass ich ihn nicht verpetzen werde?«

Er flüsterte zurück: »Vergiss es! Er denkt, dass du von der Polizei bist, er glaubt, dass du ihn hereinlegen willst, er bekommt einen Riesenärger, wenn er dir ein Bier verkauft. Etwas Schlimmeres, als dass ich kam, konnte dir gar nicht passieren. Er sieht doch, dass ich Priester bin; er wird denken, dass ich ihn erst recht verpetzen könnte.«

»Na prima.«

Er nahm mich zur Seite. »Pass mal auf, wir Polen, wir können so lange ohne Pivo nicht richtig arbeiten; es gibt heute Abend eine Party.«

»Wie das? In Krakau herrscht totales Alkoholverbot!«

»Richtig. Aber die Party findet in einer abgedunkelten Kneipe mit verschlossenen Fenstern statt, du kannst nur durch den Hintereingang hineinkommen.«

»Wie zum Teufel soll ich das finden?«, fragte ich.

»Ganz einfach«, antwortet er. »Ich gehe da auch hin, wir treffen uns in einer halben Stunde unten in der Hotelhalle.«

So lernte ich Jarek kennen. Ich verdanke ihm, dass er mich an diesem Abend zu einer der besten Partys meines Lebens mitnahm. Wir saßen in einer verdunkelten Kneipe irgendwo in der Altstadt von Krakau, tranken polnisches Bier und feierten den polnischen Papst. Es war eine wirklich coole Party. Wir standen herum, tanzten ein bisschen und unterhielten uns. Ich weiß noch, dass ich mit Jarek zunächst über die Erkältung des Papstes sprach.

»Wenn du mich fragst, ist diese Reise der Beweis dafür, dass Karol Wojtyla trotz der einundzwanzig Jahre in Rom sich immer noch in Krakau zu Hause fühlt und nicht im Vatikan. Es geht doch jedem so. Du reißt dich zusammen, wenn du außerhalb arbeiten musst, aber sobald du nach Hause kommst, bricht es aus dir heraus, du legst dich in dein Bett und wirst krank. So war es bei ihm vielleicht auch. Er hat seit dem 5. Juni durchgehalten, aber in Krakau, da ging es nicht mehr. Als er sein altes Schlafzimmer im erzbischöflichen Palast gesehen hat, hat er gedacht, jetzt kann ich endlich ausruhen.«

Jarek wiegte den Kopf: »Mag sein, dass du recht hast. Aber es ist nicht das Bett, das ihm das Gefühl gibt, zu Hause zu sein. Hier ist der wichtigste Platz seines Lebens, das Heiligtum der Göttlichen Barmherzigkeit.«

»Um Gottes willen«, entfuhr es mir; »lass mich bloß mit der Göttlichen Barmherzigkeit in Ruhe.«

Mich hatte in diesem Jahr 1999 Karol Wojtyla mit seiner Lebensleistung absolut überzeugt. Ich gab gern zu, dass er einer der erfolgreichsten Päpste der zweitausendjährigen Geschichte der Kirche war, aber dem Glauben an die Erscheinungen Jesu, der göttliche Barmherzigkeit versprach, konnte ich nie folgen. Die Ordensfrau Maria Faustina Kowalska hatte angegeben, Jesus sei ihr erschienen und er habe sie aufgefordert, ein Bild von dieser Erscheinung malen zu lassen. Herausgekommen war ein, wie ich finde, wenig überzeugendes Bild von Jesus.

»Ich kann einfach nicht glauben, dass Jesus so gemalt werden wollte, mit einem blauen und einem weißen Laserstrahl aus der Brust.«

Jarek sah mich nachdenklich an. »Wenn du das lächerlich machst, also, wenn du das nicht verstehst, dann wirst du ihn nie verstehen.«

Ich versprach, mich gründlicher über Schwester Maria Faustina Kowalska zu informieren. Wir feierten weiter, ich dachte, ich hätte das Gespräch vergessen.

Das Rätsel Karol Wojtyla

Krakau, drei Jahre später, 17. August 2002, ein Samstag.
Es war 9.30 Uhr, und ich wartete vor dem Heiligtum der Göttlichen Barmherzigkeit bei Krakau auf die Ankunft von Papst Johannes Paul II. Auf einmal entdeckte ich in der Menge Jarek. »Pivo kaputt«, sagte er lachend, ich lachte ebenfalls, wie lagen uns in den Armen. Wir hatten jede Menge zu besprechen. Er erzählte mir, wie sehr sich Polen verändert hatte, ich erzählte ihm von meinem Sohn. Wir sahen zu, wie die eindrucksvolle Polizei-Eskorte näher kam und mit ihr das Papamobil. Wir sahen beide auf den alten Papst, der sich aus dem Wagen quälte. Er war wirklich einen weiten Weg gegangen, der Mann, der zum achten Mal seit seiner Wahl nach Polen gekommen war – und er gab einfach nicht auf. Er hatte damals ja mit dieser Grippe im Bett gelegen, hatte die Massenmesse vor mehr als 1,5 Millionen Polen, die tagelang auf ihn gewartet hatten, nicht feiern können. Aber er hatte versprochen, zurückzukommen, noch einmal, vielleicht das letzte Mal vor seinem Tod. Und er hatte Wort gehalten. Er konnte keinen Schritt mehr gehen, und das Sprechen machte ihm enorme Mühe, aber er dachte nicht daran aufzugeben. Wir blickten beide gebannt auf diesen alten Mann.

Ein Zauber lag in dieser Zeit über Karol Wojtyla, anders kann ich es wirklich nicht beschreiben. Wenn er kam, dann bewegte das die Menschen, auch jene, die nichts mit der

Kirche zu tun haben wollten. Er konnte schon lange nicht mehr klar sprechen, schon lange die Menschen nicht mehr mit seinen Worten erreichen. Er war einfach da. Seine Ausstrahlung war unglaublich. Wenn er kam, dann kam nicht nur ein alter, gebrechlicher Papst. Wer immer da kam, mit ihm kam irgendetwas, das nicht den Kopf der Menschen erreichte, sondern ihre Seele, auch meine. Schwer fiel es ihm, die Augenlider oben zu halten; als litte er an einer unendlichen Müdigkeit, fiel das linke Augenlied immer wieder herab; sein Arm zitterte, und die Zeit hatte seine Hand verwüstet. Es war eine kräftige Männerhand gewesen, eine Hand, die einmal Rucksäcke auf Schultern gewuchtet hatte, um durch die Tatra-Berge zu steigen – in den ältesten Bergschuhen der Welt. Wann immer er neue geschenkt bekommen hatte, hatte er sie weiterverschenkt, an irgendwen, der noch weniger hatte als er. Dieser Mann hatte nie etwas für sich gewollt und immer nur gegeben. Und was er jetzt noch zu geben hatte, das war an diesem Abend im August 2002 nicht mehr viel. Sein Gesicht war wächsern geworden, er konnte es nicht mehr zu einem Lächeln zwingen, die Mimik des Mannes, der wahrscheinlich als erster Papst der Geschichte es gewagt hatte, Hunderttausende zum Lachen zu bringen, war zu einer Maske erstarrt.

Ach Heiligkeit, dachte ich an diesem Tag in Krakau, ich erinnere mich an alles, an den Tag in Rio, als du mit einem Schlag ein ganzes Volk zum Lächeln brachtest. »Nehmen wir an, Gott ist ein Brasilianer, dann gehört der Papst nach Rio de Janeiro«, hast du gesagt, und die Leute haben sich gebogen vor Lachen. Der Marathonmann des Herrn würde seinen Weg zu Ende bringen. Und immer noch ging von ihm dieses Staunen aus: Wie schön die Erde war und wie gut Gott daran getan hatte, sie zu schaffen. Gott sei mit dir, alter Mann, dachte ich, als er in das Heiligtum geschoben wurde.

»Er wird nicht wiederkommen«, sagte Jarek neben mir. »Das ist das letzte Mal.«

»Ja. Das glaube ich auch. Er ist diesmal nicht gekommen, um Polen ins Gewissen zu reden, er ist gekommen, um Abschied zu nehmen, und weißt du, was man spürt? Es fällt ihm unendlich schwer, alles zögert er hinaus. Jeden Augenblick dehnt er aus, jedes Gesicht schaut er so lange an, wie er kann. Er hat dieses Land und diese Menschen sehr geliebt, und er weiß, dass er euch nie wieder sehen wird.«

Die Sicherheitskräfte schoben uns nach draußen, weil sie irgendetwas umbauen mussten. Wir saßen zusammen vor dem Heiligtum der Göttlichen Barmherzigkeit, nachdenklich und schweigsam.

»Mir wird sogar eure Prohibicija fehlen«, sagte ich schließlich und versuchte zu lächeln.«

»Polen wird seinen besten Freund verlieren, wenn er tot ist. Ich fürchte, dass wir verlieren werden, was uns so stark gemacht hat. Karol Wojtyla wird uns nicht mehr mit jener Zeit verbinden können, als wir noch kämpfen mussten, als es Solidarnosc noch gab. Wenn er nicht mehr lebt, wird Polen ein ganz anderes Land werden«, erwiderte Jarek.

Wir setzten uns auf eine der Mauern des Heiligtums.

»Immerhin werde ich diesen entsetzlichen Kasten nicht vermissen.«

»O Gott, lass das bloß niemanden um ihn herum wissen, dieser Ort hier ist ihm absolut heilig«, erinnerte mich Jarek.

»Ich weiß, ich weiß. Aber jeder von uns ist ein bisschen verrückt, jeder hat einen Tick. Das hier ist seiner.«

»Wenn er dich hören könnte, würde er ausrasten«, sagte Jarek.

»Sieh dich doch mal um. Das hier ist mit Abstand das schrecklichste Heiligtum der katholischen Kirche auf der ganzen Welt. Es ist eine Betonburg, die aussieht wie eine Mischung aus Flughafen, Kirche und Einkaufszentrum, ich glaube, dass es verdammt schwer ist, irgendwo in Europa einen so hässlichen Bau zu finden.«

»Okay. Der Bau ist ein Albtraum, gebe ich zu, aber er kann ja nichts für einen unfähigen Architekten.«

»Aber es geht doch um das, was hier passiert sein soll. Glaubst du das?«

Jarek schlug die Hände über dem Kopf zusammen. »Vergiss Fatima und Lourdes, für ihn ist das hier der wichtigste Ort.«

Was sah Maria Kowalska?

Bei aller Hochachtung vor der Lebensleistung von Karol Wojtyla, bei der Heiligen Maria Faustina Kowalska war bei mir Schluss. Ich konnte mir einfach nicht vorstellen, dass die gute Nonne tatsächlich eine Unmenge von Erscheinungen durch Gottes Sohn, Jesus von Nazareth, gehabt haben will. Sensible Menschen bilden sich alles Mögliche ein, aber ihre wichtigste Vision konnte ich nicht glauben. Schwester Kowalska hatte in ihrem Kloster im polnischen Plock eine Vision Jesu Christi gehabt. Sie schreibt in ihr Tagebuch unter dem Eintrag 22. Februar 1931: »Am Abend. Als ich in meiner Zelle war, sah ich den Herrn Jesus, der ein weißes Gewand trug. Eine Hand hielt er hoch oben, um zu segnen, während die andere an der Brust das Gewand berührte, von einem Punkt neben der Hand gingen zwei Strahlen aus, der eine war rot, der andere bleich. Stumm hielt ich die Augen fest auf den Herrn gerichtet, meine Seele war voller Furcht, aber auch von großer Freude erfüllt. Nach einem Augenblick sagte mir Jesus: ›Male bitte ein Bild nach dem Modell, das du siehst, und schreibe darunter: Jesus, ich vertraue auf dich. Ich wünsche, dass dieses Bild zunächst in eurer Kapelle verehrt wird, später auf der ganzen Welt. Ich verspreche, dass die Seele, die dieses Bild verehren wird, nicht umkommen wird.‹« Jesus wollte nach Angaben von Schwester Maria Kowalska, dass die Welt ihn so sah.

Ich zeigte auf eine der zahllosen Abbildungen des Jesus der Maria Kowalska, die vor dem Heiligtum hingen.

»Glaubst du wirklich, dass Gott so aussieht, mit roten und weißen Strahlen, die aus seiner Brust dringen?«, fragte ich Jarek.

Er sah mich ernst an. »Sie meint, ihn so gesehen zu haben, vielleicht hat sie ihn sich so vorgestellt. Aber ganz egal, ob dir die roten und weißen Strahlen auf dem Bild gefallen oder nicht, du wirst Karol Wojtyla niemals verstehen, wenn du seine Verehrung für diese Maria Kowalska nicht verstehst. Es ist viel mehr als sein Tick, wie du sagst. Denk doch mal nach! Er hat mehr als tausend Menschen selig- und heiliggesprochen, aber nur einmal, bei dieser Maria Kowalska, macht er eine Ausnahme Er gewährt ihr die höchste aller Ehren, er nimmt ihre Kernbotschaft, die Botschaft der Göttlichen Barmherzigkeit, in den Kalender der katholischen Kirche auf, für alle Zeiten. Von jetzt ab wird für immer der erste Sonntag nach Ostern der Göttlichen Barmherzigkeit geweiht sein. Verstehst du das denn nicht? Damit will er in die Geschichte eingehen. Der Kernpunkt für ihn ist, dass Maria Kowalska die Botschaft der göttlichen Barmherzigkeit erfahren haben will. Als er als junger Priester und Bischof in das Kloster gefahren ist, muss dort etwas mit ihm passiert sein.«

Gegen 12 Uhr war die Messe im Heiligtum der Göttlichen Barmherzigkeit im Industriegebiet Krakau Lagiewniki zu Ende. Der Papst hatte jetzt Zeit, sich auszuruhen. Erst um 18 Uhr würde er den Staatspräsidenten und den Ministerpräsidenten treffen, bei sich zu Hause im Palast des Erzbischofs. Jarek musste zurück zu seiner Gemeinde, die irgendwo auf ihn wartete. Mir fiel ein Gespräch mit dem Freund des Papstes, Kardinal Andrzej Maria Deskur, wieder ein, der mehr als einmal zu mir gesagt hatte, dass ich, wenn ich Karol Wojtyla wirklich verstehen wollte, in Krakau ins Ghetto gehen müsse. Ich hatte Zeit. Ich wusste nicht, wonach ich im Ghetto suchen sollte, aber ich beschloss, dorthin zu fahren.

Krakau war an diesem Tag regelrecht gepflastert mit dem Bild der Vision der Maria Kowalska, was nicht weiter verwunderlich war. Der Papst war immerhin hierhergekommen, um in dem Heiligtum zu beten. Was aus meiner Sicht allerdings durchaus verwunderlich schien, war die eigenartige Geschichte der Verehrung für diese Frau. Die am 25. August im Jahr 1905 geborene Elena Kowalska war am 5. Oktober 1938 verstorben, und viele Jahrzehnte lang hatte sich die Welt nicht sonderlich um ihre Visionen gekümmert. Im Gegenteil, am 6. März des Jahres 1959 verbot die Glaubenskongregation die Verbreitung ihrer Aufzeichnungen. Man glaubte in Rom, sie habe sich ihre zahlreichen Begegnungen mit Jesus Christus ausgedacht. Doch dann wurde der ehemalige Bischof von Krakau, Karol Wojtyla, Papst, und am 18. April 1993 sprach er sie selig, am 30. April des Jahres 2000 sogar heilig. Damit begann es: Dieses

Bild von der Vision der Maria Kowalska existierte in den siebziger und achtziger Jahren nur vereinzelt in Polen. Heute hat es die Welt erobert. Ich habe es in einer Pizzeria im Hafen von Sydney gesehen, in einer Bar am Hafen von Toronto in Kanada, am Eingang einer katholischen Kirche in Neu Delhi in Indien. Ich glaube, dass das Bild mittlerweile berühmter ist als das Christusbild von Michelangelo aus der Sixtinischen Kapelle.

Hatte diese Frau tatsächlich in ihrem Kloster Jesus von Nazareth gesehen?

Ich schlenderte durch Krakau und fragte mich zum wiederholten Male, was den Papst ausgerechnet an dieser Frau mit dieser Vision so unglaublich fasziniert hatte. In ihrem Tagebuch schrieb sie, wie Jesus ihr den Tag des Jüngsten Gerichts ankündigte: »Bevor der Tag des Jüngsten Gerichts kommt, wird den Menschen dieses Zeichen am Himmel gegeben werden: Es werden alle Lichter am Himmel verlöschen, und eine große Dunkelheit wird die Erde einhüllen. Dann wird ein großes Kreuz am Himmel erscheinen, und dort, wo die Hände und die Füße des Heilands ans Kreuz genagelt wurden, wird ein starkes Licht auf die Erde herabstrahlen und sie einige Zeit erleuchten.« Hatte Jesus tatsächlich so etwas zu Maria Kowalska gesagt, oder hatte die Frau sich das in ihrer mystischen Versenkung eingebildet? Am 10. Oktober 1937 schreibt sie, dass Jesus von Nazareth eine bestimmte Stunde am Tag besonders wichtig ist. Sie notiert, dass Jesus ihr sagte: »Um drei Uhr nachmittags erflehe meine göttliche Barmherzigkeit besonders für die Sünder, tauche in meine Passion ein, sei es nur für einen kurzen Moment, tauche ein in den Moment meines Todes. Es ist eine Stunde der großen Barmherzigkeit für die ganze Welt. Ich werde dir erlauben, in meine traurige Sterblichkeit einzudringen. In dieser Stunde werde ich nichts der Seele verweigern, die mich im Namen meiner Passion anfleht.« Hatte Gott das tatsächlich so zu ihr gesagt? Hatte er mit ihr über die Stunde seines Todes geredet? Hatte sie das erträumt, sich eingeredet, war es einfach gelogen, oder war das eine Vision des Sohnes Gottes?

Die Nonne, mit der Hitler nicht gerechnet hatte

Es gab in diesen Tagen kein einziges Geschäft in Krakau, das nicht mit Postern des Papstes geschmückt war oder den Bildern der Heiligen Maria Kowalska. Ich sah ein China-Restaurant, an dem das Bild der Ordensfrau hing. In ihrer Ordenstracht, dem Habit, sieht sie schmal aus und unglaublich ernst. Sie wirkt so zerbrechlich, eher wie ein Kind als wie eine junge Frau. Wer immer sie malte, muss genau gesehen haben, wie mager sie war. Mit sieben Jahren, zwei Jahre vor der Heiligen Kommunion, soll sie den Ruf Gottes gehört haben, der sie aufforderte, ein perfektes, Gott geweihtes Leben zu führen. Doch die Armut versperrt ihr zunächst den Weg ins Kloster. Ihre Eltern geben sie »in Stellung«, sie arbeitet als Haushaltshilfe für eine Familie in Aleksandrow bei Lodz. Der Begriff, die Tochter »in Stellung« zu geben, ist heute vergessen. Aber ich erinnere mich gut an meine Mutter, wenn sie voller Energie und Begeisterung mir die Geschichte unserer Familie in Schlesien erzählte, die Geschichte meiner Großtante Maria, die selbstverständlich ebenso in Stellung gegeben wurde wie zwei Schwestern meines Vaters. Lange hält Elena die Arbeit als Haushaltshilfe nicht aus. Im Sommer des Jahres 1920 bittet sie ihre Mutter, in ein Kloster eintreten zu dürfen. Die Eltern lehnen das entschieden ab. Wieder sucht sie sich eine Stellung, wandert von Familie zu Familie, ihr Ziel ist vor allem eines: Genug Geld zu verdienen, um die Mitgift aufzubringen, die in den Klöstern damals verlangt wurde für eine künftige Braut Christi. Doch das Projekt geht schief.

Die Klöster lehnen die junge Frau ab, auch deswegen, weil sie keinen Ärger mit den Eltern von Elena Kowalska haben wollen. Die hatten dem Mädchen unmissverständlich klar gemacht, dass sie dessen Klostereintritt nicht wünschen. Doch dann schaltet sich Gott ein, so schreibt es Maria Kowalska in ihrem Tagebuch. Sie hört eine Stimme, die ihr befiehlt, »auf der Stelle nach Warschau zu fahren«; dort werde sie in ein Kloster eintreten. So geschieht es auch. Elena Kowalska tritt unter dem Namen Schwester Maria Faustina Kowalska in das Kloster der Schwestern der Heiligen Jungfrau der Barmherzigkeit ein. Dort erscheint ihr am 22. Februar 1931 Christus und erteilt ihr den Auftrag, das berühmte Bild malen zu lassen, das die Vision des Sohnes Gottes wiedergibt. Schwester Maria Kowalska ist überzeugt von ihrem Auftrag. Sie wendet sich an ihren geistlichen Vater, Don Michal Sopocko, und enthüllt ihm, was Jesus ihr aufgetragen hat. Michal Sopocko stimmt dem Plan zu, das Bild, das Maria Kowalska gesehen hatte, tatsächlich malen zu lassen. Er beauftragt den besonders frommen Maler Eugeniusz Kazimirowski mit der Aufgabe, Schwester Faustinas Visionen zu malen. Auf dem Bild sieht man einen Mann in weißer Tunika, von dessen Brust Strahlen ausgehen. Wieder fragte ich mich: Sieht Gott wirklich so aus?

Ich war mittlerweile im Ghetto angekommen, schlenderte durch die Straßen, sah mir die schrecklichen Dokumente über die Deportation an. Auf dem Platz vor den

Restaurants im Herzen des Ghettos verkaufte ein alter Mann, der eine Kipa, die jüdische Kopfbedeckung, trug, Andenken, Davidsterne, Urkunden zur Erinnerung an den Besuch des Ghettos und auch Bilder des Jesus der Vision von Maria Kowalska. Er sprach zu meiner Überraschung sehr gut Englisch, denn er hatte als Führer für Juden aus den USA gearbeitet.

»Sie bieten da ja Jesus an«, sagte ich zu ihm.

»Ja und?«, antwortet er. »Jesus war Jude.«

»Ja, aber der polnische Papst schätzt diesen Jesus ganz besonders, er war heute da, um zu beten.«

Der Mann lachte. »Was Sie nicht sagen, nicht nur Wojtyla, ganz Krakau ist doch im Krieg dorthin gepilgert.«

»Wieso das denn?«

»Sie als Deutscher verstehen das nicht? Das wundert mich aber; Sie müssten es eigentlich sofort verstehen.«

»Wie meinen Sie das?«

»Hatten Sie so schlechte Lehrer, oder wissen Sie nicht, dass Hitlers Herrenrasse uns Polen zu Sklaven machen wollte? Ihr wolltet doch das Herrenvolk sein.«

»Das ging aber ganz schön schief«, erwiderte ich.

Er sah mich eindringlich an. »Heute sieht man das so, aber damals, damals dachten viele, dass auf Polen eine lange Sklaverei zukommt. Deutschland hatte in ein paar Wochen den Krieg gewonnen. Es gab viele Polen, die dachten, dass uns nichts übrig bliebe, als zu sterben und zu gehorchen, dass die Polen verloren sind. Was meinen Sie, wie viele Menschen in Krakau hofften, dass diese Schwester Kowalska mit ihren Visionen recht hatte und dass es so etwas wie eine göttliche Barmherzigkeit gebe, dass das deutsche Herrenvolk doch nicht endgültig gewonnen hatte für alle Zeiten, dass Gott barmherzig sein würde mit uns Polen. Und als die Deutschen dann flohen, dachten viele, dass Hitler es eben doch nicht mit dieser Maria Kowalska hatte aufnehmen können.«

»Aber Sie als Jude glauben doch nicht etwa, dass auf dem Bild wirklich Jesus von Nazareth zu sehen ist?«

Er lachte noch einmal. »Was meinen Sie, wie egal uns das war. Es war auch Karol Wojtyla egal, was auf diesem Bild zu sehen ist. Was immer die Nonne gesehen haben mochte, es ging doch um die Botschaft, es ging darum, dass wir jahrelang nicht einmal mehr die Hoffnung hatten, dass Polen wieder aufstehen könnte. Sie brachten unsere besten Leute um, sie brachten alle um, wir lagen am Boden – und dann dieser Schimmer Hoffnung, dass Gott barmherzig sein könnte und die Herren aus Berlin um Adolf Hitler eben doch nicht das letzte Wort haben würden.«

Und plötzlich wusste ich, dass dieser Mann recht hatte. Das war es gewesen, was Kopf und Herz des Karol Wojtyla geprägt hatte, der in Holzschuhen als Zwangsarbeiter der Solvay-Fabriken in Krakau zur Arbeit ging, während die deutsche »Herrenrasse« sein Land unterdrückte. Sie werden nicht gewinnen. War es das, was Krakau und Karol Wojtyla damals aufrecht gehalten hatte? Nach der Besetzung Polens durch Hitlers Armee schien die gottlose Ideologie mit Leichtigkeit über das fromme Polen gesiegt zu haben. Die Besiegten lebten in der Erfahrung einer völligen Ausweglosigkeit, Hitlers »tausendjähriges Reich« schien dem polnischen Sklavenvolk als reale Bedrohung, der deutsche Sieg schien vollständig und dauerhaft. Damals daran zu glauben, dass es so etwas geben könnte wie eine Einsicht Gottes, der doch noch alles zum Besseren wenden würde, schien völlig aberwitzig. Nur im Krakauer Kloster, in dem Maria Faustina Kowalska gelebt hatte, huldigte man entgegen aller Erfahrung der Göttlichen Barmherzigkeit und glaubte fest daran, dass Gott in seiner Barmherzigkeit nicht zulassen werde, dass das polnische Volk sich in ein Volk aus Sklaven verwandeln würde. Und tatsächlich war es so gekommen: Gott hatte sich barmherzig gezeigt; das Böse hatte nicht gesiegt – so unwahrscheinlich das auch ausgesehen hatte. Das war es, was Karol Wojtyla so beeindruckt und lebenslang geprägt hatte.

Wojtyla hatte sich damals in Krakau versteckt, im Untergrund Theologie studiert, immer in der Angst, von der Gestapo verhaftet und getötet zu werden. Der Blitzkrieg in Polen sollte den Menschen jede Hoffnung nehmen, aber Hitler hatte nicht mit der Botschaft der Göttlichen Barmherzigkeit der Maria Kowalska gerechnet, die vorausgesagt hatte, dass Gott dies eben nicht zulassen werde, dass es eine Barmherzigkeit gab für das geknechtete Volk in einer von Hitlers Armeen niedergetrampelten Welt. War es das, was Karol Wojtyla nie vergessen hatte? Ich dankte dem alten Juden und kaufte ihm ein Bild des Jesus der Göttlichen Barmherzigkeit ab. »Wissen Sie was«, erzählte er mir zum Schluss. »In Krakau sagt man, dass Wojtyla von den Erscheinungen der Frau umso fester überzeugt ist, seitdem er in ihrem Namen ein Wunder gewirkt hat.«

»Ein Wunder?«, fragte ich. »Was für ein Wunder?«

Er zuckte mit den Achseln. »Alle in Krakau wissen, dass es das Wunder gab, aber ich kenne keinen, der weiß, was da passiert ist.«

Zurück in Rom, schaute ich mir an, was Karol Wojtyla über die Göttliche Barmherzigkeit geschrieben hatte, und was ich fand, bestätigte das, was der alte Jude mir im Ghetto berichtet hatte. Schon im Jahr 1997, am 7. Juni, hatte er gesagt, »die Botschaft der Göttlichen Barmherzigkeit war mir immer nahe und wichtig. Es ist so, als ob sich die Geschichte dieser Botschaft in die tragische Erfahrung des Zweiten Weltkrieges eingetragen hätte. In diesen schwierigen Jahren war diese Botschaft eine besondere Unterstützung und eine unerschöpfliche Quelle der Hoffnung, nicht nur für die Bewohner Krakaus, sondern für die ganze Nation. Das war auch meine persönliche Erfahrung, die ich bei mir trug bis auf den Sitz des Heiligen Petrus und die in gewisser Weise so das ganze Bild meines Pontifikates geprägt hat.«

Ein Jahr später, am 16. Oktober des Jahres 2003, sollte Karol Wojtyla über seine Wahl zum Papst sagen: »Es war für mich nötig, mich an die Göttliche Barmherzigkeit zu wenden, um auf die Frage ›Akzeptierst du die Wahl?‹ antworten zu können: Im Gehorsam des Glaubens, vor Christus meinem Herren, mich anvertrauend der Mutter Gottes und der Mutter der Kirche, im Bewusstsein der großen Schwierigkeiten, akzeptiere ich.« Im wichtigsten Augenblick seines Lebens, im Augenblick der Wahl zum Papst, war das der entscheidende Gedanke gewesen, das Vertrauen auf das, was Maria Kowalska in einem Kloster so dramatisch erfahren hatte, die Botschaft der Göttlichen Barmherzigkeit.

Die Verwaltung des Unmöglichen

Ich rief meinen Kontaktmann im Lateranpalast an.

»Was willst du denn schon wieder?«, fragte der junge Priester.

»Ich habe nur eine Frage, fürchte aber, dass du über die Sache nicht wirst sprechen wollen.«

»Du hast mich noch nie etwas gefragt, worüber ich gern gesprochen hätte. Ich könnte dir etwas über die neuen Kirchen am Stadtrand erzählen oder über die Aktionen zum Friedenstag am 1. Januar; aber alles das, worüber ich gern sprechen würde, interessiert dich ja gar nicht.«

»Okay«, sagte ich, ich versuchte es einfach: »Es geht um ein Wunder.«

Ich hörte ihn lachen. »Sag mal, hörst du mir nicht zu, wenn ich mit dir rede? Ich sage dir zu diesem Thema kein einziges Wort. Hast du verstanden?«

»Es geht um die Göttliche Barmherzigkeit, diese Heilige Maria Faustina Kowalska, ein Wunder, das mit der Göttlichen Barmherzigkeit zu tun hat.«

Er prustete vor guter Laune regelrecht in den Hörer: »Mein lieber Andreas, jetzt kann ich zu meiner großen Freude völlig aufrichtig zu dir sein. Bei all meiner Ehre und meinem Seelenheil: Ich habe keine Ahnung, wovon du sprichst. Die Diözese Rom hat mit einem Wunder, das mit der Göttlichen Barmherzigkeit oder mit Maria Kowalska zusammenhängt, nichts zu tun. Wir haben Fälle sogenannter Wunder, die wir untersuchen, aber nichts, was mit der Göttlichen Barmherzigkeit zusammenhängt. Tut mir leid.« Er legte auf.

Jetzt wusste ich immerhin eins: Was immer auch das Wunder betraf, es hatte nichts mit der Diözese Rom zu tun. Mir war klar, dass ich eine Stecknadel in einem Heuhaufen suchte. Ich wusste gar nichts, nicht, wann, nicht, wo, nicht, was passiert war, nur dass das, was immer auch passiert sein mochte, ein Wunder sein sollte, das man Karol Wojtyla und Maria Kowalskas Fürsprache zuordnete. Viel war das nicht. Es gab zwei Behörden im Vatikan, die von dem Wunder wissen mussten: Die Glaubenskongregation, die Wunder untersuchen musste, um herauszufinden, ob sich Betrug dahinter verbarg, und die Kongregation für Selig- und Heiligsprechung, die feststellen musste, ob es nur ein ungewöhnlicher Fall oder ein Eingriff Gottes auf der Erde war. Ich versuchte mein Glück zunächst bei meinem Bekannten in der Kongregation für Selig- und Heiligsprechung. Ich rief ihn an und lud ihn zum Mittagessen ein. Er sagte sofort zu.

Es ist gar nicht so einfach, einen Kirchenmann in der Nähe des Vatikans zu einem guten Mittagessen in angenehmer Umgebung einzuladen. Rund um den Vatikan wimmelte es von Touristenfallen – Restaurants, in denen man für ein Heidengeld sehr schlecht essen kann. Dann gibt es gute Lokale, in denen aber häufig andere Priester sitzen. Viele Priester wollen sich zwar gern mit Journalisten treffen, auch um einfach mal nicht immer nur mit Kirchenmännern reden zu müssen. Das gilt auch für wichtige Kurienmitglieder, aber sie lassen sich nur sehr ungern mit Journalisten sehen. Wer sich mit Journalisten trifft, gerät sehr rasch in den Verdacht, Geheimnisse auszuplaudern. Wenn dann irgendein Geheimnis bekannt wird, das die Kongregation für sich behalten wollte, gerät der Priester, der öfter zusammen mit Journalisten gesehen wurde, sofort in den Verdacht, gequatscht zu haben. Deswegen suchte ich nach einem Lokal, das nett war, aber möglichst frei von anderen Priestern. Es gibt ein sehr angenehmes, gutes, stilles Lokal nahe am Vatikan mit Spezialitäten aus Norditalien, aber man kann darauf wetten, dass garantiert wichtige Leute aus dem Vatikan dort speisen. Das Restaurant heißt Velando, serviert werden nicht gerade günstige Spezialitäten der Lombardei; aber wer einmal sehen will, wo die Machthaber der Kurie in Rom speisen, der sollte einen Abstecher wagen, denn dort zu essen, ohne einen Kirchenmann zu treffen, ist fast unmöglich.

Deswegen entschied ich mich für ein Lokal auf der anderen Seite der Tiber-Brücke, es gibt dort so etwas wie einen Hinterraum, in dem man nicht so leicht gesehen wird, und das Essen ist sehr gut, das Publikum eher jung und nicht sehr fromm.

Wir hatten uns kaum gesetzt, die üblichen Höflichkeiten ausgetauscht, ich hatte die Fotos meines mittlerweile schon ganz schön großen Sohnes gezeigt, als der Prälat sagte: »Na, schieß schon los, was willst du von mir? Erzähl mir bitte nicht, dass du mich aus reiner Herzensgüte zum Mittagessen eingeladen hast.«

»Aber natürlich habe ich das. Ich wollte dich einfach mal wiedersehen.«

»Lass den Quatsch, also, was willst du wissen?«

»Es geht um ein Wunder, das irgendwann in den neunziger Jahren passiert sein soll. Aber ich weiß nichts Genaues, ich weiß nicht, wann, und auch nicht, wo es passiert sein soll.«

Er sah mich an, eine Sekunde lang völlig stumm, ich wusste nicht, was er hatte: Ob er dabei war, sehr sauer zu werden oder ob er sich verschluckt hatte. Dann brach er in Gelächter aus; er musste so lachen, dass er den Wein verschüttete. Er kriegte sich gar nicht wieder ein. Ich half ihm, das Glas abzusetzen. Er trank ein Glas Wasser und kam wieder zu sich.

»Was war denn so lustig an dem, was ich gefragt habe?«

»Weißt du, wie es bei uns in der Kongregation aussieht? Auf den Fluren stehen so viele Kisten und liegen so viele Pakete, dass wir nicht mehr durchsteigen können. Weißt du, was wir machen mussten? Wir habe den anderen Kongregationen alle Kellerräume unter dem Petersplatz weggenommen, weil wir dort Tausende von Kisten einlagern mussten – und weißt du, warum? Wunder, Wunder, Wunder und noch mal Wunder. Auf dieser Erde geschieht plötzlich eine wahre Flut von Wundern. Wir kommen einfach nicht mehr nach. Wir haben so viele Unterlagen über Wunder, dass wir beim besten Willen nicht mehr wissen, wohin damit.«

»Dass es solche Ausmaße hat, wusste ich nicht.«

»Keiner weiß das, weil wir nichts sagen dürfen. Aber denk doch mal nach. Karol Wojtyla hat in seiner Amtszeit bisher schon über 1200 Menschen selig- und heiliggesprochen, für nahezu jede Selig- und Heiligsprechung braucht die katholische Kirche den Nachweis eines Wunders, also haben wir Hunderte von Wundern untersucht. Weißt du, was mich am meisten ärgert? In meiner Kongregation, die knapp vierhundert Jahre alt ist, haben die Priester sich jahrhundertelang damit vergnügt, den Bleistift immer angespitzt zu halten, und sind pünktlich nach Hause gegangen, weil es einfach nichts zu tun gab. Wann hat die Kirche denn schon mal einen Menschen selig- oder heiliggesprochen? Buchstäblich alle Jubeljahre. Und jetzt? Es geht zu wie in einer Fabrik.«

»Ihr habt so viel tun, weil er so viele Selig- und Heiligsprechungen wollte?«

»Ach, Quatsch! Wenn es nur das wäre, hätten wir doch gar kein Problem. Das Problem ist, dass diese Idee, so viele Selige und Heilige zu schaffen, die Diözesen dieser Erde auf den Geschmack gebracht hat. Früher ist doch kein Bischof auf die Idee gekommen, ein mutmaßliches Wunder untersuchen zu lassen. Wunder hat man den Wallfahrtsorten Lourdes und Fatima überlassen. Aber jetzt? Wenn ein paar hundert Diözesen erst einmal angefangen haben, eine Heiligsprechung zu beantragen, und wenn die dann tatsächlich durchgesetzt wird, dann kommen doch alle auf den Geschmack. Die Welt weiß, dass Karol Wojtyla Selig- und Heiligsprechungsverfahren fördert wie nie ein Papst zuvor. Also will jetzt die Diözese Nairobi, die Diözese in Sydney, in Rio de Janeiro, in Warschau, sie alle wollen jetzt ihren eigenen Heiligen haben. Deswegen werden hunderte und aberhunderte Prozesse angestrebt, und wir müssen das alles irgendwie bearbeiten. Obwohl wir dauernd neue Leute bekommen, werden wir mit dem Berg der Wunder einfach nicht fertig. Und dann fragst du nach den Umständen eines Wunders, das irgendwann in den neunziger Jahren passiert sein soll. Wir haben Tausende solcher Fälle, kein Mensch kennt sich da noch aus.«

»Aber sind das alles wirklich Wunder?«

Seine Pasta war unterdessen fast kalt geworden, ich ließ ihn erst einmal ein bisschen was essen, schließlich antwortete er: »Sagen wir so, es gibt auf dieser Welt ohne jeden Zweifel jede Menge medizinischer Fälle, die unerklärlich sind. Ich habe jeden Tag mit Ärzten zu tun, die nicht an Gott glauben oder nicht an den christlichen Gott glauben, und sie schwören trotzdem, dass sie ein medizinisches Wunder entdeckt haben. Unsere Ärzte sehen sich das Ganze dann noch einmal an, und meistens kommen sie zu dem gleichen Ergebnis: Heute kann man das noch nicht erklären, eines Tages aber vielleicht schon. Weil es so wahnsinnig viele Wunder gibt, konzentrieren sich unsere Ärzte auf die außergewöhnlichen, medizinischen Wunder.«

»Die wären?«

»Wenn Menschen gesund werden, die an einer tödlichen,

unheilbaren Krankheit litten. Ganz einfach. Nehmen wir an, du hast eine Missbildung des Herzens, dann kann das kein Mensch heilen. Wenn auf dem Röntgenbild die Missbildung des Herzens einfach verschwindet, dann reden die Ärzte von einem unmöglichen Fall, etwas, das nicht eintreten kann. Ein Wunder also.«

»Also, wenn ich dir sage, dass es ein Wunder war, das die Göttliche Barmherzigkeit betreffen soll.«

»Dieser schreckliche Kasten bei Krakau, der aussieht wie eine Kreuzung aus einer Raketenabschussrampe und einem Einkaufszentrum?«

»Lästere nicht. Johannes Paul II. ist der Ort unendlich wichtig.«

»Tut mir leid«, sagte er. »Zur Göttlichen Barmherzigkeit dürften wir mindestens ein paar hundert Fälle haben. Welcher deiner ist? Keine Ahnung. Was weißt du noch?«

»Nichts weiter.«

»O Gott«, stöhnte er. »Wenn du nicht ein bisschen mehr weißt, kann ich den Fall niemals finden, tut mir leid. Du müsstest mir sagen, wann und wo es passiert ist, am besten noch, wer es erlebt hat und wie das Wunder genau geschehen sein soll.«

»Das alles weiß ich nicht, weder wo noch wann, noch was passiert ist. Ich weiß nur, dass es mit der Göttlichen Barmherzigkeit zu tun hatte und dass der Papst irgendwie beteiligt war.«

»Aussichtslos. Vergiss es, den Fall finde ich nie oder ich würde Hunderte finden. Das Essen bezahlst du trotzdem«, sagte er lachend.

»Klar.«

»Ich gebe dir aber einen Tipp. Nehmen wir einmal an, ein Wunder geschah, und nehmen wir weiter an, es wurde wirklich als ein Wunder angesehen, dann muss der Bischof von Krakau informiert worden sein.«

»Wieso?«

»Na, hör mal, diese Maria Faustina Kowalska ist heiliggesprochen worden, und wenn jetzt irgendjemand auf der Welt erklärt, dass ein Wunder passiert ist, das die Kirche wirklich für ein Wunder hält, dann muss die Diözese, in der die Heilige gelebt hat, das schon erfahren. Zumindest ist es sehr wahrscheinlich, dass die Diözese informiert wurde.«

»Das wäre schon mal ein Anhaltspunkt«, sagte ich, und jetzt wusste ich auch, wo ich weitersuchen musste.

Papst Johannes Paul II. scherzte immer darüber, dass es den Vatikan in Rom nicht einmal, sondern dreimal gebe. Außer dem Vatikan, dem apostolischen Palast, wo der Papst wohnt, gibt es noch den Palast in Castel Gandolfo, dem Sommersitz der Päpste, und zudem, so der bittere Scherz des Papstes, die Agostino-Gemelli-Klinik, wo der Papst bis zu diesem Sommer 2002 schon insgesamt über fünf Monate verbracht hatte. Aber das, was der Papst da sagte, stimmte nicht, es gab den Vatikan nicht nur dreifach, es gab ihn vierfach. Es gab außer dem Vatikan, dem Sommersitz und der Klinik noch ein Machtzentrum, das den Papst stark beeinflusste: die Via delle Botteghe Oscure, die Kirche des Heiligen Stanislaw, die Kirche der Polen. Dieses Kirchlein, das im Jahr 1580 vom polnischen Kardinal Stanislaw Osio gebaut wurde, lag jahrzehntelang wie zur Provokation ausgerechnet neben dem Sitz der Kommunistischen Partei Italiens (KPI). Sie hatte in Rom jahrhundertelang ein Schattendasein geführt. Außer den wenigen Pilgern, die es schafften, aus Polen durch den Eisernen Vorhang zu kommen, und außer den Polen, die schon im Ausland lebten, interessierte sich kein Mensch für diese kleine Kirche. Die wichtigsten römischen Familien hatten Rom mit ihren Prachtkirchen in Territorien aufgeteilt. Das waren die prachtvollen Barockkirchen, die Macht und Reichtum der Familien Roms zeigen sollten, die früher oder später alle mal einen Papst gestellt hatten. Doch die kleine Kirche des Heiligen Stanislaw spielte im Machtgefüge der Stadt keine Rolle. Dann wurde der erste slawische Papst der Geschichte gewählt, und die Kirche des Heiligen Stanislaw stieg plötzlich zum Hauptquartier der Untergrunddiplomatie in Rom auf. Die Kirche ist für ein vertrauliches Treffen viel zu klein. Man kann sich nirgendwo in eine stille Ecke setzen, um zu reden, wie in fast allen anderen Kirchen Roms. Zur Kirche des Heiligen Stanislaw gehört aber auch eine Art Gemeindezentrum. Wenn man rechts aus dem Seitenausgang der Kirche tritt, durchquert man einen Hof und kommt in einen großen Beratungssaal, darunter liegen Räume, in denen man sich treffen kann.

Wenn es jemanden gab, der von einem Bericht über ein Wunder der Göttlichen Barmherzigkeit der Maria Faustina Kowalska an den Erzbischof von Krakau etwas wusste, dann war er hier zu finden. Der Job des Vatikan-Spezialisten brachte es damals mit sich, dass man viele polnische Priester kennenlernte. Die vielen langen Reisen des Papstes nach Polen, in die dortigen Diözesen führten dazu, dass man immer wieder mit polnischen Priestern zusammenkam, die meistens wegen des Papstbesuches in absoluter Hochstimmung waren. In Rom besuchten diese Priester natürlich den Gottesdienst ihres Papstes im Petersdom, aber fast alle gingen zumindest einmal während eines Rombesuchs in die Kirche der Polen. Ich gewöhnte mir an, an Sonntagen ab und zu vorbeizugehen, ich setzte mich in die letzte Reihe und wartete darauf, einen mir bekannten Priester zu sehen.

Es dauerte ein paar Wochen, bis ich einen jungen blonden Priester wiedersah, den ich mehrfach in Krakau getroffen hatte. Ich konnte mich an seinen Namen nicht erinnern, wartete einfach, bis der Gottesdienst zu Ende war, dann sprach ich ihn an. Er konnte sich an mich erinnern, und ich lud ihn zu einem Kaffee ein. Wir gingen die Via delle Botteghe Oscure entlang, in Richtung Largo di Torre Argentina. Er hieß Don Zygmunt. Wir plauderten eine Weile, und ich dankte meinem Schicksal, dass ich es mit einem Polen und nicht mit einem Italiener zu tun hatte. Es ist vollkommen aussichtslos, aus einem Italiener während eines Kaffeetrinkens eine brauchbare Information herauszuholen, aus dem simplen Grund, dass man mit einem Italiener in die Kaffeebar geht; einen Kaffee hinunterstürzt und wieder hinausgeht. Das Ganze dauert keine 40 Sekunden. Ein Pole, der nicht in Italien lebt und somit auch noch nicht die italienischen Gepflogenheiten des Landes angenommen haben konnte, würde sich in der Bar zunächst einmal dazu überreden lassen, sich zu setzen – und genauso war es. Wir ließen uns Kaffee kommen, der polnische Priester ließ sich auch einen Grappa bringen, und ich beschloss, ihn offen zu fragen. »Haben Sie von einem Wunder gehört, das Papst Johannes Paul II. erwirkt haben soll und das mit der Göttlichen Barmherzigkeit zu tun hat, mit der Heiligen Maria Kowalska?«

»Nein, ich kenne nur die Wunder, die zur Heiligsprechung von Faustina Kowalska benutzt wurden.«

»Es soll ein weiteres Wunder gegeben haben, ein Wunder, das mit Papst Johannes Paul II. zusammenhängt.«

»Wirklich?«, fragte er. »Das herauszufinden, dürfte kein Problem sein, wenn es ernst genommen wird und in Polen untersucht wurde. Die Diözese ist so stolz auf das Heiligtum, dass es bestimmt gewünscht wird, dass über ein Wunder, wenn es denn eines war, auch geschrieben wird. Das hilft doch bestimmt die Gläubigen zu stärken, es wäre sträflich, so etwas zu verheimlichen.«

Mir fiel ein Stein vom Herzen, der gute Pole behandelte mich als Erster nicht wie einen Schwerverbrecher, nur weil ich einem Wunder nachgehen wollte.

»Könnten Sie sich einmal umhören, ob etwas über einen solchen Fall bekannt wurde in Polen?«

»Aber gern«, sagt er.

»Wie lange sind Sie noch hier«, fragte ich.

»Drei Tage.«

Ich schlug vor, ihn in drei Tagen zum Abschied auf eine Pizza einzuladen. Er willigte ein, und wir vereinbarten, dass ich ihn vor dem polnischen Priesterkolleg abholen sollte.

Ich war zuversichtlich, dass der junge Pole die Informationen herausbekommen würde. Er schien mir so frisch und unverbraucht, außerdem hatte ich den Eindruck, er fühle sich geschmeichelt, im großen Rom um Hilfe gebeten zu werden, er, ein Provinzpriester aus Polen. Und er schien aufrichtig der Meinung zu sei, dass man Wunder, wenn es sie denn gab, nicht verschweigen dürfe. Zum ersten Mal schien alles glattzugehen. Ich stand drei Tage später pünktlich um 19.30 Uhr vor dem polnischen Priesterkolleg, und als ich ihn kommen sah, wusste ich, dass es Ärger geben würde, großen Ärger.

»Sie sind ein böser, unlauterer Mensch«, fuhr er mich an. »Sie werden um Vergebung bitten müssen für das, was Sie getan haben.«

»Was ist denn eigentlich los?« fragte ich, »sollen wir nicht beim Essen darüber reden?«

»Ich komme nicht mit. Ich werde keine Pizza oder sonst irgendetwas mit Ihnen essen.«

»Aber was um Gottes willen ist denn passiert?«

»Sie wussten, dass ich diese Frage nach dem Wunder nicht einmal denken darf, das wussten Sie doch, oder?«

»Wie meinen Sie das?«

»Ich Trottel habe einen Bischof gebeten, er saß zufällig mit uns im Speisesaal; er erstarrte zu Eis, als ich ihn fragte. Wenn ich in eine Gemeinde abgeschoben werde, irgendwo in der Tatra, dann kann ich in den kommenden Jahren bereuen, Sie je gesehen zu haben.«

»Es tut mir leid«, sagte ich. »Ich wusste nicht, dass eine simple Frage solche Folgen haben kann. Ich wollte doch nur wissen, ob tatsächlich ein Wunder geschehen ist, das in Krakau untersucht wird.«

Er sah mir fest in die Augen. »Aber Sie wissen, in welchen Schwierigkeiten Krakau wegen dieses Wunders ist?«

»Ich habe keine Ahnung, nicht den blassesten Schimmer.«

Er sah mich schweigend an, seine Augen bohrten sich regelrecht in meine. Dann ging er ein paar Schritte. Ich ging neben ihm. »Ich glaube Ihnen«, sagt er schließlich. »Wer hat Ihnen denn überhaupt gesagt, dass es ein Wunder gegeben hat?«

»Sie werden es mir nicht glauben, aber es war ein alter Jude und zwar im Ghetto in Krakau, er verkaufte dort Andenken.«

Er lächelte jetzt ein wenig. »Ich kenne ihn, ich weiß, er ist ein seltsamer Mann. Daher haben Sie es also. Die Nachricht von einem Wunder verbreitet sich immer auf seltsame Weise.«

Ich überlegte mir, ob ich es wagen sollte, nach den Einzelheiten des Wunders zu fragen. Aber ich traute mich nicht, ich ging einfach neben ihm her.

»Würden Sie mir einen Gefallen tun, auch wenn das für Sie nicht angenehm wird?«, fragte er mich nach einer Weile.

»Ja, klar, gern«, versicherte ich.

»Können Sie mir einen Brief schreiben? Bitte schreiben Sie das Datum von vor etwa einer Woche darauf und bitten Sie mich doch einfach, dass ich mich über das Wunder erkundige. Würden Sie das tun? Dann hätte ich etwas in der Hand.«

»Aber selbstverständlich mache ich das.«

»Können wir das gleich machen? Ich meine, jetzt sofort?«

»Ja klar!«

Er hatte eine Mappe dabei; wir gingen ein paar Schritte in eine Kaffeebar, die leer war. Wir stellten uns an den Tresen. Ich schrieb nach seinen Anweisungen auf, dass ich ihn aus alter Freundschaft, weil wir uns in Krakau kennengelernt hatten, darum bitte, sich nach den Einzelheiten des Wunders zu erkundigen. Als ich fertig war, schien er beruhigt und zufrieden.

»Wissen Sie, so kann ich beweisen, dass ich Ihnen nur einen Gefallen tun wollte.«

»Gut«, sagte ich. »Dürfen wir dann jetzt einen Schnaps zusammen trinken?«

Er sah mich freundlich an. »Jetzt ja, ich habe einen ersten Augenblick lang gedacht, dass Sie mich hereinlegen wollten. Aber Sie haben wirklich keine Ahnung, das glaube ich Ihnen jetzt.«

»Wovon denn, wovon habe ich keine Ahnung; was ist denn an diesem Wunder so unaussprechlich, dass keiner darüber reden mag? Ist es der Papst? Ich weiß, dass der Papst nicht will, dass über Wunder gesprochen wird, die mit ihm zu tun haben. Das habe ich von seinem Sprecher Navarro-Valls hundert Mal gehört. Ich wollte nur wissen, ob es tatsächlich so etwas wie ein Wunder gegeben hat, oder ob das nur ein Gerücht ist. Ich weiß, dass ich sowieso nicht darüber schreiben darf, solange der Papst am Leben ist.«

»Das Problem ist nicht der Papst, das Problem ist ein ganz anderes«, antwortete er.

»Und was ist dann das Problem?«, fragte ich.

»Ich werde jetzt gehen«, sagte er. »Ich lasse einen kleinen Zettel auf der Theke liegen. Sie können ihn lesen, und dann werfen Sie ihn weg. Mehr kann ich nicht für Sie tun.« Er kritzelte etwas auf einen Zettel, dann ging er aus dem Lokal. Er legte offenbar Wert darauf, dass wir vor dem Tor seines Seminars nicht noch einmal zusammen gesehen wurden. Ich wartete eine Weile und drehte den Zettel dann um. Darauf stand nur der Name einer Stadt in Bosnien-Herzegowina: Medjugorje.

Aber was hatte das mutmaßliche Wunder aus Krakau, das irgendwie mit Papst Johannes Paul II. verbunden war, mit dem Wallfahrtsort an der Grenze zu Kroatien zu tun?

Kommt Maria nach Medjugorje?

Ich habe in mehr als zwanzig Jahren als Vatikan-Fachmann nicht einmal eine Handvoll Einladungen für ein wirklich rauschendes Fest erhalten, eine Einladung, mitzukommen nach Medjugorje, bekomme ich einmal in der Woche, immer von irgendeinem Priester. Medjugorje ist ein einzigartiger, mit nichts zu vergleichender Wallfahrtsort. Dieser Ort in Bosnien-Herzegowina hat nichts zu tun mit Fatima oder Lourdes oder Mariazell, weil Medjugorje in erster Linie kein Wallfahrtsort für normale Pilger, sondern einer für Priester ist. Medjugorje ist so etwas wie ein katholischer und sehr frommer Protest gegen die Kirche. Es ist keineswegs ein Protest von links, kein Protest von Gläubigen, die die Ehelosigkeit der Priester abschaffen oder Frauen ins Priesteramt holen wollen. Es ist ein Protest von rechts, aus der konservativen Ecke, ein Protest, der die Kirche viel frommer will, als sie ist. Und dabei geht es ganz einfach um Wunder. Für die Leitung der katholischen Kirche sind Wunder entweder peinlich oder lästig. Papst Benedikt XVI. unterstrich auf seiner Reise nach Lourdes im Flugzeug vor uns Journalisten, dass er ausdrücklich nicht wegen der Wunder dorthin reise. Für die katholische Amtskirche ist der Glaube an ein Wunder so etwas wie ein Beweis für einen schwachen Glauben. Der betreffende Gläubige oder gar Priester scheint ein Wunder zu brauchen, um an den christlichen Gott glauben zu können, eine Art Beweis, wie der ungläubige Thomas ihn forderte, dem Christus schließlich erklärte, dass jene selig sind, die nichts sehen und doch glauben. Aus der Sicht sehr frommer Priester ist das unfair. Sie glauben an direkte Eingriffe Gottes auf der Erde, sie glauben, dass Wunder auf dieser Erde passieren, und das extreme Beispiel für Wunder auf dieser Erde ist eben Medjugorje. Denn in Medjugorje und nur in Medjugorje passieren Wunder live. Ein erlesener kleiner Kreis kann dabei sein, wenn einige der Seher eine Erscheinung haben. Dort in Medjugorje soll die Muttergottes regelmäßig direkt mit den Menschen reden, die sie sehen können.

Mit meinen Recherchen war ich nicht weitergekommen. Es gelang mir einfach nicht, herausfinden, worin der Zusammenhang zwischen einem Wunder der Göttlichen Barmherzigkeit der Maria Faustina Kowalska und Medjugorje bestehen könnte. Ein befreundeter italienischer Priester rief mich an: »Andreas, ich habe eine Einladung, an einer Erscheinung der Muttergottes im Haus von Marija teilzunehmen. Hast du Lust mitzukommen nach Medjugorje?«

»Mal sehen«, sagte ich. »Hast du je etwas gehört von einem Wunder, das mit Karol Wojtyla zu tun hatte, mit der Göttlichen Barmherzigkeit, der Botschaft der Maria Faustina Kowalska und Medjugorje?«

Er dachte eine Weile nach. »Keine Ahnung«, sagte er. »Noch nie gehört.«

Wahrscheinlich war es das Beste, einfach hinzufahren und nachzusehen. Vielleicht bekam ich heraus, was der junge polnische Priester eigentlich hatte sagen wollen und warum er so aufgebracht war wegen der Spuren eines Wunders. Eines war klar, die Seherin Marija wusste alles, was in Medjugorje geschehen war; wenn jemand wusste, wo es in Medjugorje einen geheimnisvollen Ort gab, der mit dem Wunder der Göttlichen Barmherzigkeit zu tun hatte, dann war sie es.

Es gibt von Rom zwei Routen nach Medjugorje. Die meisten Priester verabreden sich und fahren mit dem Auto über Venedig und Triest, die kroatische Küste hinunter bis nach Medjugorje. Eine zwanzigstündige Autofahrt. Der komfortablere Weg ist, nach Split zu fliegen und von dort mit dem Mietauto weiterzureisen. Es gibt in Rom ein ganzes Netzwerk von Treffpunkten für Priester, die begeistert sind von Medjugorje, sich absprechen und Sitzplätze in den Autos für die Reise in den Wallfahrtsort anbieten. Ich hatte Glück, und mein Priesterfreund hatte einen frommen Freund bei der kroatischen Luftlinie, wir bekamen günstige Tickets, um von Rom nach Split zu fliegen. Ich glaube, dass es seit Martin Luther keinen anderen Streitfall gibt, der die Kraft hat, die Kirche zu spalten und eine neue Kirche, wie die evangelische, entstehen zu lassen wie das Rätsel Medjugorje. Das hat noch nicht einmal etwas mit den Gläubigen zu tun, sondern mit den Priestern. Es gibt viele tausend katholische Priester auf der Welt, die davon überzeugt sind, dass in Medjugorje ein Wunder passiert ist, ein sehr wichtiges Wunder; und es gibt ebenso Tausende von Priestern, die halten das, was in Medjugorje geschehen sein soll, für totalen Unsinn. Nicht nur Priester sind von dieser Spaltung der Kirche betroffen, der Streit geht hoch bis in das Kardinalskollegium. Es gibt hunderte, wenn nicht tausende Bischöfe, die mehr oder weniger heimlich nach Medjugorje fahren. Ich habe in dem Wallfahrtsort schon viele Bischöfe gesehen, die ihr Bischofskreuz entweder abnahmen oder in der Hemd- oder Jackentasche versteckten. Selbst Kardinäle pilgern nach Medjugorje, der wichtigste Befürworter des Wallfahrtsortes ist der Wiener Erzbischof Christoph Kardinal Schönborn. Die Gegner von Medjugorje lassen keinen Zweifel daran, dass Medjugorje für nichts weiter steht als für schweren Betrug. Die Bischöfe des ehemaligen Jugoslawien haben in der Erklärung von Zadar im Jahr 1991 festgestellt, dass in Medjugorje nichts Übernatürliches geschehen sei. Die Glaubenskongregation des Joseph Ratzinger verbot daraufhin den Pfarrern der katholischen Gemeinden der Welt, Pilgerreisen nach Medjugorje zu organisieren. Wer je in Medjugorje war, weiß, dass dieses Verbot täglich unterlaufen wird. Pilgergruppen aus der ganzen Welt drängen sich um die Kirche in Medjugorje, in der ein Gottesdienst nach dem anderen gelesen wird, wo ein unglaublicher »Beichtapparat« läuft. Ich habe nirgendwo, an keinem anderen Ort der Welt, so viele Menschen anstehen sehen, um sich die Beichte abnehmen zu lassen.

Mich persönlich hat jeder einzelne Besuch in Medjugorje unendlich fasziniert, aus dem einfachen Grund, dass man dort gar nicht anders kann, als sich zu fragen: Was ist hier passiert? Die Anhänger des Wallfahrtsortes glauben, dass ab dem 24. Juni 1981 die Muttergottes am Berg Cranica in Medjugorje erschienen ist und sechs Jugendlichen Tausende von Botschaften übermittelt hat. Die Muttergottes soll den Krieg auf dem Balkan zehn Jahre, bevor er begann, vorausgesagt haben. Seitdem soll sie zur genau festgesetzten Stunde Botschaften an die Seher-Jugendlichen übermitteln. Die Gegner des Wallfahrtsortes glauben, dass die sechs Jugendlichen sich abgesprochen haben und seit Jahrzehnten so perfekt lügen, dass der große Wallfahrtsort entstehen konnte, in dem allein im Jahr 2006 trotz der Vorbehalte des Vatikans 4503 katholische Priester konzelebriert haben. Ich habe die Seher-Jugendlichen, heute Erwachsene, mehrfach kennengelernt, ich weiß nicht, ob sie notorische Lügner sind. Wenn sie sich alles ausgedacht haben, wenn sie sich abgesprochen haben, über Jahrzehnte dichtgehalten haben, dann kommt man an der Frage nicht vorbei: Wozu?

Vom Beginn der ersten Erscheinung im Jahr 1981 bis zum Fall der Mauer 1989 und bis zum Untergang des Sowjetreichs hatten die sechs Jugendlichen im kommunistischen Jugoslawien nur Ärger, schwere Konflikte mit Behörden und der Polizei, weil sie behaupteten, die Muttergottes gesehen und von ihr Botschaften erhalten zu haben. Warum sollten sie das behaupten, wenn sie damit rechnen mussten, dafür ins Gefängnis zu kommen? Was mich zudem stutzig macht, sind viele Gespräche mit italienischen Richtern. Bei jedem simplen Versuch von Versicherungsbetrug versuchen sich Zeugen abzusprechen über das, was sie angeblich gesehen haben; die Praxis zeigt, dass es so gut wie nie gelingt, die Lüge aufrechtzuerhalten. Irgendwann bricht irgendeiner der Beteiligten das Schweigen, vor allem wenn viele Menschen in das Komplott verwickelt sind und wenn viel Zeit vergeht. Aber im Fall Medjugorje haben alle sechs Seher noch nie ihre Version geändert. Warum? Weil sie so perfekte Lügner sind oder weil sie wirklich die Muttergottes gesehen haben? Ich weiß es nicht.

Ich war dankbar, dass mich mein Priesterfreund zu der Erscheinung der Marija mitnehmen wollte; aber eine Reise mit einem Priester nach Medjugorje ist für mich auch sehr anstrengend, weil man ja nicht offen reden kann. Mein Freund aus einer römischen Pfarrei bereitete sich während der Reise mit Gebeten innerlich auf das Treffen mit Marija Pavlovic vor. Er war ganz ergriffen und erfüllt von der Tatsache, dass er dabei sein sollte, wenn die Muttergottes erschien. Die Tatsache, dass er im selben Raum beten würde, in dem die Muttergottes, ein unerklärliches Wesen, auftauchte und sogar sprechen würde, versetzte ihn in einen Zustand aus tiefer Frömmigkeit und Vorfreude. Jedes Mal, wenn ich die Hügel hinunter nach Medjugorje fahre, kann ich nicht anders, als mich zu fragen, ob dieser gigantische religiöse Markt Medjugorje nur auf einer stur durchgehaltenen Lüge beruht. Medjugorje wäre nichts weiter als ein ärmliches Bauerndorf, das das Pech hatte, im umstrittenen Gebiet zwischen Kroatien und Bosnien-Herzegowina zu liegen – wenn es nicht die Seher-Jugendlichen gegeben hätte. Vicka Ivankovic Mijatovic, Ivan Dragicevic, Marija Pavlovic Lunetti, Jakov Colo, Ivanka Ivankovic-Elez und Mirjana Dragicevic-Soldo ließen durch ihre abertausende Visionen der Muttergottes ein gigantisches religiöses Zentrum entstehen. Die bosnischen Behörden rechnen mit 1,5 bis 2 Millionen Pilgern pro Jahr. Hunderte Andenkenläden sind entstanden, Dutzende Restaurants, Bars und Hotels. Dort, wo neben der Kirche der Pfarrei Medjugorje nichts war außer Gestrüpp, entstand ein moderner Touristik-Ort mit einem Multi-Millionen-Euro-Umsatz. Medjugorje ist ein Wirtschaftsfaktor geworden. Wenn ich an den Tausenden und Abertausenden von Muttergottesstatuen vorbeigehe, die es zu kaufen gibt, an den Getränkeständen und postmodernen Luxus-Cafés, frage ich mich, ob das alles hier tatsächlich damit zu tun hat, dass es der Muttergottes gefiel, ausgerechnet an diesem Fleck der Welt sich immer und immer wieder zu zeigen.

Die Villa von Marija Pavlovic-Lunetti liegt am Ortsausgang von Medjugorje in Sichtweite des Berges, auf dem die Muttergottes im Jahr 1981 erschienen sein soll. Hinter einem gewaltigen Metalltor mit Kamera-Überwachung erstreckt sich ein enormer Parkplatz, groß genug, um eine ganze Menge Busse aufzunehmen, doch normalerweis parken hier nur die Autos der Gäste. Auf der linken Seite liegt eine Kapelle, in der Marija am 25. eines jeden Monats eine Erscheinung der Muttergottes erlebt. Auf der rechten Seite liegt eine beeindruckende große Villa, erbaut aus den Bruchsteinen, die für diese Region typisch sind. Marija ist gastfreundlich, mit Helferinnen bereitet sie an diesem Nachmittag kleine Snacks, Kuchen, Getränke wie Coca Cola und Saft für die Teilnehmer der Erscheinung vor. Sie ist eine fröhliche, mittelgroße, schlanke blonde Frau. Vor dem Haus im Garten spielen vier Kinder. Auch ihr Ehemann, mit dem sie in Monza in Italien lebt, begrüßt die Gäste. Ich sah ihr damals beim Schneiden der Kuchen in der Küche zu, wie sie immer wieder Tabletts für die Gäste in das Wohnzimmer trug. Sie hat ein offenes, ehrliches Gesicht. Spielte diese Frau seit 1981 der ganzen katholischen Welt eine Lüge vor, brachte jährlich Millionen Menschen dazu, eine Pilgerreise nach Medjugorje zu unternehmen und zu bezahlen, obwohl dort nie etwas Übernatürliches geschehen war? Meinte diese Frau nur, die Muttergottes zu hören, oder bildete sie sich die Erscheinungen ein; litt sie an so etwas wie Autosuggestion? Ich kenne viele Menschen, die der Meinung sind, dass das Problem in Medjugorje schlicht darin liegt, dass die Seher übersensibel sind und sich seit nunmehr über dreißig Jahren etwas einreden. Aber können wirklich sechs Menschen gleichzeitig eine Autosuggestion haben? Täuschen sie die Versunkenheit nur vor, oder erschien diesen Menschen wirklich und tatsächlich die Muttergottes? Was mich an Marija so nachdenklich machte, ist, dass sie nichts Verschlagenes, Verlogenes an sich hat. Sie wirkt auf mich völlig aufrichtig. Wir saßen in diesem etwas düsteren Wohnzimmer, aßen Kuchen, bis die Zeit gekommen war. Die kleine Kapelle war vollgestopft mit Technik, ein Moderator saß an einem Schaltpult, eine kleine Gruppe spielte Gitarre, die Erscheinung Marias sollte von dem Sender Radio Maria übertragen werden, der die Botschaften von Medjugorje in alle Welt hinaus schickt. Radio Maria entstand im Jahr 1983 als winziger Provinzsender in Arcellasco d'Erba bei Como und gehört heute mit 1,6 Millionen Zuhörern (im Jahr 2009) zu den beliebtesten Radiostationen Italiens. Innerhalb der katholischen Kirche ist der extrem konservative Sender stark umstritten.

Zunächst begannen die versammelten Gläubigen auf den Knien in der Kapelle zu beten, der Moderator informierte unterdessen die Hörer, dass sie live vor Ort, im Haus der Marija Pavlovic-Lunetti, dabei seien, wenn die Muttergottes erscheinen würde. Das Erstaunliche an den Erscheinungen von Medjugorje ist nicht nur, dass Maria an einem bestimmten Tag, sondern auch zu einer bestimmten Uhrzeit erscheint. Die Feierstunde hatte um 17 Uhr begonnen, Marija stand vor dem Altar und schaute nach links. Sie betete und sang laut mit. Plötzlich machte einer der Priester ein Zeichen, und es wurde still. Maria sah sich zunächst unsicher um, blickte durch den Raum, und dann geschah etwas mit ihr. Sie schaute auf eine ganz bestimmte Stelle in der Kapelle, an der absolut nichts zu sehen war, ihr Gesicht erhellte sich, sie schien eine immense Freude zu erleben. Ich kannte die faszinierende Studie der medizinischen Fakultät Montpellier aus dem Jahr 1984 zu diesem Phänomen. Die Forscher hatten alle Seher in einen Raum gebeten an einem Tag, an dem alle sechs eine Erscheinung haben sollten. Es konnte nachgewiesen werden, dass sich etwas Unglaubliches ereignete, alle Seher schauten auf den exakt selben Punkt im Raum, als wäre dort etwas, das nur sie sehen konnten. Konnte auch Marija in diesem Augenblick in der Kapelle etwas sehen? Bildete sie sich ein, etwas zu sehen? Erlebte ich also ein Wunder, war ich in einem Zimmer, in dem gleichzeitig die Muttergottes war, die den größten Teil ihres irdischen Lebens in Nazareth verbracht hatte? Spielte Marija Pavlovic das? Ich weiß es nicht.

Nach etwa zehn Minuten war alles vorbei. Marija bekreuzigte sich und rannte dann buchstäblich in einen Nebenraum. Dort schrieb sie Wort für Wort auf, was ihr die Muttergottes gesagt haben sollte. Sie kam mit dem Zettel in der Hand zurück und verkündete stolz, jedes einzelne Wort betonend, was die Muttergottes ihr eröffnet hatte. Die Botschaft bestand im Kern darin, dass man nicht aufhören solle zu beten.

Nach der Erscheinung musste Marija zur Kirche in Medjugorje eilen und dort den versammelten, wartenden Tausenden von Gläubigen die neue Botschaft wiederholen, die ihr von der Muttergottes aufgetragen worden war. Ich nahm Marija einen Augenblick beiseite.

»Darf ich dich etwas fragen?«

»Aber klar«, sagte sie.

»Weißt du etwas über das Wunder der Göttlichen Barmherzigkeit der Heiligen Maria Faustina Kowalska hier in Medjugorje?«

»Aber sicher. Es ist ein Kirchlein, in Surmanci, gleich hier in der Nähe.«

Ich bedankte mich und ließ sie zur Kirche fahren. Der Priester, der mich begleitet hatte, wollte mit Maria mitfahren, ich nahm also unseren Wagen und fuhr nach Surmanci, einen Ortsteil, der zur Gemeinde Medjugorje gehört, in der Hoffnung, dort das zu finden, was ich suchte.

Die Kirche war noch geöffnet, als ich gegen 18 Uhr ankam. Ich setzte mich in eine Kirchenbank und schaute mich um. Was hatte diese Kirche in Surmanci in Medjugorje mit einem Juden in Krakau zu tun, der von einem Wunder gesprochen hatte, und warum war ein polnischer Priester so entsetzt gewesen, dass er nur heimlich auf einen Zettel das Wort »Medjugorje« gekritzelt hatte? Ich schaute mich in der Kirche um, und dann sah ich es: Dort hing das berühmte Bild der Göttlichen Barmherzigkeit, das Bild des Jesus von Nazareth, so wie er sich angeblich Maria Faustina Kowalska gezeigt hatte, um ihr den Auftrag zu erteilen, nach dem Vorbild dieser Erscheinung ein Bild malen zu lassen. Aber wie war das Bild nach Medjugorje gekommen und warum?

Ich erhob mich und sah mir das Bild genau an. Plötzlich stand ein älterer Priester neben mir. Er betete leise vor dem Bild. Schließlich sah er mich an und sagte etwas auf Bosnisch. Als er merkte, dass ich ihn nicht verstand, sagte er auf Italienisch, dass er die Kirche abschließen möchte.

»Darf ich etwas fragen?«.

»Aber bitte«, sagte er in perfektem Italienisch.

»Wie kam das Bild hierher?«

»Ein Wunder, es ist ein Wunder geschehen. Papst Johannes Paul II. hat es von Gott erfleht, und dann ist das Wunder eingetreten, ein unglaubliches Wunder. Deswegen ist das Bild hier.«

»Ein Wunder, wo denn?«

»In Italien«.

Oh Mann, dachte ich. Ich erfahre in Krakau von einem Wunder, muss dann bis nach Bosnien fahren, nur um herauszufinden, dass das Wunder sozusagen vor meiner Nase, zu Hause in Italien, passiert ist.

»Was ist denn passiert?«

Er schüttelte den Kopf. »Tut mir leid, der Heilige Vater...«

»Ich weiß, der Heilige Vater will nicht, dass darüber gesprochen wird. Ich werde niemandem etwas sagen.«

Er blieb dabei. »Tut mir leid.«

Ich versuchte es noch einmal: Ich sah ihn eindringlich an und sagte dann: »Ich weiß nicht, ob Sie mir glauben werden, aber ich sage Ihnen die Wahrheit. Ich habe in Krakau davon erfahren, wie viel dem Papst diese Botschaft der

Göttlichen Barmherzigkeit bedeutet, und es war ein Jude, der mir gesagt hat, dass ein Wunder geschehen sein soll.«

»Ein Jude?«

»Ja, im Ghetto von Krakau in Polen. Seitdem suche ich nach einer Spur dieses Wunders.«

»Wer hat Ihnen gesagt, dass Sie in Medjugorje suchen sollen?«

»Ein polnischer Priester.«

Er lachte kurz auf. »Ich hätte Ihnen fast geglaubt, aber jetzt lügen Sie mich an.«

»Der Priester hat einen Wahnsinnsärger bekommen, nur weil er nach dem Wunder gefragt hat.«

»Und er hat Sie hierhergeschickt?«

»Nein, nur widerwillig hat er mir den Namen ›Medjugorje‹ auf einen Zettel gekritzelt.«

»Das wiederum glaube ich Ihnen. Ich kann die Kirche manchmal nicht verstehen, vor allem viele Polen behandeln uns in Medjugorje so, als wären wir eine Gangsterbande, Lügner und Betrüger, die der Muttergottes Schande bereiten. Was meinen Sie, wie viele schon gekommen sind, die auf keinen Fall wollten, dass das Bild der Göttlichen Barmherzigkeit hier ausgestellt wird.«

»Ich kann mir das gut vorstellen.«

»Es hat mit dem Papst zu tun, wenn er doch bloß einmal gekommen wäre. Der ganze Ärger hätte sich in Luft aufgelöst. Dabei war er doch schon so nah, in Banja Luka.«

»Ich weiß«, sagte ich, »ich war dabei.« Am 22. Juni 2003 hatte Papst Johannes Paul II. Banja Luka besucht; eine Einladung in das nur 250 Kilometer entfernte Marienheiligtum Medjugorje lehnte er ab.

»Er ist nicht gekommen aus Respekt vor den Bischöfen, die uns hassen.«

»Immerhin weiß ich sicher, dass der Papst sich sehr dafür interessiert hat, was hier passiert ist.«

»Woher wissen Sie das?«, fragte er.

»Der Papstsprecher Joaquín Navarro-Valls hat es mir einmal erzählt.«

»Was hat er erzählt? Setzen wir uns doch.« Ich setzte mich auf eine Kirchenbank. Er nahm neben mir Platz. »Was hat Ihnen der Papstsprecher erzählt?«

»Sie waren damals im Urlaub in den Bergen, und der Papstsprecher Joaquín Navarro-Valls hatte gehört, dass die Seher-Jugendlichen eine Prophezeiung von der Muttergottes erhalten haben wollten, die den Papst betraf. Navarro-Valls sagte ihm: ›Heiligkeit, heute ist in Medjugorje eine Botschaft der Muttergottes verbreitet worden, die den Papst betrifft.‹«

»Und was hat der Papst getan?«

»Er hat Navarro gefragt, was das für eine Botschaft gewesen sei, und Navrro-Valls versprach ihm, sich zu erkundigen.«

»Und dann?«

»Navarro-Valls vergaß es, und einen Tag später kam der Papst zu ihm und sagte ihm: ›Was habe ich eigentlich für einen Sprecher, der den Papst und die Botschaft aus Medjugorje vergisst.‹«

»Und was ist dann passiert?«

»Navarro-Valls hat sich entschuldigt und wollte die Botschaft beschaffen, aber er vergaß es ein weiteres Mal. Als sie am Ende des Urlaubs zurück nach Rom flogen, kam der Papst im Flugzeug zu Navarro-Valls und sagte ihm: ›Wieso habe ich es verdient, dass Sie nicht an mich denken?‹ Navarro Valls war das natürlich superpeinlich. Er entschuldigte sich, am nächsten Tag hatte der Papst sie auf dem Schreibtisch.«

»Ich erinnere mich an die Botschaft. Sie sagte voraus, dass der Papst in Zukunft sehr viel werde leiden müssen.«

»Genau.«

Er sah mich jetzt an. »Ich vertraue Ihnen. Es gibt einen Augenzeugen des Wunders, einen Mann, der dabei war, als es geschah. Er heißt Don Renato Tisot. Sie finden ihn in Trient.«

Zurück in Rom, versuchte ich sofort, Don Renato Tisot zu erreichen. Er war aber ständig auf Reisen; er schien in der ganzen Welt unterwegs zu sein, ich musste warten, bis er zurück war. Ich rief einen Freund in der Präfektur des päpstlichen Hauses an und fragte ihn, ob ihm der Name Don Renato Tisot etwas sagte: »Beindruckend«, staunte er, »du kennst den?«

»Nein«, sagte ich. »Ich kenne ihn nicht. Ich habe ihn nie gesehen.«

»Ich glaube, dass es in Rom ganz wenige Priester gibt, die dem Papst mehr bedeutet haben als dieser Renato Tisot.«

»Wie kommst du darauf?«

»Es ist etwas Merkwürdiges passiert. Es ist lange her, das muss Anfang der neunziger Jahre gewesen sein. Ein Mann, der an einer unheilbaren Krankheit litt, ich glaube, es war Multiple Sklerose, wurde in seinem Rollstuhl während einer Generalaudienz zum Papst geschoben. Er hatte ein Bild des Jesus der Vision der Maria Faustina Kowalska auf dem Schoß. Der Papst ging auf ihn zu, und der Mann in seinem Rollstuhl sagte zum Papst: ›Bitte helfen Sie mir!‹, und weißt du, was der Papst geantwortet hat? »Du brauchst keine Hilfe von mir, du hast doch schon den Jesus der Göttlichen Barmherzigkeit auf den Knien. Wozu brauchst du dann mich? Wende dich an Maria Faustina Kowalska, sie wird sich bei Gott für dich einsetzen.«

»Und dann?«

»Dann hat er ihn zu diesem Renato Tisot nach Trient geschickt. Er hat diesem Mann im Rollstuhl gesagt, er solle voller Zuversicht dorthin fahren.«

»Und was ist dort passiert?«

»Ich habe keine Ahnung.«

Nach ein paar Wochen kam Don Renato Tisot endlich zurück. Der Priester wirkte am Telefon quirlig und energiegeladen auf mich. »Sie haben ein Wunder gesehen, ist das wahr?«

Er schwieg eine Weile. Dann sagte er leise: »Ja, ich habe ein Wunder gesehen.«

»Papst Johannes Paul II. hat Ihnen einen Mann geschickt, der an Multipler Sklerose litt?«

»Ja, er heißt Ugo Festa.«

»Warum hat der Papst den schwerkranken Mann ausgerechnet zu Ihnen geschickt?«

»Dieser schwerkranke Mann, Ugo Festa, war in seinem Rollstuhl in einer Papstaudienz gewesen. Er hatte ein Bild des Jesus der Göttlichen Barmherzigkeit auf den Knien« (siehe Fototeil).

»Ich weiß, und der Papst sagte ihm: ›Wozu brauchst du meine Hilfe, wende dich an Maria Faustina Kowalska.‹ Ich kenne diesen Teil der Geschichte. Aber warum hat er ihn dann zu Ihnen nach Trient geschickt?«

»Es ist ganz einfach. Wir waren damals die einzige Gemeinschaft in Italien, die sich der Göttlichen Barmherzigkeit verschrieben hatte. Wenn Sie so wollen, waren wir der einzige Ort in Italien, an dem dieses Bild verehrt wurde.«

»Was ist dann passiert?«

»Ugo Festa war voller Hass. Er war damals 39 Jahre alt

und seit seiner Kindheit krank. Er litt nicht nur an MS, er litt an Epilepsie und einer Unzahl anderer Krankheiten.«

»Und weiter?«

»Er begann zu beten. Er verbrachte in seinem Rollstuhl Stunden vor dem Bild des Jesus der Göttlichen Barmherzigkeit, und dann ist es eines Tages passiert.«

»Was?«

»Er saß am 2. August 1990 in seinem Rollstuhl in unserer Kapelle. Er sagte zu Jesus: ›Wenn du die Kraft hast, dann zieh mich hoch, zieh mich aus diesem Rollstuhl hoch und lass mich gehen.‹ Er sagte mir, dass etwas Unglaubliches passiert sei. Es war, als wenn Jesus aus dem Bild getreten wäre, als ob er auf ihn zugegangen wäre, ihm die Hand gereicht und ihn aus dem Stuhl gezogen hätte. Seit diesem Tag konnte er gehen. Wir haben zunächst geglaubt, es sei ein Zufall gewesen, aber die Chefärztin der Neurologie des Krankenhauses Santa Chiara in Trient, Dr. Marcella Piazza, hat ihn untersucht. Sie hat gesagt, dass es medizinisch unerklärlich sei. Sie war leider nicht gläubig. Sie hatte Gott noch nicht gefunden. Aber sie sagte: ›Es ist ein Wunder.‹ Erst dann haben wir es dem Bischof Giovanni Sartori gemeldet. Der hat das Wunder geprüft und die Unterlagen nach Krakau geschickt, um sie über unser Wunder zu informieren. Aber das Wichtigste war...«

»Was?«

»Ugo Festa ist aufrecht auf seinen Beinen in eine Papstaudienz gegangen, am 19. August 1990, er hat Papst Johannes Paul II. noch danken können, und er hat beschlossen, sich für dieses Wunder konkret erkenntlich zu zeigen. Er ist zu Mutter Teresa nach Kalkutta gegangen und hat für sie gearbeitet.«

Im Jahr 2004 betreute Ugo Festa eine Gemeinschaft für

schwer drogenabhängige Jugendliche. Er hat mit ihnen zusammengelebt und ist am 22. Mai 2005 von einem seiner Schützlinge im Schlaf erschlagen worden. In Trient wird er wie ein Märtyrer verehrt.

Der Schuss auf dem Petersplatz

Rom, Petersplatz, 1. April 2005. Es gibt viele Beispiele, um zu zeigen, wie sehr Religionen ganzen Völkern schaden können, wie sie Kriege und Unheil stiften können, aber wenn es einen Tag gibt, der zeigte, dass Religionen Gutes bewirken können, dann war es dieser Tag. Tausende Jugendliche waren auf den Petersplatz geströmt. Sie kamen von überall her, und das, was mich am meisten berührte, war, dass keiner sie geschickt hatte. Diese jungen Menschen aus den USA, aus Italien, aus Deutschland, Polen, Mexiko kamen, um sich bei dem großen Mann zu bedanken, der in seinem Appartement hoch über dem Petersplatz auf dem Sterbebett lag. Sie hatten tagelang gesungen, harrten während der kalten Nächte aus. Ich schlief auf dem Sofa im Pressesaal oder im Auto. Die jungen Menschen sangen stundenlag die Hymnen der Weltjugendtage, die Karol Wojtyla erfunden und zu ihnen gebracht hatte, sie sangen den Marco-Frisina-Song »Jesus Christ you are my life« wieder und immer wieder. Es hatte Prälaten gegeben, die es unschicklich fanden, dass dort unten so viele junge Menschen kampierten, während oben im Palast ein Papst starb. Aber Papstsekretär Don Stanislaw Dziwisz hatte sich durchgesetzt. Die Menschen sollten bleiben. Karol Wojtyla wollte sie hören, denn er war in der ganzen Welt gewesen, um seine Botschaft vor allem jungen Menschen zu bringen – und jetzt war die Welt zu ihm gekommen, der auf den Tod wartete. Man konnte an diesem Abend dank der Tausenden und Abertausenden jungen Menschen, die aus allen Winkeln der Erde gekommen waren, spüren, dass es Karol Wojtyla gelungen war, die Welt zum Besseren zu verändern. Jeder von ihnen hatte eine Erinnerung mitgebracht. Dieser Papst hatte das Herz der Menschen erreicht, so sehr, dass sie ihr Taschengeldkonto geplündert hatten, um nach Rom zu kommen, wenn dieser Mann starb. Als wäre er ein wenig ihr aller Vater.

Ich stand auf dem Petersplatz, als der neue Erzpriester von Sankt Peter, Angelo Comastri, mit einer Abendandacht begann. Der ehemalige päpstliche Delegierte für das Heilige Haus von Loreto war erst seit Kurzem im Amt, er sollte einer der letzten Bischöfe sein, die ihre Beförderung Karol Wojtyla zu verdanken hatten. Er begann vorzubeten, dann hielt er eine Ansprache, und mir stockte der Atem. Er sagte, dass Papst Johannes Paul II. »in diesen Stunden, spätestens aber in dieser Nacht« zu seinem Herrn gehen werde. Wie konnte er so etwas sagen?, dachte ich. Gott allein weiß, wann er Karol Wojtyla zu sich holen wird, woher sollte Angelo Comastri so sicher wissen, dass der Papst in jener Nacht sterben würde? Das machte doch gar keinen Sinn. Es sei denn, mich fröstelte bei dem Gedanken, es sei denn, er ist schon tot. Vielleicht brauchen sie die Zeit, um alles für die Beerdigung vorzubereiten. Vielleicht haben sie deshalb Comastri geschickt, um die Welt auf die Nachricht vorzubereiten. Er ist tot, dachte ich, anders kann es gar nicht sein, sonst würde doch kein Mensch bei klarem Verstand sagen, dass er heute sterben werde. Denn wenn nicht, wenn er am nächsten Tag noch am Leben war, wie stand Comastri dann da? Wie ein Erzpriester von Sankt Peter, der es gar nicht erwarten konnte, dass der Papst starb? Es konnte nur eine Antwort geben. Er war schon tot. Deswegen sprach Comastri mit einer solchen Sicherheit.

Ich rief ein paar Leute an, dann wählte ich die Nummer von Jarek in Krakau.

»Er ist tot«, sagte ich.

»Wieso sagst du das? Das Fernsehen hier hat berichtet, dass sein Zustand immer noch kritisch sei.«

»Der Erzpriester von Sankt Peter, Angelo Comastri, hat hier gerade eine Andacht gebetet, und er hat gesagt, dass er spätestens heute Nacht sterbe werde. So was sagt kein Mensch, der bei Sinnen ist, wenn er nicht sicher ist, dass der Papst schon tot ist. Es tut mir leid.«

»Er ist noch nicht tot, Andreas, glaube mir!«

»Aber Comastri?«

»Der hat nur spekuliert.«

»Du meinst ernsthaft, der würde in so einem Moment über den Tod des Papstes spekulieren?«

»Glaube mir, Andreas, schau auf den Kalender. Er wird es schaffen.«

»Was meinst du mit: Schau auf den Kalender?«

»Er hat einen einzigen Tag im Kalender der Kirche eingeführt, den Sonntag der Göttlichen Barmherzigkeit. Die Feierlichkeiten für den Sonntag beginnen am Samstag um 19 Uhr. Vorher stirbt er nicht, wenn, dann danach.«

»Warum?«

»Weil ich nicht daran zweifle, dass Gott ihm die Gnade gewähren wird, an dem Tag zu sterben, der ihm der wichtigste war, der Tag der Göttlichen Barmherzigkeit. An diesem Tag wird Gott den Papst barmherzig aufnehmen, glaube mir! Du wirst sehen, er wird an dem Tag sterben, den er im Kalender für immer eingetragen hat.«

»Das wäre auf das Jahr gerechnet eine Chance von eins zu dreihundertvierundsechzig.«

»Es wird ein Wunder geschehen, glaub es mir, Gott wird ihn an diesem Tag zu sich rufen. Du wirst sehen.«

Er hatte recht. Karol Wojtyla, Papst Johannes Paul II., starb am 2. April, um 21.37 Uhr, zweieinhalb Stunden, nachdem die Kirche mit den Feierlichkeiten für den Sonntag begonnen hatte, der der göttlichen Barmherzigkeit gewidmet ist.

Warum ausgerechnet hier?

Castries, die Insel Saint Lucia, Karibik, Kloster der Benediktinerinnen. Herbst 2007. Speisesaal. Die Ventilatoren laufen unter der Decke, versuchen die warme Luft durch die an allen Seiten geöffneten Fenstern hinaus in den tropischen Garten zu drücken. In langen Reihen stehen in der Nähe der Fenster mit Stoff bezogene Sofas, die viel niedriger sind als in Europa, man kann eher liegen als steif beim Kaffeetrinken sitzen. Der Raum erzählt seine Geschichte, auch wenn er menschenleer ist. Wer immer hier hineinkommt, flüchtet sich auf ein Sofa so nahe wie möglich an den Fenstern, man kann in den Garten schauen, wo eigenartige Bäume stehen, deren Äste bis auf den Boden reichen, und dann weiter bis tief hinunter in die Bucht auf das blaue Wasser der Karibischen See. In der Mitte des Saals warten die Esstische, an denen die Gäste und Nonnen des Klosters Platz nehmen, wenn die Sonne untergegangen ist und ein leichter Wind ein wenig Kühle vom Meer hochschickt. Ich schaue auf die Tür, weit hinten am andern Ende des Saales, durch die er kommen muss. Ich habe dreiundzwanzig Jahre auf diesen Augenblick gewartet, denke ich, jetzt kommt es auf ein paar Minuten nicht mehr an. Leise huscht eine der Schwestern durch den Speisesaal. Sie bereiten das Abendessen vor. Sie tragen weiße, leichte Ordenstracht und, obwohl der Stoff luftig aussieht, kann ich mir nicht vorstellen, wie sie es in dieser Hitze darunter aushalten können.

Außer dem Summen der Ventilatoren ist alles still, nur ab und zu hört man Vögel auf den Ästen draußen, die fremdartige Geräusche machen.

Endlich geht die Tür auf, und er kommt auf mich zu. Dass dieser Mann, Bischof Kelvin Felix, über siebzig Jahre alt sein soll, kann ich mir beim besten Willen nicht vorstellen. Er hat eine Figur wie ein Sportler. Base-Ball-Spieler hätte er gewesen sein können, noch immer hat er kein Gramm Fett am Leib, nur ein Bein zieht er ein wenig nach. Seine Hautfarbe ist schwarz. Seine Vorfahren müssen zu den Zehntausenden Sklaven gehört haben, die auf die karibische Insel verschleppt wurden. Es gibt hier nur sehr wenige Mischlinge, ganz anders als in Brasilien oder im nahen Venezuela. Die Farbigen haben sich hier nicht mit den Weißen gemischt. Heute noch, so lange nach dem Ende der Sklaverei, ist eine Insel wie Saint Lucia eine Anklage gegen die Sklavenhalter. Eine Handvoll weißer Grundbesitzer muss eine ganze Heerschar aus Afrika entführter Menschen unterdrückt haben. Die Sklaven blieben unter sich, die Insel ist schwarz geblieben, ein gerechtes Zusammenleben zwischen Weißen und Schwarzen kann es nie gegeben haben.

Er hat sein Brevier dabei, das Gebetbuch der Priester. Er sieht mich an mit einem Lächeln, dass sein ganzes Gesicht auszufüllen scheint. Meine Angst vor dem Bischof verschwindet. Ich hatte geglaubt, dass der berühmte Mann eine gewisse Arroganz ausstrahlen würde, immerhin machte ihn die englische Königin Elisabeth II. persönlich zum »Officer of the Order of the British Empire«, eine der höchsten Auszeichnungen, die Großbritannien zu vergeben hat. Er hat auch nichts Verbittertes, wie es bei einem Mann, der einen Mordanschlag auf der Straße vor seiner

Kirche überlebt hat, bei dem ihm im Jahr 2006 die Kehle aufgeschnitten wurde, nicht überraschend gewesen wäre. Seine Augen glitzern neugierig durch die Brille, wie die eines jungen Mannes. »Sie sind also Bischof Kelvin Felix«, sage ich zu ihm. Wir geben uns die Hand.

»Ja, das bin ich.«

»Ich habe mich dreiundzwanzig Jahre lang gefragt, wie Sie aussehen mögen.«

»Nun, ich hoffe Sie sind nicht enttäuscht.« Natürlich sage ich Nein.

Dann setzte er sich, ganz nahe an das Fenster, legte das Brevier neben sich und schaut mich an.

»Wenn ich ehrlich bin«, sagte er, »dann habe ich mich jahrelang gefragt, ob eines Tages jemand wie Sie kommen wird, und jetzt sind Sie da.«

»Ich habe über zwanzig Jahre gewartet, bis ich mich getraut habe, Urlaub zu nehmen und hierher zu kommen.«

»Wissen Sie schon lange, was hier passiert ist? Ich hatte immer geglaubt, dass wir alles recht gut geheim gehalten haben«, fragte er.

»Oh, keine Sorge, ich bin zwei Jahrzehnte im Dunkeln getappt.«

»Sie wissen also nicht, was passiert ist?«

»Nein, keine Ahnung.«

»Wieso sind Sie dann hier?«

»Wissen Sie«, sagte ich, »als ich nach Rom kam, war ich erst vierundzwanzig Jahre alt, und ich glaube, ich tat einigen Kirchenherren ein bisschen leid, weil ich niemanden kannte und ehrlich gesagt von Tuten und Blasen keine Ahnung hatte. Ich bin dann mit einigen Bischöfen manchmal ausgegangen. Sie haben versucht, mir zu erklären, wie der Vatikan funktioniert. Aber immer wenn das Essen zu Ende ging, sagten sie: ›Sie können eigentlich alles im Vatikan fragen, und Sie werden auch Antworten bekommen, nur eins dürfen Sie nicht anrühren: Saint Lucia.‹«

Erzbischof Kelvin Felix sah mich überrascht an, dann beugte er sich über den Tisch und lachte wie ein Junge, dem ein Streich gelungen war. Eine Ordensfrau brachte uns einen Espresso, der perfekt war, als hätte ihn jemand in Italien zubereitet. Ich wusste an diesem ersten Tag noch nicht, dass diese wunderbare Schwester Oberin, die wie eine Mutter zu uns war, alles, aber auch alles per Container aus Apulien in die Karibik bringen ließ. Nie habe ich außerhalb Italiens so gut italienisch gegessen wie in diesem Kloster im Süden der Karibik.

»Haben Sie sich daran gehalten, oder haben Sie versucht herauszufinden, was hier passiert ist?«, fragte er mich.

»Ich habe nur ein paar zaghafte Versuche unternommen. So habe ich im Laufe der zwei Jahrzehnte natürlich den Vize-Reisechef des Papstes, Alberto Gasbarri, kennengelernt und ihn gefragt ob er sich an Saint Lucia erinnern könnte. Er wusste sofort, was ich meinte. Aber ich habe rasch die Regel begriffen, dass diese Dinge, die hier passiert sein sollen, geheim bleiben müssten, bis nach seinem Tod, ich meine, nach dem Tod Johannes Paul II.«

»Ja, das hat er mir auch gesagt, und ich habe mich daran gehalten. Ich habe noch nie in meinem Leben mit einem Reporter darüber gesprochen, was hier passiert ist, Sie sind der erste.«

»Es gab lediglich Gerüchte«, erläuterte ich ihm, »der damalige Reise-Chef Pater Roberto Tucci musste immer lächeln, wenn er an die Insel zurückdachte; er war so überrascht gewesen bei der Ankunft, weil die Menschen der Insel ausgerechnet die Hymne seiner Heimatstadt Neapel gesungen haben: das Lied ›Santa Lucia‹. Es gab in Rom nur Getuschel darüber, dass sich hier auf Saint Lucia ein Wunder ereignet haben soll.«

»So«, sagte er, »ein Wunder, was für ein Wunder?«

»Ein polnischer Priester, der sich rühmte, ein Freund des päpstlichen Sekretärs gewesen zu sein, vermutete einmal, dass ein Blinder wieder sehen konnte.«

»Ein Blinder?«, fragte Kelvin Felix, dann prustete er los. Er lachte, als hätte jemand einen ausgezeichneten Witz erzählt, ich schaute ihn verständnislos an. Er bekam sich gar nicht wieder ein. »Ein Blinder«, sagte er, »das ist gut.«

Er nippte an dem Kaffee, um wieder zu Atem zu kommen.

»Und? Haben Sie geglaubt, dass hier ein Wunder geschehen ist?«

»Ich weiß es nicht, die Frage hat mich aber zwei Jahrzehnte lang begleitet. Als ich meinem Sohn seinen ersten Globus gekauft habe und ihn auspackte, musste ich erst einmal nachschauen, ob Saint Lucia darauf war. Das war sie, und ich saß damals im Kinderzimmer und habe mich wieder einmal gefragt: Was ist dort bloß passiert? Ich war mit dem Papst auf Kuba, in Mexiko, also ganz in der Nähe, mit meiner Frau war ich auf Santo Domingo, und auf den Flughäfen habe ich immer nachgeschaut, ob es eine Verbindung nach Saint Lucia gab. Die Versuchung, einfach herzufliegen, war riesengroß, aber ich wusste ja nicht, wonach ich hier suchen sollte, und ich wusste, dass Sie mir nicht helfen würden, weil Sie nichts sagen durften, solange Karol Wojtyla am Leben war. Aber jetzt ist er tot.«

Er sah nachdenklich auf den Tisch. »Als er starb, ein paar Tage darauf, habe ich zum ersten Mal einen Gottesdienst gehalten und dafür gedankt, was hier passiert ist.

Nie zuvor hatte ich es in der Kirche erwähnt.« Er schien auf einmal weit weg zu sein, schließlich schaute er mich an: »Wissen Sie, was ich mich die ganze Zeit gefragt habe? Ich hab mich gefragt: Warum ausgerechnet hier, ausgerechnet in meiner Diözese, hier bei mir? Ausgerechnet in der Diözese eines farbigen Bischofs. Karol Wojtyla hat die ganze Welt bereist, er war in mehr als hundert Ländern, und dann kommt er hierher zu uns, für ein paar Stunden, nur einen Nachmittag und einen Abend, ausgerechnet an diesem Tag passiert so etwas.« Er schaute ins Leere, als wollte er zurückreisen in der Zeit. »Und wissen Sie, was das Seltsamste war?«

»Nein.«

»Der Papst hatte keine Ahnung, er hatte keine Ahnung von dem, was hier passiert war. Erst als ich nach Rom geflogen bin und es ihm sagte, hat er zum ersten Mal davon gehört. Und trotzdem. Ich hatte das Gefühl, dass er die Frau gesucht hat, als wüsste er, dass sie in der Kirche sein würde und dass er zu ihr gehen musste. Aber vielleicht rede ich es mir auch nur ein.«

Das Foto von der Spur Gottes

Er nahm jetzt sein Brevier und stand energisch auf. »Kommen Sie. Ich zeige Ihnen jetzt erst einmal, wo es passiert ist.«

Wir gingen hinunter in den tropischen Garten. Dort stand sein Auto. Er fuhr selber.

»In den meisten Teilen der Welt haben die Bischöfe eigentlich immer einen Fahrer«, bemerkte ich.

Er lachte wieder. »Ich bin nicht nur immer selber gefahren, ich habe das Auto auch immer selber gewaschen. Ich habe auch meine Wäsche selber gewaschen und hab mir das Essen gekocht. Ein Bischof in der Karibik muss da ein bisschen flexibler sein. Das Auto gehört mir nicht, es gehört der Diözese, ich hab es mir nur geliehen. Ich wohne ja nicht mehr hier.«

Wir rumpelten mit dem Auto die Schotterstrecke hinauf. »Sie wohnen nicht mehr hier? Wo wohnen Sie denn? Sie sind doch der Bischof der Insel in Pension.«

»Ein Bischof pro Insel reicht, ich bin zurückgegangen in meine Heimat, nach Dominica, die Insel nebenan.«

»Und dort genießen Sie die Pension?«, fragte ich ihn.

»Ich bin dort wieder ein einfacher Gemeindepfarrer, heute wird halt jeder gebraucht.« Wir bogen am Palast der Gouverneurin ab. Saint Lucia ist zwar ein unabhängiger Staat, Oberhaupt ist aber die englische Königin. Wir rollten nach unten in die Stadt Castries. Ein strahlend weißes Kreuzfahrtschiff lag im Hafenbecken. Auf den engen Straßen zelebrierte die Karibik sich selber, Bob-Marley-Songs drangen aus Bretterbuden; Mädchen in bunten, knappen Röcken liefen über die Straße, unter Palmen saßen Rastafari, die offenbar etwas rauchten, was nicht sonderlich legal zu sein schien. Ich deutete auf die jungen Männer, und er lächelte. »Fragen Sie mich nicht danach. Ich habe die Rastafari-Bewegung nie begriffen, sie glauben, dass ausgerechnet Haile Selassie I. eine Art Gott ist. Aber wussten Sie, dass der sie nicht haben wollte? Als Tausende rauchender Jungs aus der Karibik nach Äthiopien kommen wollten, hat er sie nicht hineingelassen. Das Zeug, das die rauchen, heißt hier Ganja, gibt es überall zu kaufen.«

Er parkte den Wagen an der Straße, und wenn ich je einen echten Hirten der katholischen Kirche erlebt habe, dann an diesem Abend. Er konnte keinen einzigen Schritt tun, ohne angehalten zu werden, ohne dass ihn irgendwer am Ärmel festhielt und voller Freude rief: »His Grace«, als wäre ein alter Freund zurückgekommen. Am meisten beeindruckte mich, dass er diese Menschen persönlich kannte, er kannte die Namen ihrer Kinder, er erkundigte sich nach Mary oder Joseph, nach Franklin oder Barbara. Er wusste, ob sie Arbeit hatten oder für ihr Essen betteln mussten. Er wusste, wo sie wohnten und ob die Großeltern noch am Leben waren. Dieser Bischof musste Tausende von Hausbesuchen gemacht haben, er kannte diese Diözese nicht nur vom Reißbrett, er kannte all diese Menschen, er liebte sie, und die Menschen spürten das. Bischof Felix stellte mich diesen Trauben von Menschen vor, die ihn umringten. Er deutet auf mich und sagte: »Er ist aus Rom«, was eine ganze Menge Verwunderung hervorrief. »Oh, aus Rom.« Wir mussten jede Menge von einer Art Kokosnuss-Paste essen, eine typische Süßigkeit der Insel. Bischof Felix wollte mich endlich zur Kirche bugsieren, aber die Menschen, die ihn erkannt hatten, kamen alle mit, sie liefen einfach hinter ihm her. Etwas Seltsames geschah in diesem Augenblick: Ich sah, wie glücklich ihn diese Menschen machten, aber trotzdem war unübersehbar, dass er es nicht genoss. Er war freundlich und nett, erkundigte sich nach allen möglichen Freunden und Bekannten, aber die Zuneigung der vielen Menschen war ihm unangenehm. Mittlerweile war die ganze Straße verstopft, der Verkehr war ins Stocken geraten, weil die Menschen auf der Straße riefen: »Da ist ja His Grace...«

Wir waren schließlich eingekeilt in einen Pulk. »Sie haben das angerichtet. Ich kann nicht mehr hierher kommen. Die Menschen müssen sich an den neuen Bischof gewöhnen. Es ist mir peinlich, was hier passiert.« Wir gingen zu der Kirche, und die Menge folgte uns, respektvoll und stumm, und blieb in der Eingangshalle stehen. An der Wand hing das Bild des neuen Bischofs von Castries, des Nachfolgers von Kelvin Felix, er war ein Weißer – und im selben Augenblick verstand ich, was da auf der Straße passiert war: Der schwarze Vater, der zu diesen Menschen hier gehört hatte, war für einen Tag zurückgekommen, und es war ihm unangenehm, dass er immer noch ihr Vater war, weil die Menschen seinen weißen Nachfolger auf einer schwarzen Insel nie als ihren Vater angenommen hatten. Zumindest sah alles, was sich vor meinen Augen abspielte, genau danach aus.

Eine solche Kirche wie auf Saint Lucia hatte ich noch nie gesehen. Als hätte man ein riesiges Holzschiff umgedreht und als Dach auf die grauen Vulkanwände der Kirche gesetzt. Die Holzkonstruktion war bunt angemalt, die Ventilatoren surrten, alle Fenster standen auf. Diese Kirche hier, das war sein Haus, das Haus des Bischofs Kelvin Felix, und ich hatte das Gefühl, sie ist es immer noch. Er prüfte die Reihe der Kirchenbänke und schaute auf die Seitenaltäre. »Sie können sich nicht vorstellen, was für ein Theater es gab, als ich den Hauptaltar versetzen wollte für den Besuch des Papstes. Ich hätte die Kirche nicht anrühren sollen, aber ich habe mich schließlich durchgesetzt.«

Wir gingen den Mittelgang hoch, dann standen wir vor dem Hauptaltar. Bischof Felix wandte sich langsam nach links und blieb plötzlich stehen »Hier«, sagte er, »das Wunder hat genau hier stattgefunden. Sie stand hier mit dem Kind auf dem Arm, auf der rechten Seite vom Altar.«

»Wer?«

»Frau Mary Jeremies, sie stand zusammen mit einer

Gruppe von Kranken und Behinderten, die im Rollstuhl saßen. Sie hielt das Kind auf dem Arm.«

In den Bänken knieten einige Gläubige, die Bischof Felix freudig überrascht ansahen. Die Gruppe, die uns gefolgt war, wartete am Eingang offenbar darauf, dass der Bischof wieder hinausging, um ihn noch einmal auf der Straße zu sprechen. Er nahm meinen Arm. »Kommen Sie, setzen wir uns, ich kann nicht so lange stehen, weil mein Bein jetzt schmerzt.«

Er sah mich an, als wollte er etwas gestehen. »Es ist etwas ganz Seltsames passiert an diesem Tag. Ich war dicht neben dem Papst, ich ging sozusagen neben ihm. Als er diese zum Bersten gefüllte Kirche betrat, in der er noch nie gewesen war, geschah etwas, das ich mir bis heute nicht erklären kann. Ich hatte das Gefühl, er wusste, wohin er gehen musste. Ich hatte das Gefühl, er wusste, dass jemand auf ihn wartete. Er ging planvoll schnurstracks auf Frau Jeremies zu. Ich habe mich oft gefragt, ob ich mir das nur eingebildet habe, aber mein Eindruck damals war: Wo will er eigentlich hin, wen sucht er? Und als hätte er gewusst, was er suchte, ging er auf Frau Jeremies zu. Ich weiß nicht, ob dieser Eindruck in mir entstand, weil ich erfuhr, was damals passiert sein soll. Ich kannte Mary Jeremies nur, weil sie im Kirchenchor sang. Sie hatte ein Kind auf dem Arm, das schwerkrank aussah, es konnte sich nicht bewegen, es lag da wie tot. Das Kind hatte ich noch nie gesehen, meine Mitarbeiterin im Pfarramt, die mit unserem Kinderarzt auf der Insel verwandt ist, hatte mir mal von dem schwerkranken Kind der Frau Jeremies erzählt, aber ich hatte sie noch nie gesehen. Der Papst legte seine Hand auf den Kopf des Kindes, er küsste das Kind, dann sprach er mit Frau Jeremies. Der Papstfotograf Arturo Mari hat diesen Augenblick des Wunders glücklicherweise festgehalten.« (siehe Fototeil)

»Was ist danach passiert?«

»Da Papst ging normal weiter, er war nur kurz in der Kathedrale gewesen. Wir fuhren hinunter zum Hafen, dorthin, wo der große Gottesdienst stattfinden sollte. Nach dem Gottesdienst brachte ich den Papst am Ende des kurzen Besuchs zurück zu seinem Flugzeug, und er flog wieder ab. Niemand hätte gedacht, dass sich auf unserer Insel während seines Aufenthalts irgendetwas Übernatürliches ereignet haben könnte. Ich war froh, dass der Besuch ein Erfolg gewesen war, dass alles reibungslos geklappt hatte. Von dem Wunder habe nicht ich zuerst gehört; das ganze Ausmaß dieses Wunders hat als Erster sonderbarer Weise ein Mann erfahren, der ausgesprochen kritisch gegenüber der katholischen Kirche eingestellt ist.«

»Dann sollten wir den Mann besuchen gehen«, schlug ich dem Bischof vor.

Er legte mir die Hand auf die Schulter: »Es ist besser, Sie gehen allein zu ihm. Ich könnte mir vorstellen, dass er Wert darauf legt, nur mit Ihnen zu sprechen, ohne einen Vertreter der katholischen Kirche. Ich glaube, ihm wäre das unangenehm.«

Er beschrieb mir den Weg.

Die Stadt Castries entstand auf dem Schutt der Ruinen, die Franzosen und Engländer hinterließen, wenn sie wieder einmal um den Besitz der Insel gestritten hatten. Vierzehn Mal wechselte die Insel zwischen den Seemächten den Besitzer, das wasserreiche fruchtbare Land mit dem fantastischen Naturhafen von Castries war zu verlockend als Militärbasis und für den Anbau von Zuckerrohr. Dieses Hin und Her führte dazu, dass auf Saint Lucia Englisch gesprochen wird und Patois, ein Dialekt der französischen Sprache. Vor allem die britischen Besatzer brachten schwarzafrikanische Sklaven auf die Insel, um den in London begehrten Kandiszucker der westlichen Antillen herzustellen. Auch die Franzosen erkannten den Reichtum der Insel, schätzten vor allem die zahlreichen Strände, wo Schiffe viel leichter ankern konnten als vor dem Felsenmeer der Nachbarinsel Dominica. Saint Lucia scheint noch heute ein Paradies zu sein, die Bananenplantagen erstrecken sich über viele Kilometer, auch Grapefruits und Orangen gedeihen prächtig. Es gibt so viele Früchte auf der Insel, dass sich keiner die Mühe macht, die von an Bäumen gefallenen Orangen oder Pampelmusen aufzusammeln; in den Plantagen liegen Berge von Früchten, die in den Supermärkten der westlichen Welt einen guten Preis erzielen würden, die man aber auf Saint Lucia einfach wegwirft. Für den Bischof ist das übrigens immer ein Anblick großer Qual. Wenn wir durch eine Grapefruit-Plantage fuhren und Kelvin Felix die Früchte auf dem Boden sah, die langsam verfaulten, regte er sich jedes Mal auf: »Warum sammelt man sie nicht auf und gibt sie denen, die nichts haben?!« Weil auf der Insel eine Grapefruit aber nur wenige Cents wert ist, macht sich niemand die Mühe.

Ich würde jedem Menschen, der auf der Suche nach dem Sinn des Lebens ist, raten, einmal im Leben ein paar Tage auf Saint Lucia zu verbringen, weil diese Insel die Grundannahmen der westlichen Welt auf den Kopf stellt. Am deutlichsten kann man das erfahren, wenn man mit dem Auto von Castries nach Süden entlang der windgeschützten Westküste fährt. Dort reihen sich traumhafte Buchten aneinander, die von Korallenriffen gesäumt sind. In diesen Buchten liegen sehr teure Luxus-Hotels, in denen gestresste Europäer und Nordamerikaner das mühsam Ersparte eines Jahres ausgeben, um sich einmal in der Sonne richtig wohlzufühlen. Auf den Liegen räkelten sich Frauen und Männer, die Tag für Tag an ihren Arbeitsplatz marschierten, um ihre Lebenszeit mit etwas zu verbringen, das sie eigentlich nicht tun möchten. Am selben Strand spielen schwarze Inselbewohner Fußball, springen, wenn ihnen heiß ist, ins Wasser, holen sich, wenn sie hungrig sind, eine der Langusten aus dem Wasser, die sich an der Küste kräftig vermehren. Wer nachts zum Tauchen geht, sieht auf dem Meeresboden ganze Autobahnen von Langusten unter sich. Das einträglichste Geschäft der Jungs ist das Vermieten von Taucherbrillen und Flossen, die sie perfekt pflegen. Ab und zu verkaufen die schlanken Männer auch eine Kokosnuss, die sie gerade gepflückt haben, oder ein paar Bananen für ein oder zwei US-Dollar. Wenn sie einen neuen Fußball für den Strand brauchen, basteln sie auch mal eine Kette aus besonders schönen Muscheln. So reich, um sich einen Luxus-Urlaub am Strand leisten zu können, werden diese Männer natürlich nie sein, aber am Luxusstrand sind sie ja schon. Immer wenn ich ihnen zusah, machte mich das ganz nervös. Die müssten doch eine Universität besuchen, einen Beruf erlernen, hart arbeiten, um Strom und Heizung, die Raten für das Haus und das Auto zu bezahlen, sie müssen Geld beiseite legen, um sich mal einen schönen Strandurlaub leisten zu können. Viele Männer auf Saint Lucia schenken sich das mit dem Arbeitengehen ganz, zimmern aus Brettern ein Haus zusammen, eine Heizung brauchen sie eh nicht. Früchte und Fisch gibt es ohnehin genug, ein Auto wollen sie nicht, sie paddeln mit Plastikkajaks an den Korallenriffen vorbei. Die Touristen zahlen 500 Dollar und mehr am Tag, um diese Riffe einmal sehen zu können.

Wenn ich die Rastafaris nach einem ihrer Tage am Strand singen und mit dem Plastikkajak in den Sonnenuntergang der Karibik paddeln sah, nach einem Tag, an dem sie eigentlich nichts anderes getan hatten, als Gottes schöne Erde zu genießen, war ich mir nicht sicher, ob sie wirklich bedauernswerter sind als die am Whisky nippenden und sich vor der nahen Abreise fürchtenden Urlauber aus dem Luxus-Hotel nebenan.

Augenzeugen des Unerklärlichen

Die Stadt Castries entstand an der Hauptstraße, die vor der Kathedrale entlangläuft. Es gibt kleine Geschäfte, ein paar Fast-Food-Läden, ein paar Supermärkte. Am einen Ende der Straße liegt der Hafen, am anderen Ende das Krankenhaus und gleich gegenüber die Praxis des Dr. Simmons, der sich in das Buch der Geschichte der Insel eintrug, weil er als erster Facharzt für Kinderkrankheiten in der Geschichte Saint Lucias hier vor mehr als dreißig Jahren seine Arbeit aufnahm. Die kleine Praxis ist brechend voll, besorgte Mütter balancieren ängstlich dreinschauende Kinder auf den Knien. Der Sprechstundenhilfe hatte ich zu verstehen gegeben, dass ich warten wolle, bis alle Patienten behandelt worden waren. Ich hatte auf die Lösung dieses Rätsels zwanzig Jahre gewartet, jetzt kam es auf ein paar Stunden nicht mehr an. Irgendwann hatte die letzte Mamma ihr kreischendes Kind hinter sich her aus der Praxis geschleppt. Der Doktor hatte jetzt Zeit. Gemessen an der Bevölkerung von Saint Lucia ist die Hautfarbe von Dr. Simmons ungewöhnlich hell, gemessen an Bischof Felix scheint er ein sonnengebräunter Weißer. Sein Behandlungszimmer ist winzig, an den Wänden hängen Bilder von Kindern, die sich für ihre Heilung bedankten, es gibt ein paar Unterlagen, etwas Spielzeug auf dem Schreibtisch, das war alles.

Der schlanke Doktor Simmons in seinem Karibikhemd unter dem Arztkittel schien die Idealbesetzung eines Schiffsarztes für einen Film in den Tropen. Ganz oben auf dem Schreibtisch lag die Akte, die dem Patienten Kevin Jeremies, geboren 1984, gewidmet ist. Dr. Simmons blättert darin, dann sah er zu mir hinüber: »Sie sind der Erste, der mich nach diesem Fall fragt, und das wundert mich sehr, weil er zweifellos der seltsamste Fall in meinem ganzen Leben ist. Ich möchte, dass Sie Folgendes wissen: Ich bin nicht katholisch, ich glaube nicht daran, dass der Papst ein anderer Mensch ist als Sie oder ich. Und ich muss Ihnen noch etwas sagen. Ich glaube eigentlich nicht an Wunder. Ich bin ein Wissenschaftler. Was mit Kevin Jeremies passiert ist, kann man medizinisch nicht erklären. Sagen wir es so: Das, was mit dem Jungen geschehen ist, hätte aus wissenschaftlicher Sicht nicht geschehen können, seine Heilung war leider völlig unmöglich. Was damals passiert ist, kann aus Sicht eines Wissenschaftlers nicht passieren. Soweit bin ich bereit zu gehen. Aber was ist da geschehen? War es ein Wunder? Ich weiß es nicht. Ich kann nur sagen, dass es nicht hätte geschehen können, völlig unmöglich. Wieso es trotzdem geschehen ist? Ich habe keine Ahnung. Aber ich gebe gern zu, als ich davon hörte, dachte ich: Das ist ein Wunder, und das mitten im Slum.«

Kevin Jeremies kommt im Alter von sechzehn Monaten zum ersten Mal in das Krankenhaus von Castries. Er leidet unter schweren Atemstörungen. »Es war extrem beunruhigend, dass das Kind nicht in der Lage war, sich aus eigener Kraft aufzurichten oder auch nur auf die Seite zu drehen. Die Untersuchungen ergaben, dass er an einem unheilbaren und irreversiblen Hirnschaden litt. Das Gehirn war vermutlich bei der Geburt schwer geschädigt worden. Das Kind litt gleich an einer ganzen Reihe von Erkrankungen, wir mussten ihn im Krankenhaus behalten, weil er so schlecht atmete. Kevin wuchs im Slum auf, was befürchten ließ, dass er nicht genug Nahrung bekam und in einer Umgebung lebte, die nicht einmal annähernd sauber war. Ich muss sagen, dass meine Hoffnungen nicht allzu groß waren, das Kind könnte jemals ein lebenswertes Dasein führen.«

Dr. Simmons machte sich Sorgen vor allem wegen der starken Lähmung. »Diese Lähmung konnte nur vom Gehirn ausgehen. Eine ganz langsame graduelle Besserung wäre vielleicht eines Tages möglich, es wäre schon sehr viel gewonnen gewesen, wenn es dem Kind gelungen wäre, sich wenigstens aus eigener Kraft aufzurichten. Aber damit er besser Luft bekam, musste man ihn stützen. Er lag den ganzen Tag im Krankenhausbett auf dem Rücken, bewegungslos. Dass passieren könnte, was dann passiert ist, war einfach nicht möglich. Hirnschäden verschwinden nicht von einer Sekunde auf die andere. Das ist unmöglich. Seine Gesundheit konnte sich bessern, das ja, aber er konnte nicht blitzartig, von einer Sekunde auf die andere, gesund werden, und zwar so nachhaltig gesund, dass er nie wieder ins Krankenhaus musste. Aber ich weiß, dass es so war. Wenn Sie mich fragen, was ein Arzt tun muss, um einem solchen Kind so schnell zu helfen, dann würde ich sagen, er muss lernen, Wunder zu wirken.«

»Haben Sie je das Haus gesehen, in dem das Wunder geschehen sein soll?«

»Nein, ich war noch nie dort. Ich weiß aber, wo die Familie wohnt, im Slum am französischen Friedhof. Bischof Kelvin Felix kann Ihnen bestimmt den Weg zeigen.«

Der Ort, an dem eines der erstaunlichsten Wunder in der Amtszeit von Papst Johannes Paul II. geschehen sein soll, liegt am Ortsrand von Castries, dort, wo einst die Franzosen ihre Toten begraben haben, in großzügigen Steingräbern. Bischof Felix kann nicht verbergen, dass ihm der Besuch unangenehm ist, er scheint sich immer noch dafür zu schämen, dass Menschen in seiner ehemaligen Diözese unter solchen Umständen leben müssen. Laute Reggae-Musik hallt durch die Wege auf dem ehemaligen Friedhof. Man kann noch die Namen auf den verwitterten Steinplatten der Familiengräber lesen, Namen von Menschen, die hier vor dreihundert Jahren einmal gelebt haben und glaubten, ihre letzte Ruhe gefunden zu haben. Bretterbuden sind zwischen die Steine geklemmt worden. Der Hügel ist steil, die Hütten liegen wie Krähennester auf den Steingräbern. Der Bischof geht einen ausgewaschenen Weg hinauf, der Tropenregen hat Müll den Hang hinuntergespült. Immer wieder hält Kelvin Felix an; eigentlich ist der Weg zu steil für ihn, ich frage, ob er nicht unten bleiben will, aber er sieht nicht so aus, als wollte er aufgeben. Wir steigen über alte Plastiktüten, zerborstene Flaschen und Kot. Wollte der unerklärliche Gott, dass ausgerechnet hier ein Wunder geschieht?

Frau Mary Jeremies kommt uns entgegen. Sie hat ihr schönstes weißes Kleid angezogen. Die Schwestern der Mutter Teresa, die sich im Slum um die Ärmsten der Armen kümmern, haben ihr unseren Besuch angekündigt. Sie führt uns zu einer Steintreppe. Darunter hängen Wäscheleinen, daneben steht unter der eigentlichen Hütte der Familie noch ein offener Verschlag. Kelvin Jeremies, in seinem Sonntagsanzug und seine schick gestylte Freundin, die in Europa wahrscheinlich einen Modellvertrag bekäme, sitzen vor einem Röhrenbildschirm und verschicken gerade E-Mails. Der Computer unter dem Tisch sieht so aus, als hätte er schon geraume Zeit auf einer Müllkippe gelegen, scheint aber zu funktionieren. Wie sie wohl den Strom in den Slum bekommen? Frau Jeremies führt uns nach oben in die Bretterbude, wo sie an einem einfachen, aus Holzkisten gezimmerten Tisch einen Imbiss aufgebaut hat. Wasser und Saftflaschen stehen bereit, es ist unerträglich heiß, obwohl die Fenster geöffnet sind. Überall hängen Poster von Papst Johannes Paul II. Frau Jeremies beginnt, ihre Geschichte zu erzählen. Genau in diesem Augenblick steigt meine Hochachtung für den alten, schwarzen Bischof gewaltig. Es war unübersehbar, dass er dies alles hier auch als seine Schuld empfand, als sein Versagen; als hätte er diese Insel retten und Frauen wie Mary Jeremies vor einem so erbärmlichen Elend bewahren können. Waren sie doch meilenweit davon entfernt, auch nur annähernd die Möglichkeit zu haben, ein frohes Leben, auch ein Leben nach den Vorstellungen der Kirche leben zu können, eben weil junge Frauen wie Mary Jeremies nie eine Chance bekommen hatten. Sie konnten nur versuchen, am Leben zu blieben und ihre Haut so teuer wie möglich an den nächsten Mann zu verkaufen, um wenigstens Schutz für sich und ihre Kinder zu bekommen. Die Insel, die auf Besucher wie ein spaßiges Paradies wirken kann, war das in Wirklichkeit nie. Möglicherweise haben heute junge Männer die Gelegenheit, einfach in den Tag zu leben, Frauen auf Saint Lucia hatten das nie. Meine Bewunderung für die sorglos am Strand abhängenden Herren verging mir ganz schnell, die Wahrheit über das Leben auf dieser Insel stand im Gesicht von Mary Jeremies. Sie ist in einer bitterarmen Familie aufgewachsen, konnte nicht in der Großfamilie der Eltern bleiben, schon als Jugendliche tat sie sich mit einem Mann zusammen. Sie bekam schließlich von verschiedenen Männern sechs Kinder, der Jüngste war Kevin. »Ich hatte schon fünf Kinder und wusste, als Kevin geboren wurde, dass etwas nicht stimmte mit ihm. Von Anfang an konnte er nicht richtig atmen, er war zu schwach, um die Brust zu nehmen; ich habe alles Mögliche versucht, um ihn zu ernähren, aber er konnte sich nicht aufrecht halten, er konnte nicht schlucken. Ich bin ins Krankenhaus gegangen zu Dr. Simmons, immer wieder, das Kind bekam dort Sauerstoff. Aber der Doktor hat mir keine großen Hoffnungen gemacht, Kevin lag immer nur auf dem Rücken, er schwoll oft blau an im Gesicht, dann brachte ich ihn wieder ins Krankenhaus, so ging das Monat um Monat. Ich sah in den Augen der Ärzte, wenn ich Kevin brachte, dass sie ihm nicht wirklich helfen konnten. Als ich hörte, dass der Papst kommen würde, hab ich mir ein schönes Kleid genäht. Ich wollte bei der Heiligen Messe dabei sein, am Meer, ich sollte dort mit unserem Kirchenchor singen. Aber dann kam dieser Traum.«

»Was für ein Traum?«, fragte ich die freundliche Frau, die mir ständig Wasser nachschenkte.

»Ich habe geträumt, dass ein Mann nach Saint Lucia kommen würde, ein Mann, der Kelvin helfen würde. Mehr wusste ich nicht, in dem Traum habe ich nur das erfahren. Ich weiß nicht mehr, von wem oder wieso, aber ich sagte zu dem Mann, mit dem ich damals lebte: ›Ein Mann ist unterwegs hierher, ein Mann, der Kelvin helfen wird.‹ Ich weiß nicht mehr genau, wann das war, ein paar Tage oder ein, zwei Wochen vor dem Papstbesuch. Aber ich hatte nicht verstanden, dass der Papst gemeint war. Ich wollte gar nicht in die Kirche zu ihm gehen, wo die Kranken auf ihn warteten, um ihn zu treffen. Ich wollte singen, ich hatte das ganz fest vor, Kevin sollte bei seinen Geschwistern zu Hause bleiben. Dann, ich weiß wirklich nicht mehr, warum, dachte ich: Vielleicht ist der Papst der Mann, der kommen soll. Ich war mir nicht sicher, aber ich habe dem Pfarrer gesagt, dass ich nicht zu der Messe kommen und auch nicht singen werde, ich wollte mit Kevin zum Papst. Aber ich wusste nicht, wie, ich hatte ja keine Karte. Die Diözese sagte mir, dass nur Gläubige, die sich vorher angemeldet hätten, eine Karte bekommen würden, um in die Kirche zu gehen, wenn der Papst kam. Ich bin trotzdem hingegangen. Ich habe mit den Polizisten geredet und mit den Pfarrern, und ich hatte ja Kevin auf dem Arm, der kaum noch Luft bekam. Er schien wieder ganz blau zu werden. Schließlich habe ich mich durchgesetzt, ich habe es doch noch in die Kirche geschafft. Ich hab mit den anderen Frauen am Altar gewartet, und dann kam der Papst. Er ging durch den Mittelgang und kam auf einmal genau auf mich zu. Ich konnte mich nicht rühren vor Überraschung, ich dachte die ganze Zeit: O Gott, der kommt tatsächlich zu dir, und du hast dir gar nichts überlegt, was du ihm sagen kannst. Er stand auf einmal vor mir. Er küsste Kevin und segnete ihn. Ich stotterte nur: Danke. Dann bin ich nach Hause gegangen. Ich habe auf dem Rückweg gesungen, ich war nicht mehr traurig. Zu Hause, es war ja schon abends, legte ich Kevin in sein Bettchen und streichelte ihn; dann habe ich gebetet und gebetet, weil ich hoffte, vielleicht war ja der Papst jener Mann, der kommen würde.

Aber in dieser Nacht besserte sich sein Zustand nicht, er bekam immer noch fast keine Luft, und ich überlegte, ihn wieder ins Krankenhaus zu bringen; dann schlief er ein. Am nächsten Morgen ging ich hinunter unter die Hütte, da, wo Sie angekommen sind. Ich habe die Wäsche aufgehängt, plötzlich schrien die Kinder: ›Mama, Mama, komm! Kevin ist aus dem Bett geklettert, er kommt zu dir gelaufen. Ich dachte, sie wollen mich veralbern, dann sah ich Kevin, das Kind lief mir entgegen, und als ich ihn in den Arm nehmen wollte, lief er die Treppe wieder hinauf, als wollte er Fangen spielen. Ich bin auf die Knie gesunken und habe gebetet: Was ist das für ein Glück, ein Wunder zu erleben. Bekannte haben schließlich Dr. Simmons informiert, er konnte es nicht glauben, ich habe ihm dann am Telefon gesagt, dass Kevin plötzlich laufen kann, er konnte es mir nicht glauben.«

Ihre Augen strahlten, als uns Mary Jeremies auf den Weg hinunter begleitete, auch Kevin kam mit, und als wir unten waren, nahm der junge Mann mich beiseite. »Der Papst«, fragte er, »sagen Sie mir doch, was war das für ein Mann.«

»Ich versuche seit langer Zeit, das herauszufinden«, antwortete ich ihm. »Aber in einem bin ich mir sicher: Er hat nie daran gezweifelt, dass Gott Unglaubliches vollbringen kann.«

Der zornige Mann aus dem Vatikan

Neapel, März 2004. Der Carabinieri-Offizier schob eine wie poliertes Messing glänzende Patrone vor sich auf seinem Schreibtisch von links nach rechts. Er hatte sie per Post geschickt bekommen, eingewickelt in einen Drohbrief, eine weitere Warnung, nichts Ungewöhnliches im Kampf gegen die neapolitanische Mafia Camorra. In den zwei Jahren, in denen ich die Geldwäsche-Affäre Cheque-to-Cheque recherchierte, hatte ich viele dieser Offiziere kennengelernt. Sie machten einen der härtesten Jobs der Welt: Krieg zu führen gegen die Camorra, und es war ein richtiger Krieg; nicht zwei und nicht zwanzig, zweihundert Tote pro Jahr waren in diesem Krieg normal. Ich weiß noch, dass irgendein Gefangener in der Zelle der Kaserne, ganz in der Nähe auf dem Flur, randalierte und der Offizier mich plötzlich anlächelte.

»Dein Papst hat es ja wieder mal geschafft; jetzt hat die Camorra wieder richtig Angst vor ihm. Der Typ da, den du randalieren hörst, der hat sich bitter beschwert. Die Gangster können einem regelrecht leidtun, jetzt schickt der Papst schon Heilige gegen sie.«

»Wie bitte?«, fragte ich ihn.

»Wir habe diesen Camorra-Gangster beim Handel mit ein paar Kilogramm Kokain erwischt, und er sagte mir: ›Mein lieber Herr Offizier, was sollen wir in der Camorra denn machen? Ihr wollt nicht, dass wir Geschäfte machen, ihr wollt nicht, dass wir den Leuten Arbeit geben, ihr wollt nicht, dass wir uns verteidigen – und jetzt schickt der Papst auch noch einen Heiligen gegen uns los. Das ist doch nicht gerecht.‹« Er lachte mich an. »Die Jungs tun mir wirklich beinah leid.«

»Ich verstehe kein Wort.«

»Der zornige Mann aus dem Vatikan soll wieder zugeschlagen haben.«

Ich musste lächeln, sie nannten ihn in Süditalien immer noch so. »Den zornigen Mann«, wie wenig Zorn war in diesem Mann übrig geblieben. Ein schwacher Papst, dessen Hände zitterten, saß da auf dem Petersplatz, und sein Blick wollte die ganze Zeit den Pilgern und den Zuschauern aus aller Welt nur sagen: »Entschuldigt bitte, ich kann einfach nicht mehr, ich kann euch nur noch eines zeigen, dass ich mein Leben längst in Gottes Hand gelegt habe.« Aber auch wenn er jetzt ein schwacher Mann war, sie hatten hier im Süden den zornigen, starken Papst vom 9. Mai 1993 nicht vergessen, vor allem die nicht, die im Krieg gegen die Mafia standen (siehe Bildteil). Damals hatte er die Gangster regelrecht angeschrien. Er hatte sie angebrüllt, während der Messe. »Ich wende mich jetzt an die Verantwortlichen«, und er hatte die Mafiosi gemeint, »gesteht eure Schuld ein, kehrt um«, hatte er gefordert, und dann war das Unfassbare geschehen. Einige wichtige Bosse, darunter der »Pate« der Camorra, Carmine Alfieri, der Mann, dessen Privatbesitz auf über 1,2 Milliarden US Dollar geschätzt wurde, der zu den reichsten Menschen der Welt gehörte, hatte beschlossen, dem Ruf des Papstes zu folgen. Er hatte begonnen, im Gefängnis auszupacken. Er hatte begonnen, das Schlimmste aller Verbrechen nach dem Ehrencodex der Mafia zu begehen: Verrat – und er hatte gewusst, dass dies das sichere Todesurteil für viele in seiner Familie bedeuten würde. Er sagte aus. Er erklärte, wie die Camorra wirklich funktionierte. Die Rache der Gangster dafür war entsetzlich: Carmine Alfieris Sohn Antonio wurde hingerichtet, dann töteten die Gangster seinen Bruder, zwei Neffen und seinen Schwiegersohn Vincenzo Giugliano. Der knallharte Gangsterboss Alfieri hatte eine Organisation befehligt, die zwischen 1983 und 1993 mehr als fünfhundert Morde begangen haben soll, und er beugte sich dem Wort eines Mannes aus dem polnischen Dorf Wadowice, Karol Wojtyla. Er beugte sich dessen leeren Händen, seiner Machtlosigkeit und seinem Glauben an Gott.

Auch wenn die Carabinieri es nicht gern zugaben, ein klein wenig beneideten sie den Papst um diesen Erfolg. Schließlich hatten sie alles versucht, um Alfieri umzudrehen, um Druck auf ihn auszuüben. Sie hatten es geschafft, ihn im Jahr 1992 zu verhaften, aber den Bann des Bösen gebrochen hatte der Papst. Der Papst hatte den Paten dazu gebracht, auszupacken, und der Camorra damit ein echtes Problem beschert. Nach den Aussagen Carmine Alfieris wanderten mehr als vierhundert verdächtige Gangster in den Knast. Das hatte der zornige Mann aus dem Vatikan erreicht, und ich weiß, dass die Carabinieri sich oft fragten, was dieser Papst eigentlich hatte, was sie nicht hatten. Wieso konnte die Stimme eines Karol Wojtyla, über dessen Ansichten seine Kritiker nur müde lächeln konnten, erreichen, was ein gigantischer Apparat von Justiz und Polizei nicht hatte schaffen können? Und dieser Mann hatte jetzt einen Heiligen geschickt?

»Was für einen Heiligen?« Ich verstand immer noch nicht.

»Der Papst soll ein Wunder gewirkt haben.«

»Wunder wirkt nur Gott«, widersprach ich.

»Okay, dann soll der liebe Gott ihm eben den Gefallen eines Wunders getan haben, auf jeden Fall soll er einen totkranken Priester geheilt haben, und dann ...«

»Was dann?«

»Dann hat er diesen Priester ausgerechnet der Camorra auf den Hals gehetzt. Was meinst du, wie die Gangster das finden?«

Ich konnte es mir vorstellen: Die Mafia in Italien, sowohl die sizilianisch-amerikanische Cosa Nostra als auch die Camorra Neapels hatten immer einen starken Bezug zur Kirche gehabt. Sie sahen sich nicht als das, was sie wirklich waren, eine kriminelle Organisation, sondern als eine Alternative zum Staat. Für einen Arbeitslosen in Neapel war es vollkommen normal, sich nicht an das Arbeitsamt, sondern an die Camorra zu wenden. Das Gleiche galt, wenn man dringend ein Bett im Krankenhaus brauchte, einen Ausbildungsplatz für die Kinder oder eine bezahlbare Wohnung. Die Camorra ist nicht ein Problem, weil sie eine Organisation von Verbrechern ist, die Camorra ist ein Teil der Kultur, die mit Süditalien verbunden ist, und sie macht immer dann Geschäfte, wenn Menschen vom Staat allein gelassen werden. Ein Vater, dessen Tochter etwas angetan wurde, würde nicht zur Polizei gehen, um Hilfe zu erbitten, sondern zur Camorra. Aber die Kirche, das Heilige, bekämpften die Verbrecher nur sehr ungern, sie hatten Kontakt zu Priestern ihres Vertrauens, viele beichteten regelmäßig und organisierten eigene Prozessionen, die für die Mitglieder der Camorra gedacht waren. Eine der berühmtesten Prozessionen der Mafia war die Prozession des Heiligen Onofrius in Vibo Valentia, südlich von Neapel.

Dort beanspruchten die bekannten Mafia-Bosse das Recht, die Statue des Heiligen zu tragen, bis der Bischof von Milet einschritt. Jetzt dürfen nur noch unbescholtene Bürger die Figur tragen.

»Bist du dir sicher?« fragte ich erneut. »Du meinst, der Papst habe ein Wunder erwirkt und einen Mann geheilt, der an die Front gegen die Camorra geschickt wurde? Einen Helden?«

»Ja«, sagte er, »ganz genau. Frag mich nicht, wer das ist. Die Gangster sagen es niemandem, sie jammern nur, dass der Priester ihnen das Geschäft kaputt macht. Der alte Mann aus dem Vatikan hat wieder zugeschlagen. Ist er eigentlich nur gegen die Mafia so zornig?«

»Ach, Quatsch! Gerade gegen seine eigenen Leute kann er noch viel zorniger sein.« Ich erzählte ihm von dem Tag in Afrika, den keiner seiner Mitarbeiter vergessen würde. Nie hat Papstfotograf Arturo Mari schönere Bilder gemacht (siehe Bildteil). Ein Bischof wollte dem Papst in der Wüste Afrikas den Neubau einer Kirche zeigen, doch Karol Wojtyla sah eine armselige Hütte am Weg stehen. Er ging auf die Hütte zu, und der völlig überraschte Bewohner schaute heraus. Arturo Mari stand damals direkt neben dem Papst: »Johannes Paul II. nahm eine Kiste, die vor der Hütte stand, so eine Art alte Obstkiste, er drehte sie um und setzte sich darauf, dann stellte er eine zweite Kiste vor sich, wie einen Tisch. Dem Fahrer sagte er, er sollte die Getränke aus dem Auto holen, die für ihn und den Bischof in den Dienstwagen gelegt worden waren. Der Fahrer kam mit einer Flasche Orangensaft wieder. Dann schaute ein erstes Kind schüchtern aus dem Eingang der Hütte, dann ein zweites, dann ein drittes, schließlich waren es sieben. Der Papst machte ihnen ein Zeichen, sie sollten zu ihm kommen, und bald sprangen sie um ihn herum, sie spielten mit seinen weißen Rockschößen. Er nahm sie in den Arm, drückte sie, ließ sie um seine Beine herum spielen. Die weiße Soutane sah nach kurzer Zeit völlig fleckig aus. Er bot ihnen Fanta an, und der Familienvater erzählte ihm, wie er jeden Tag aufs Neue versuchte, diesen einen Dollar am Tag zu verdienen, um nicht verhungern zu müssen.« An diesem Tag leerte der Papst seine Tasche, und er zwang den Bischof, das Gleiche zu tun, sie gaben dem Mann das Wenige, das sie bei sich hatten. Auf dem Weg zurück nahm Karol Wojtyla sich den Bischof zur Brust. »Kümmern Sie sich um Ihre Leute, und wenn Sie Hilfe brauchen, dann kommen Sie direkt zu mir«, befahl er ihm. Es war Karol Wojtyla, der schon 1984 die päpstliche Stiftung für die Sahelzone in Afrika gegründet hatte.

»Gegen seine eigenen Leute kann er ganz schön zornig werden, wenn sie sich nicht um die Menschen kümmern, weil er die Menschen liebt, mehr als sich selbst. Das kannst du jeden Tag auf dem Petersplatz sehen«, wiederholte ich für meinen Gegenüber. »Aber hast du wirklich keine Ahnung, wo dieser Priester sein könnte, der das Wunder erlebt haben soll?« Er versprach, sich zu erkundigen.

Wer ist es?

Als ich zurück in Rom war, kontrollierte ich die Listen der Audienzen, ich checkte die Namen aller Priester aus dem Großraum Neapel, die in letzter Zeit beim Papst gewesen waren. Es gab ja nur eine Erklärung. Der Mann musste schwer krank gewesen sein und nach dem Treffen mit dem Papst auf seltsame Weise seine Gesundheit wiedererhalten haben. Also musste ich nur nach kranken Priestern aus dem Großraum Neapel suchen. Alle Kranken, die an päpstlichen Audienzen teilnehmen, vor allem wenn sie Priester sind, haben das Recht, in einen ganz bestimmten Sektor auf dem Petersplatz oder in der Audienzhalle Papst Paul VI. zu gelangen; nach der Audienz kommt der Papst normalerweise zu ihnen, im Jahr 2004 konnte er das aber schon lange nicht mehr, die Kranken wurden deshalb nach der Audienz zu ihm gebracht. Ich kontrollierte Name um Namen, fand auch einige Priester aus Neapel, die beim Papst gewesen waren, aber alle, die ich entdeckte, waren entweder gesund oder vor der Papstaudienz krank gewesen, und danach waren sie es immer noch. Ich wandte mich an Papstfotograf Arturo Mari, fragte ihn, ob er sich an eine Gruppe Priester aus Neapel in einer Privataudienz erinnern könne, unter denen auch kranke Priester gewesen seien. Er nannte mir nur die Gruppen, die ich schon kontrolliert hatte, aber ich konnte keinen kranken Priester finden, der nach dem Zusammentreffen mit dem Papst gesund geworden war. Nichts.

Es war natürlich denkbar, dass der betroffene Priester zwar sehr schwer krank war, aber vielleicht konnte man ihm seine Krankheit nicht ansehen. Er hatte sich möglicherweise gar nicht in den für Kranke reservierten Sektor bringen lassen und ganz unbemerkt an der großen Generalaudienz oder einer der Privataudienzen teilgenommen. Ich kontrollierte noch einmal die Namen aller Priester aus dem Raum Neapel. Nichts.

Mist, dachte ich, entweder hatte der Carabinieri-Offizier die Camorra missverstanden, und es gibt den Heldenpriester gar nicht, oder die Camorra glaubt an einen Wunderpriester, der gar nicht existiert, oder aber ich hatte ihn schlicht und einfach noch nicht gefunden. Ich rief noch einmal meinen Carabinieri-Freund an und fragte ihn, ob er noch irgendetwas über den Priester herausgebracht hatte, aber er konnte mir nicht helfen. »Tut mir leid. Mehr weiß ich nicht, aber glaube mir, die Geschichte stimmt. Die halbe Camorra flucht auf diesen Heiligen. Doch die werden uns niemals sagen, wer das ist.«

Ich hatte jetzt nur noch eine Chance: Francesco, den einzigen Camorra-Gangster, den ich gut genug kannte, um ihm eine Frage zu stellen. Francesco hatte sich umdrehen lassen und gehörte zum Kronzeugenschutzprogramm. Ich dachte damals, dass Kronzeugen in ständiger Angst vor der Rache der Mafia in bunkerähnlichen Wohnungen lebten, bewacht von einer ganzen Armee bis an die Zähne bewaffneter Soldaten. Als ich Francesco zum ersten Mal sah, schlief er in einem abgenutzten Trainingsanzug auf dem Sofa vor dem Fernseher in der Wohnung eines Carabinieri-Offiziers nach einem ausgiebigen Mittagessen und schnarchte laut und zufrieden. Francesco lebte in der Carabinieri-Kaserne, zu seinem Schutz. Er schlief in dem Besprechungsraum oder in der Arrestzelle der Kaserne, wenn sie nicht gerade gebraucht wurde, frühstückte mit den Carabinieri Unmengen süßer Hörnchen in deren Dienstzimmern und schaute abends mit den diensthabenden Beamten Fernsehen. Zum Essen ging er hoch in die Wohnung des »Masciallo«, des Unteroffiziers, dessen sexy Gattin ausgezeichnet kochte. Wenn er sich langweilte, spielte er mit den Carabinieri Karten. Ab und zu liehen auch andere Dienststellen den Kronzeugen aus. Er musste Verdächtige identifizieren, was er fast nie konnte, und immer und immer wieder die Einzelheiten seiner Dienste für die Gangsterkartelle schildern. Er war durch das Leben in der

Kaserne dick geworden und hatte schon in reichlich Prozessen ausgepackt, aber er war natürlich ein kleiner Fisch gewesen. Meine Frau Kerstin hatte einmal einen richtig großen Fisch aus dem Kronzeugenschutzprogamm kennengelernt, einen sizilianischen Mafiaboss und Killer, und dessen Leben im Kronzeugenschutzprogramm war weit weniger beschaulich gewesen.

Francesco hatte mit Geldwäschegeschäften zu tun gehabt, und sein Trick war so simpel, dass ich immer fürchtete, Nachfolgetäter könnten das leicht nachmachen. Er besorgte sich aus dem Internet Vordrucke von Bankzertifikaten. Auf denen sicherte eine Großbank zu, dass der Besitzer dieses Bankzertifikates auf einem Konto irgendwo auf der Welt, meistens in Arabien oder auf den Cayman-Inseln, gigantische Beträge, etwa 500 Millionen US-Dollar, hinterlegt habe. Francescos Job war, sich einen schicken Anzug zu besorgen und ein schickes Auto und in Europa eine kleine Sparkassenfiliale aufzusuchen, meistens in Deutschland. Dann marschierte Francesco in die Sparkasse und mietete ein Schließfach, völlig legal. Er ließ sich von dem Sparkassenmitarbeiter eine Quittung geben, auf der stand, dass in diesem Schließfach der Sparkasse soundso ein Bankzertifikat aufbewahrt werde, welches besagte, dass der Halter des Schließfaches irgendwo auf der Welt Summen in Höhe von 500 Millionen US-Dollar deponiert hatte. Das war der Ursprung des Betrugs. Damit war Francescos Job erledigt. Die Gangsterbande ging mit einer solchen Quittung über Schließfächer in einer Sparkasse schließlich zu Großbanken. Sie legten die Quittungen der seriösen kleinen Sparkassen auf den Tisch und ließen sich einen Kredit geben über bescheidene 1 oder 2 Millionen Dollar, angesichts der Sicherheiten von 500 Millionen Dollar also nur Kleingeld. Mit dem Geld verschwanden sie dann auf Nimmerwiedersehen. Sobald der Großbank Zweifel kamen, wandte sie sich an die kleine Sparkasse und fragte, ob da auch wirklich im Tresor als Sicherheit ein Bankenzertifikat über eine Riesensumme liege. Die Angestellten der kleinen Sparkasse bestätigten das dann. Was sie aber meistens verschwiegen, war, dass sie noch nie in ihrem Leben ein solches Bankenzertifikat gesehen hatten und deshalb auch keine Ahnung hatten, was da eigentlich in ihrem Tresor lag. Wenn es nach ein paar Monaten richtig Ärger gab, wollte die Großbank von der Sparkasse das hinterlegte Bankenzertifikat sehen, – und dann knallte es. Die Großbank wollte wissen, wie die Sparkasse hatte so einfältig sein können, schriftlich zu bestätigen, dass in ihrem Tresor ein solches Zertifikat liege, ohne es zu prüfen. So musste ja eine Bank auf diese angebliche Sicherheit hereinfallen und glauben, dass sie echt sei. Die Sparkasse hätte zugeben müssen, dass sie ein Schließfach vermietet hatte, ohne zu wissen, ob die Papiere, die darin lagerten, echt waren oder nicht. Was mich an diesen Fällen immer am meisten faszinierte, war, dass die geschädigten Banken lieber den Schaden von ein paar Millionen Dollar schluckten als öffentlich zuzugeben, dass sie hereingelegt worden waren. Die Banken stellten fast nie eine Strafanzeige, die Täter konnten meistens straffrei entkommen und die Kassen der Camorra füllen.

Weil Francescos Frau sich schon vor langer Zeit von ihm getrennt hatte und seine Eltern tot waren, wusste der Kronzeuge nicht so recht, wohin, und als ich das nächste Mal einen Abstecher nach Neapel machte, lag er immer noch oder schon wieder auf dem Sofa des Carabinieri-Offiziers und schnarchte. Ich wartete geduldig, bis er von allein aufwachte, dann machte ich ihm in der Küche einen Kaffee und erklärte ihm, was ich wollte.

»Ein Wunder?«, fragte er.

»Ja«, sagte ich, »der Priester, den ich suche, soll ein Wunder erlebt haben. Vermutlich war er sehr krank, und nach dem Besuch beim Papst nicht mehr.«

»Und die Camorra weiß davon?«

»Ja, ich bin mir absolut sicher, dass sie von diesem Mann wissen.«

»Und ihn nicht gerade mögen, das ist schon klar. Wer legt sich schon gern mit einem Heiligen an?«, stöhnte Francesco.

»Könntest du dich umhören?«, fragte ich ihn und wusste ganz genau, was er jetzt antworten würde: einen endlos langen Schwall an Beteuerungen, dass er mit den Gangstern nichts mehr zu tun habe, keinen mehr kenne und mit niemandem mehr spreche, dass er ein neues Leben angefangen habe, dass er jetzt auf der Seite des unbescholtenen Staatsbürgers wandele und nie, nie wieder etwas mit der Camorra zu schaffen haben werde. Das war natürlich alles Unsinn, für Menschen wie Francesco war ein wirklicher Schnitt, eine klare Trennung von der Camorra gar nicht möglich, selbst wenn er das wirklich mit aller Kraft gewollt hätte. Sein Vorsatz, nie wieder mit Menschen zu tun haben zu wollen, die zur Camorra gehörten, war undurchführbar, weil sein Bruder zur Camorra gehörte, ebensogut wie alle seine Tanten, die ihre Rente durch Schmierestehen aufbesserten, und so gut wie alle Neffen und Nichten. Deswegen musste er auch in der Polizeistation leben, denn: Wie sollte eine solche Familie einen Kronzeugen, also einen Verräter, bei sich zu Hause aufnehmen?

Nachdem Francesco sein Bekenntnis zum Staatsbürger

heruntergebetet hatte, fragte ich ihn noch einmal: »Also, mein Lieber, ich weiß ja, wie unglaublich sauber du jetzt bist, aber tu mir bitte den Gefallen und hör dich um.«

Er knurrte unwillig, und ich ging hinaus. Ich besuchte ein paar Freunde in Neapel, fuhr dann am Abend des nächsten Tages zurück nach Rom. Auf dem Weg machte ich einen kurzen Abstecher in die Kaserne von Francesco. Er saß in dem dreckigen Jogginganzug in der Zelle, die Tür stand auf, und blätterte in einem Pornoheft. Er sah auf die Luxuspackung Kekse und die Stange Zigaretten, die ich ihm mitgebacht hatte. Eines der vielen Details, die ich in Italien lernen musste, war, dass süditalienische Gangster nicht saufen. Wenn ich einem deutschen Gangster etwas hätte mitbringen müssen, dann eine gute Flasche Cognac oder Whisky; das kam im Umfeld der Camorra nicht an, Luxus-Kekspackungen waren weit willkommener.

Ich setzte mich zu ihm in die Zelle, legte die Zigaretten zur Seite und sah ihn an.

»Und?«, fragte ich.

»Der Papst hat ein Wunder gewirkt, es ist wirklich wahr. Ein Wunder, ein großes Wunder.«

»Okay. Und, wo ist der Priester?«

Er schüttelte den Kopf. »Keine Ahnung, das scheint eine ziemlich heikle Geschichte zu sein, weil die schweren Jungs keinen Ärger mit dem Priester haben wollen.«

»Weißt du noch etwas?«

»Nein.«

Ich nahm meine Zigaretten wieder an mich, schnappte die Kekspackung und wollte aus der Zelle gehen.

Da stand er langsam auf, das heißt, er wälzte sich mit seinem Gewicht von der Pritsche.

»Und?«, fragte ich. Er nahm mir die Stange Zigaretten

und die Kekspackung ab. »Er saß im Rollstuhl, der Pfarrer, den du suchst; und nachdem der Papst das Wunder gewirkt hat, kam er zurück nach Neapel. Auf seinen eigenen Beinen.«

Die Wochen, die folgten, gehörten zu den frustrierenden dieses Jahres 2004. Ich wusste jetzt endlich, wonach ich zu suchen hatte, und tat das mit größtmöglicher Sorgfalt. Ich kontrollierte jeden Priester, der in den vergangenen Monaten jemals im Rollstuhl zum Papst gebracht wurde. Auch wenn die Menschen mich für völlig verrückt hielten, ich recherchierte jeden einzelnen Fall. Die Gespräche liefen immer gleich ab: Ich erkundigte mich am Telefon nach der Gesundheit eines kranken oder gehbehinderten Priesters, der im Rollstuhl an einer Papstaudienz teilgenommen hatte, und versuchte so diskret wie möglich die Frage zu stellen, ob sich zufällig eine dramatische Besserung seiner Gesundheit ereignet hatte. Die meisten Haushälterinnen oder Mitarbeiterinnen der Pfarreien dachten, ich hätte einen Vogel. »Sie wollen wissen, ob der Monsignore noch im Rollstuhl sitzt? Ja, was denken Sie denn, wo der sitzt? Auf einem Motorrad?« Ich überprüfte jeden Einzelnen: Nichts.

Leo und der Papst

Ich ging wie immer in diesem Jahr 2004 regelmäßig zu den Audienzen von Papst Johannes Paul II., und es war berührend, wie sehr sie sich verändert hatten. Jahrzehntelang war der Papst ein Lehrer gewesen, er hatte die Heilige Schrift ausgelegt, von seinen Reisen berichtet, über Ungerechtigkeiten in der Welt geredet. Jetzt saß er da, stumm, wie ein

Fels gewordenes Gebet. Mir wurde gestattet, meinen Sohn mitzubringen, der ging damals noch nicht in die Schule, und ab und zu nahm ich ihn zu Audienzen mit. Einmal sah der Papst mich mit meinem Kind, und er winkte uns. Ich ging mit dem damals fünfjährigen Leonardo zu dem Mann mit dem wächsernen Gesicht, wir standen vor ihm, er hob die Arme und sah mich an, in dem Blick stand: Ich kann ihn nicht mehr zu mir auf den Schoß heben, hilf mir! Und ich hob Leo hoch, Karol Wojtyla schlang seine Arme so fest, er konnte, um meinen vor Freude kichernden Sohn und küsste ihn. Es war unglaublich, wie der müde Blick des Karol Wojtyla aufwachte, sobald er das Kind in den Armen hatte. Es war, als hätte er das Leben selber im Arm, er drückte Leonardo und hielt ihn, als könnte der kleine Junge dem alten Papst Trost spenden. Er sah mich an diesem Tag lange an, und ich kann den Blick bis heute nicht vergessen. Darin lag nicht mehr die Strenge der ersten Jahre, der stumme Vorwurf, wenn ich schlecht über die katholische Kirche geschrieben hatte, und auch nicht mehr der Blick des schalkhaften, des belustigten Papstes und auch nicht mehr jener des bedingungslosen Durchhaltewillens. Und an den konnte ich mich noch genau erinnern. Als er uns aus Anlass der hundertsten Auslandsreise im Vatikan empfangen hatte, jene, die oft dabei gewesen waren, da hatte er noch diesen Ausdruck in den blauen Augen gehabt, der zu sagen schien: Achte nicht auf meine zitternde Hand und meine Beine, die schwer geworden sind, achte auf meinen Willen, und der ist nicht gebrochen.

Aber jetzt war ein anderer Blick in seinen Augen, und dieser Blick sagte: »Sei ein guter Vater für dieses Kind, kümmere dich. Du wirst ohne meine Mahnung auskommen müssen. Du bist jetzt dran, meine Zeit ist abgelaufen.

Ich kann es nur noch in deine Hand legen, das zu tun, was ich gepredigt habe, ich habe die Kraft nicht mehr. Du bist jetzt dran.« Aber selbst an diesem Tag stand in den Augen dieses Papstes noch etwas anderes, als wollte er, der Sterbenskranke, mich trösten. Seine Hände, die meinen Sohn streichelten, schienen das zu sagen, was er gesagt hatte, seitdem sie ihn gewählt hatten: Habt keine Angst! Und ich weiß nicht, ob ich je an einem anderen Tag meines Lebens mehr geschenkt bekommen habe.

Als wir zu Hause waren, ging mein Sohn in sein Kinderzimmer und sagte: »Er hat mir ein Küsschen gegeben, und ich male jetzt ein Bild für ihn.« Ich habe das Bild später noch mit Leonardo in den Vatikan gebracht, und der Papst hat wie zur Erinnerung seinen Namen darauf geschrieben. Vielleicht ist es auch das, was Karol Wojtyla so einzigartig machte. Ich weiß genau, dass alle Kunstwerke der Genies von Michelangelo und Raffael, alles, was ihn im Vatikan tagtäglich umgab, keine Chance hatten gegen das Bild eines Kindes für ihn. Ich habe ihn oft in den von Raffael ausgemalten Loggien gesehen, aber nie hat er für die alten wundervollen, perfekten Bilder so viel Interesse aufgebracht wie für jedes einzelne der abertausenden Kinderbilder, die er stapelweise in den Audienzen bekam. Oft sprach er ganz ernst mit kleinen Kindern über ihre Werke. Er fragte sie: »Da auf dem Bild, wer ist das denn?«

»Na, das bist du«, sagten sie dann oft.

»Ach so, das ist der Papst, und das da, ist das eine Kirche? Wo der Papst ist, muss ja auch eine Kirche sein.«

»Klar« sagten die Kinder dann. Ich höre auch noch, wie mein Sohn sein Bild erklärte: »Das ist die ganz große Bing-Gong in Rom, die Kirche, die Bing-Gong macht.«

»Ach, das ist der Petersdom, jetzt verstehe ich es«, sagte

Karol Wojtyla, als hätte er nie in seinem Leben etwas Wichtigeres zu tun gehabt, als mit diesen Kindern zu sprechen. Jedes Mal, wenn ich das gesehen habe, dachte ich das Gleiche: Einen großen Mann kann man daran erkennen, dass er die Kleinen nicht vergisst.

Warum ich?

Ich versuchte in dieser Zeit erfolglos, die ständigen Teilnehmer an den päpstlichen Audienzen zu fragen, ob sie sich an einen Priester im Rollstuhl erinnern konnten, der aus Neapel gekommen war. Der Chef der Präfektur des päpstlichen Hauses, James Michael Harvey, der an allen Audienzen teilnahm, redete grundsätzlich mit niemandem, der Organisator der päpstlichen Audienzen, der offizielle Protokollchef, Pater Leonardo Sapienza, wollte ebenfalls keine Auskunft geben. So langsam hatte ich das Gefühl, einem Phantom nachzujagen. Ich rief in der Carabinieri-Kaserne an, und ein genervter Soldat gab mir schließlich Francesco, der sich ungern beim Fernsehen stören ließ. Ich fauchte ihn an, dass die Informationen falsch seien, dass kein Priester aus Neapel in einem Rollstuhl in letzter Zeit beim Papst gewesen sei. Francesco sagte nur, dass es sowieso zu spät sei, der Priester sei verschwunden, nach Afrika. Ich glaubte ihm kein Wort, ich dachte, er wollte nur einen Priester, den es niemals gegeben hatte, in Afrika verschwinden lassen.

Ich rief aufgebracht den Carabinieri-Offizier an.

»Diesen Anti-Camorra-Priester hat es nie gegeben. Richtig? Entweder hat euch die Camorra was eingeredet, oder ihr habt es euch selber eingeredet.« Dann musste ich erst einmal eine ganze Menge Häme ertragen.»Mann, du bist vielleicht ein mieser Journalist, das hätte ich nie gedacht. Was machst du eigentlich die ganze Zeit, liegst du immer nur auf der faulen Haut? Deine Konkurrenten haben ihn längst gefunden.«

»Was?« Ich war entsetzt.

»Sie nennen ihn Don A., er mag Don Antonio oder Don Andrea oder was weiß ich, wie, heißen. Auf jeden Fall will er über das Wunder nicht sprechen, zumindest jetzt nicht, das hat er deinen Kollegen mitgeteilt, und dann ist er abgezwitschert, nach Afrika. In Neapel ist er bestimmt nicht mehr. Du bist diesmal viel zu spät, deine Kollegen waren viel schneller. Er soll übrigens erst in einem Rollstuhl gesessen haben, und dann plötzlich konnte er wieder gehen. Wer weiß, ob er je wiederkommt, aber die Geschichte kannst du vergessen.«

Ich hatte also verloren. Der Mann war weg. Ich hatte mich nicht getraut, meinen Joker einzusetzen, und verloren. Auch wenn es jetzt zu spät war, wollte ich wenigstens wissen, wer der Mann gewesen war, nach dem ich gesucht hatte, und beschloss, einen Kontakt zu nutzen, den ich nur äußerst spärlich einsetzte. Es war ein Priester, der aus meiner Heimat in Westfalen stammte, dort als Pfarrer gearbeitet hatte und jetzt ein ziemlich hohes Tier im Vatikan geworden war. Wir gingen manchmal zusammen essen. Aber ich wusste, dass ich den Bogen nicht überspannen durfte; wenn ich versuchte, zu viel aus ihm herauszubekommen, würde er die Verabredungen zum Mittagessen absagen. Doch diesmal musste ich einfach wissen, was passiert war. Wir trafen uns immer in einem sehr weitläufigen Restaurant auf dem Gianicolo, ganz in der Nähe des Vatikans.

Ich fragte ihn ganz offen, ob er von dem Priester gehört

hatte, der ein Wunder erlebt haben sollte, der an den Rollstuhl gefesselt gewesen war und dann plötzlich nach Afrika verschwunden sei. Er sah mich konsterniert an: »Totaler Unsinn. Einen solchen Priester gibt es nicht.«

»Ich bin mir aber sicher. Es muss ihn geben.«

»Dann sag mir noch einmal, wann das Wunder stattgefunden haben soll.«

»Das weiß ich mit absoluter Gewissheit: in der ersten Märzwoche dieses Jahres.«

»In der ersten Märzwoche, bist du ganz sicher?«

»Ja, absolut hundertprozentig sicher.«

Er sah mich an, dann lachte er aus vollem Hals. Seine korrekt geschnittenen grauen Haare verloren um einige Millimeter ihre Form. »Du bist total auf dem Holzweg«, sagte er. »Aber total.«

»Wie das denn?«, fragte ich.

»Denk doch bitte einen Augenblick mal nach, schalte mal ausnahmsweise deinen Kopf ein. Was ist in der ersten Märzwoche dieses Jahres passiert?«

»Keine Ahnung«, sagte ich etwas irritiert. »Ich weiß es nicht.«

»Dann sieh mal in deine Unterlagen. Es war die Woche der Exerzitien, also kann deine hundertprozentige Information gar nicht stimmen. Diese Woche der Wochen der Exerzitien ist die einzige im ganzen Jahr, in der alle Termine abgesagt werden. Der Papst kann gar nicht – selbst wenn er gewollt hätte – einen neapolitanischen Priester empfangen, gesegnet und geheilt haben. Völlig unmöglich.«

Er hatte recht. Das Gebäude von Vermutungen und unpräzisen Informationen brach in sich zusammen. Wenn es überhaupt eine Zeit im Jahr gab, in der der Papst niemanden in seinem Rollstuhl segnen konnte, dann war das die

Woche der Exerzitien. Es war völlig ausgeschlossen, weil ja alle Termine, absolut alle, abgesagt waren. Die Woche der Exerzitien hatte für Vatikan-Spezialisten den Vorteil, dass man in die Ferien fahren konnte, denn es gab eine ganze Woche lang nichts zu tun, weil der Papst, statt wichtige Menschen zu empfangen, öffentlich gar nichts tat, selbst die Generalaudienz fiel aus. Diese eine Woche betete er zusammen mit den anderen Mitgliedern der Kurie.

»Siehst du«, sagte mein Informant. »Alles Quatsch. Es gibt kein Wunder an einem Priester aus Neapel.«

Monate vergingen. Ich unterrichtete damals ab und zu als Gast im Fach Journalismus an der päpstlichen Universität Sacro Cuore, in der Nähe der Piazza Navona in Rom. Nach einem der Kurse saß ich mit den Studenten in der Mensa, und einer von ihnen, ein Schwarzafrikaner, der Diözesansprecher werden wollte, erzählte bei Tisch auf einmal von einem Wunder. »Eine Woche ist der Papst mit dem Bischof zusammen gewesen, und dann hat er ein Wunder erwirkt. Ein Priester aus Neapel, der jahrelang im Rollstuhl gesessen hatte, konnte auf einmal wieder gehen.«

Am Tisch herrschte eine allgemeine Begeisterung angesichts des Wunders, und ich zögerte eine Weile, bevor ich sagte: »Ich glaube, dass das nicht wahr ist. Ich habe versucht, der Sache damals nachzugehen, aber ich fürchte, es ist nichts weiter als ein Gerücht, das im Vatikan kursiert.«

»Entscheiden Sie«, sagte der schwarzafrikanische Student, der sich ins Unrecht gesetzt fühlte. »Mir hat es ein Bischof erzählt, und nicht einer, der an Gespenster glaubt.«

Ich entschuldigte mich, vielleicht hatte ich ja einfach nicht sorgfältig genug gesucht.

Ich fuhr von der Hochschule zurück nach Hause. Das

Gerücht war also bis zu den Studenten gedrungen, dann musste so gut wie jeder, der irgendetwas mit dem Vatikan zu tun hatte, diese Legende gehört haben, dass also ein Priester, der gegen die Camorra antrat, auf wundersame Weise geheilt worden war. Eine solche Legende war aber eben eine Legende. Das Einzige, was mich stutzig machte, war ein Detail. Warum hatte der Student gesagt, dass ein Bischof, der »eine Woche mit dem Papst zusammen gewesen war«, von diesem Wunder berichtet habe. Es gab keinen Bischof, der eine Woche mit dem Papst zusammen sein konnte. Entweder lebte der Bischof mit dem Papst zusammen im päpstlichen Haus, das waren neben seinem Sekretär Bischof Stanislaw Dziwisz aber nur ganz wenige, oder aber die Bischöfe kamen für einen Tag zum Papst, um sich mit ihm zu besprechen, aber nicht für eine Woche. Auch in der Osterwoche oder in der Weihnachtswoche zog nicht plötzlich ein Bischof in die Wohnung des Papstes ein. Die einzige Möglichkeit bestand darin, dass der Bischof gekommen war, um seinen Urlaub in Castel Gandolfo zusammen mit dem Papst zu verbringen. Aber da hätte er mir auffallen müssen. Ich fuhr im Sommer regelmäßig nach Castel Gandolfo, allein schon deshalb, weil es dort das begehrteste Mitbringsel Roms gab, Milch aus der Produktion der Farm des Papstes. Man musste allerdings wissen, wo man diese Milch in Castel Gandolfo kaufen konnte. Ich parkte gerade die Vespa vor der Tür, als mir einfiel, dass es doch eine Woche gab, in der ein Papst mit einem Bischof zusammen war, die Woche der Exerzitien. Mich durchfuhr es wie ein Schlag. Ich lief die Treppe hinauf. Die Woche der Exerzitien war auch die Woche, in der das Wunder geschehen sein soll. Ich schaltete den Computer ein. In jedem Jahr bereitete ein Bischof die Exerzitienwoche für den

Papst vor, jedes Mal ein anderer. Aber wer war es in dieser Märzwoche des Jahres 2004 gewesen? Ich schaute schnell nach und dachte: Bingo. Es war Bischof Bruno Forte gewesen, ein Mann, der aus der Altstadt von Neapel stammte.

Ein paar Tage später saß ich vor dem schlanken, sportlichen, kräftigen Don Alessandro Overa mit dem kantigen entschlossenen Gesicht, und er sah mich nachdenklich an. »Weißt du, was mich am wenigsten loslässt?«, fragte er. »Die Frage: Warum ich? Ich habe neulich eine Beerdigung zelebrieren müssen, ein Familienvater jünger als ich. Er hinterlässt Frau und Kinder, das ist furchtbar. Ich würde niemanden hinterlassen, und trotzdem bin ich noch am Leben, aber warum ausgerechnet ich?«

»Ich glaube, dass sich das jeder fragt, der ein Wunder erlebt hat.«

»Wie hast du mich eigentlich gefunden?«, fragte er.

»Ich habe immer an der falschen Stelle gesucht, ich habe immer nach einem Priester gesucht, der im Rollstuhl saß.«

»Leider habe ich lange im Rollstuhl gesessen.«

»Und der mit dem Rollstuhl beim Papst war.«

»Den Papst habe ich nie gesehen. An dem Tag, als ich bei ihm im Vatikan war, einen Ostersamstag, um mich bei ihm für das zu bedanken, was mit mir geschehen war, war er erkrankt. Persönlich habe ich ihn nie zu sehen bekommen.«

»Damit habe ich einfach nicht gerechnet. Ich konnte mir nicht vorstellen, dass es eine wundersame Heilung geben könnte, mit der Papst Johannes Paul II. zu tun haben sollte, ohne dass er überhaupt in der Nähe des Ortes war, an dem das Wunder geschehen sein soll.«

»Es war Bischof Bruno Forte.«

»Ich weiß«, sagte ich, »zum Schluss bin ich auch auf ihn gekommen.«

»Bischof Forte hat in diesem Jahre die Exerzitien für den Papst gebetet, und er hat ihm gesagt, dass ich an Krebs leide. Der hat ihm versprochen, für mich zu beten, und gleich am nächsten Tag ist das Unglaubliche passiert. Nach den Exerzitien kam Bruno Forte sofort zu mir, ich war im Krankenhaus in Modena. Er wollte mir persönlich sagen, dass der Papst für mich beten werde. Das war kurz vor der Biopsie, der Entnahme von Knochenmaterial aus meinem Becken. Ich habe noch mit dem Arzt gescherzt: ›Machen Sie bloß keinen Mist, für mich betet sogar der Papst.‹ Sie wollten nur eine Probe entnehmen, um zu sehen, was Sie gegen meine Krankheit tun könnten. Ich nahm ja schon seit Monaten Morphium und saß im Rollstuhl, weil ich so starke Schmerzen hatte. Aber als sie die Probe entnahmen, war die Krankheit auf einmal verschwunden. Ich konnte auf meinen eigenen Beinen ins Auto steigen und zurück nach Hause fahren.«

»Und die Ärzte?«, fragte ich.

»Die waren außer sich. Ich hatte ja auch die Diagnose, dass sich Metastasen gebildet hätten, die den Beckenknochen zersetzen würden. Die Ärzte erzählten mir immer wieder, es sei einfach nicht möglich, dass ich geheilt sei, weil eine Biopsie nichts mit einer Heilung zu tun habe. Sie haben nur eine Probe des Beckenknochens entnommen, dort, wo ich wirklich nicht zu ertragende Schmerzen hatte. Sie konnten sich gar nicht wieder beruhigen, immer wieder erklärten sie mir, dass die Entnahme einer solchen Probe, eine Biopsie, nichts mit der Heilung zu tun haben kann. Verstehst du, für die Ärzte konnte ich nicht einfach so geheilt sein.«

Alessandro Overa wuchs im schwierigsten aller Stadtteile Neapels auf, dem Quartieri Spagnoli im Herzen der Altstadt, dem Hauptquartier der Camorra. Als ich als deutscher Schüler aus der Kleinstadt Werl in den achtziger Jahren zum ersten Mal durch die Quartieri Spagnoli lief, konnte ich nicht fassen, was ich dort sah. Damals waren die Zufahrten für die Straßen, in denen die Camorra regierte, noch zugemauert. Das bedeutete, eine Straße wurde einfach unterbrochen durch eine illegal errichtete Mauer. Nur links und rechts blieb ein Streifen frei für die Fußgänger und die großen Motorräder der Todesschwadrone und Gangsterbanden der Camorra. Die Polizei konnte mit ihren Autos nach einem Banküberfall oder anderen Verbrechen den Gangstern auf den Motorrädern nicht folgen, die Straßen waren blockiert. Ab und zu ließ die Stadt eine der Mauern einreißen, sie wurde über Nacht wieder errichtet. Sobald die Polizisten, die an den Aktionen, diese Schutzmauern einzureißen, beteiligt waren, entdeckten, dass ihre Autos angezündet oder ihre Familien bedroht wurden, ließen sie davon ab, diese Mauern zu zerstören. Neapel war damals wie in Zonen aufgeteilt, es gab die elegante Zone am Meer, wo die Touristen flanierten, es gab die Stadtteile, in denen gearbeitet wurde, und es gab den von Schutzmauern abgeschirmten Teil der Stadt, in dem die Camorra und nicht der Staat regierte – und diese Zone lag in den Quartieri Spagnoli.

Die Familie von Don Alessandro Overa ist arm, sehr arm. Ich weiß noch, wie er mir aus seiner Kindheit erzählte und ich die Geschichte völlig falsch verstand. Er sagte mir: »Wenn mein Vater in die Schule kam.« Ich wollte auf mein eigenes Schicksal als Vater hinweisen und fiel ihm ins Wort: »Ich muss auch meinen Sohn jeden Tag in die Schule bringen, die Straßen in Rom sind einfach zu gefährlich.«

Don Alessandro lachte.

»Aber mein Vater brachte mich doch nicht in die Schule, er kam, um mich zu holen. Wir Kinder haben uns in der Schule oder auf dem Schulhof versteckt, mein Vater suchte mich, damit ich in der Bar mit ihm arbeitete. Es war nicht unsere Bar, er war da angestellt. Wenn viel los war, musste ich die Kaffeetassen spülen, da war ich etwa zehn Jahre alt.« Er wurde Messdiener, half in der Pfarrei aus, dann, langsam, reifte in ihm der Wunsch, Priester zu werden und vor allem zu überleben. »In den Quartieri Spagnoli ist es nicht schwer, in eine Schießerei zu geraten und ermordet zu werden, auch wenn du nichts mit der Camorra zu tun hast, oder aber du resignierst und stirbst innerlich. Mein Problem war die Schule. Ich hatte nicht einmal einen vernünftigen Hauptschulabschluss, aber ich wollte Priester werden. Als ich mich erkundigte, sagten zu mir alle: Wenn du kein Abitur hast, dann hast du auch keine Chance.«

Alessandro sprach mit seinen Eltern, gestand, dass er Priester werden wollte, und die waren entsetzt. »Sie haben das als einen Verrat angesehen. Sie hatten das Gefühl, ich lasse sie allein. Mein Vater wollte eine eigene Bar aufmachen, und ich sollte ihm helfen. Ich musste dann von zu Hause weggehen, sie wollten mich nicht mehr sehen, und seitdem habe ich auch nie wieder eine Nacht in meinem Elternhaus verbracht.«

Don Alessandro wird wieder vom Priesteramt abgelehnt. Er kann nicht aufgenommen werden, wenn er die Schule nicht abschließt. Schließlich darf er in ein Internat eintreten. Er schläft und isst dort, und tagsüber geht er zur Schule, er macht Abitur und tritt dann endlich ins Priesterseminar ein. Seinen Abschluss besteht er mit Auszeichnung. »Dann haben sie mich in meiner Heimatpfarrei in den Quartieri Spagnoli eingesetzt. Es war eine harte Zeit. Ich erinnere mich, wie ich einem Camorra-Paten die Krankensalbung geben musste, der schwerverletzt durch Schusswunden auf der Straße lag und schließlich starb. Sie kamen in meine Kirche, um Schutzgeld zu erpressen, und ich habe ihnen gesagt, dass ich ihnen nicht Geld geben kann, das der Kirche gehört. Ich musste im Gegenzug dann aber eine Kapelle für sie einweihen.« Don Alessandro kämpft vor allem für die Kinder und Jugendlichen. »Viele sagen dir: Klar liebe ich Jesus, aber was gibst du mir? Wenn ich für die Camorra Schmiere stehe, bekomme ich 500 Euro, das ist ein gutes Geschäft, und Jesus, was gibt mir Jesus? So was sagen dir die Kinder.«

Um den Kindern und Jugendlichen zu helfen, veranstaltete Don Alessandro Sommercamps. Die Reichen der Welt kommen an den Golf von Neapel, um im Meer zu schwimmen, vor Capri oder vor der Amalfi-Küste; sie wissen nicht, dass die Kinder der Industrieviertel von Neapel das Meer meistens noch nie gesehen haben. »Die Kinder hier können alle nicht schwimmen, waren meistens noch nie an einem Strand. Ich habe große Gummischwimmbecken gekauft, sie aufgestellt, um ein Sommercamp machen zu können, die Kinder sollten darin planschen. Die Camorra hat mir alles geklaut, die aufstellbaren Becken, die Pumpen, alles.«

Dann wird Don Alessandro Overa krank, Diagnose: Hodenkrebs. Er kämpft gegen die Krankheit, nach fünf Jahren scheint sie geheilt, dann die katastrophale Diagnose. Der Krebs hat vermutlich gestreut, Ärzte stellen Metastasen in den Knochen fest. Don Alessandro hat so starke Schmerzen, dass er nicht mehr gehen kann, er muss in einen Rollstuhl, erhält Morphium, um die Schmerzen auszuhalten. Die Ärzte brauchen Proben der durch die Krankheit zerstörten Knochensubstanz, er muss in eine Spezialklinik nach Modena. Sein Jugendfreund Bischof Bruno Forte leitet in diesen Tagen die Exerzitien für Papst Johannes Paul II., erzählt ihm von dem schweren Schicksal Don Alessandros, der Papst verspricht, für ihn zu beten.

»Als die Ärzte die Probe entnommen hatten, ging daraus hervor, dass die Befürchtungen leider richtig waren, die Knochen waren angegriffen und zerstört. Aber dann passierte das Unglaubliche. Ich spürte auf einmal keine Schmerzen mehr. Es war unfassbar, aber nach einem Jahr im Rollstuhl konnte ich plötzlich wieder gehen. Die Schmerzen waren einfach verschwunden. Ich musste kein Morphium mehr nehmen, die Ärzte waren außer sich, so etwas war einfach unmöglich. Leider bekamen dann einige mit, dass ich geheilt worden war. Ich hatte versprochen, nichts zu erzählen. Ich bin dann nach Afrika gegangen.«

Jetzt kämpft Don Alessandro in einer der schwierigsten Kirchengemeinden der Welt neben dem neuen Camorra-Hauptquartier im Norden von Neapel, in Casoria, für ein besseres Leben seiner Gemeinde. »Ich habe keine Angst«, sagte er mir zum Abschied; »ich bin mit der Camorra aufgewachsen. Ich weiß, was sie tun.« In dem Büro seiner Pfarrei hängt ein großes Poster von Papst Johannes Paul II., genau gegenüber von seinem Schreibtisch. »Ich schaue ihn immer an. Und ich frage mich seit jenen Tagen: Warum ich?«

In Gottes Hand

Vatikanstadt, April des Jahres 2005. Der Vatikan wartete jeden Tag darauf, dass das große Wunder geschah. Normalerweise werden Menschen, die darauf warten, dass etwas eintritt, das durch übernatürliche Kräfte ausgelöst wird, wie etwa der Untergang der Welt, eher milde belächelt. Doch im Vatikan gab es damals keinerlei Zweifel daran, dass dieses große Wunder nur eine Frage der Zeit sein konnte. Schließlich hatte Papst Johannes Paul II. in seinem ganzen Leben keinen Hehl daraus gemacht, wie wichtig für ihn selber Wunder waren. Er ließ mehr Wunder untersuchen als alle seine Vorgänger zusammen. Wenn es also einen gütigen Gott gab, wenn dieser Gott Wunder auf der Welt wirkte, dann konnte es keinen Zweifel daran geben, dass die Seele des verstorbenen Papstes sich an diesen Gott wenden würde, um darum zu bitten, dass auf der Erde Wunder geschehen.

Ein Wunder veränderte unterdessen den Vatikan auf völlig unerwartete Art und Weise. Ein unglaublicher Menschenstrom machte sich von überall her auf, um an das Grab von Papst Johannes Paul II. zu pilgern. Der Vatikan war darauf nicht im Ansatz vorbereitet, hatte solche Anteilnahme nicht einmal vage vermutet. In aller Eile musste ein eigener Korridor, links vom Petersdom, geschaffen werden, um die Millionen Besucher in die Krypta unter dem Petersdom an das Grab Papst Johannes Paul II. und wieder hinaus zu leiten. Schon nachts sammelten sich Gruppen, die geduldig im Dunkel auf die Öffnung der Basilika warteten, um am Grab des Mannes aus Wadowice in Polen beten zu können. Die Zahlen sprengten jede Vorstellungskraft der Kirchenmänner: 12 000 Besucher pro Tag pilgerten durchschnittlich an das Grab, jährlich waren es knapp vier Millionen Menschen. Damit war das Grab Karol Wojtylas an einigen Tagen im Jahr der am meisten besuchte Ort der Stadt Rom. Es strömten weniger Menschen in das Kolosseum, auf den Palatin, zur Spanischen Treppe, zum Trevi-Brunnen, zum Forum Romanum oder zur Engelsburg als an das Grab von Papst Johannes Paul II. Rom besaß auf einmal einen Anziehungspunkt mehr. Für den Vatikan war diese Entwicklung ein epochaler Einschnitt, der Beginn einer neuen Zeit. Über viele Jahrzehnte, wenn nicht Jahrhunderte hatte die Kirche vor allem in Europa einen ständigen Verlust des Rückhalts in den Gesellschaften erlebt. Immer weniger Menschen hatten in den vergangenen Generationen der Kirche in vollem Umfang vertraut. Ein drastisches Beispiel ist die Enzyklika »Humanae Vitae« vom 25. Juli 1968 von Papst Paul VI. Die katholische Kirche war damals, offenbar im Vertrauen auf ihren Einfluss auf die Menschen, ein enormes Risiko eingegangen. Sie hatte beschlossen, sich in den intimsten Bereich des Menschen einzumischen: das Sexualverhalten. Papst Paul VI. schrieb, dass »jede Handlung verwerflich sei«, die darauf abgestellt ist, die »Fortpflanzung zu verhindern«. Das päpstliche Lehrschreiben ging als »Pillenenzyklika« in die Geschichte ein und stellte sich als ein unglaubliches Fiasko heraus, ein Desaster, das kaum zu übertreffen war. Die katholische Kirche musste nicht nur hinnehmen, dass die Menschen sich nicht an die

Forderungen der Enzyklika hielten, also auf Verhütungsmittel verzichteten. Was sich als weit verheerender herausstellte, war, dass in den Jahren, die der Enzyklika folgten, die katholischen Frauen der Welt, die die Anti-Baby-Pille nahmen, jedes Gefühl dafür, eine Sünde zu begehen, vermissen ließen. Die katholische Kirche hatte prophezeit, dass nur eine Handvoll Sünderinnen die Pille nehmen würden. Das Gegenteil trat ein, die Anti-Baby-Pille entwickelte sich mit weltweit jährlich über 200 Millionen verkauften Pillen zu einer der wichtigsten Erfindungen der Medizingeschichte. Diese Katastrophe für den Vatikan war nicht nur deshalb so groß, weil man die Gläubigen offenbar völlig falsch eingeschätzt hatte, von dem Debakel sollte sich der Vatikan vor allem deswegen nicht erholen, weil die Pillendebatte zeigte, dass die Ansichten der katholischen Kirche vielen modernen Gesellschaften mittlerweile einfach ganz egal waren. Die katholische Kirche hatte sich an den ständigen Schwund ihres Einflusses auf die Gläubigen schrittweise gewöhnt – und dann kam der Sturm, den Karol Wojtyla entfesselt hatte.

Die Rückkehr der Hoffnung

Die Welt schien auf einmal nach Rom zu pilgern. Ich setzte mich manchmal an den Arco delle Campane, links neben dem Petersdom, wo der Pilgerstrom, der am Grab gebetet hatte, wieder ins Freie kam. Das Unglaubliche an diesem Phänomen war auch, dass hunderttausende Menschen aus Ländern an das Grab pilgerten, die zu seinen Lebenszeiten Karol Wojtyla die kalte Schulter gezeigt hatten. Ich sehe die Bilder vor mir, wie Karol Wojtyla im Juni 1998 auf dem

Heldenplatz in Wien die Messe zelebrierte. Die Organisatoren hatten geschätzt, dass sich im katholischen Österreich ein ähnlicher Triumph wiederholen würde wie im Jahr 1983, als knapp 400 000 Menschen zum Festgottesdienst im Donaupark kamen; aber fünfzehn Jahre später kamen statt der erwarteten Massen nicht einmal 50 000 Gläubige – ein Debakel. Für die USA galt Ähnliches. Ich konnte es nicht fassen, wenn ich Pilgergruppen aus den USA aus der Krypta kommen sah. Ich erinnerte mich gut an die Reise des Papstes nach St. Louis (USA) im Jahr 1999. Für den Vatikan wirklich niederschmetternd war eine Fahrt durch das Stadtzentrum gewesen, Downtown St. Louis war voller Menschen, die sich weit mehr für die Auslagen in den Schaufenstern interessierten als für den Papst. Es war ein unglaubliches Bild. Der Papst fuhr über die abgesperrten Straßen, und die Menschen gingen einfach weiter, ohne stehen zu bleiben oder auch nur zu ihm hinzusehen.

Doch das alles war vorbei. Die Menschen fühlten sich nunmehr wie magisch angezogen von dem Ort, an dem Karol Wojtyla bestattet worden war. Ich habe mit vielen dieser Pilger gesprochen. Sie alle hatten ihr eigenes kleines Wunder mit Karol Wojtyla erlebt, sie alle hatten eine persönliche Beziehung zu diesem Papst. Das hatte aber auch damit zu tun, dass es noch nie in der Geschichte der Kirche einen Papst gegeben hatte, der so viele Menschen gesehen, so vielen Menschen die Hand gegeben, so viele Menschen gesegnet hatte. Die Pilger kamen, um sich bei ihm zu bedanken, dafür, dass eine Ehe gehalten hatte oder dass sie doch noch ein lang ersehntes Kind bekommen hatten. Jedes Mal, wenn ich mit diesen Menschen sprach, dachte ich: Sie haben alle eines vom ihm gelernt, etwas, das diesem Karol Wojtyla sehr wichtig war: Letztendlich liegt dein Leben in Gottes Hand, und du kannst auf diesen Gott vertrauen. Habt keine Angst! Wie oft hatte ich ihn das sagen hören: »Non abbiate paura« – und so unglaublich es auch scheint: Dieses Wunder hat er gewirkt. Die Menschen, die ich aus der Krypta kommen sah, die dort unten bei ihm gebetet hatten, die schienen wirklich ein bisschen weniger Angst und ein bisschen mehr Vertrauen auf einen Gott zu haben, der ihr Leben bewahrt, weil dieser Papst aus Polen ihnen auf rätselhafte Weise irgendetwas gegeben hatte. Er hatte es geschafft, in den Herzen von Millionen Menschen Hoffnung einziehen zu lassen. Und die Kirchenmänner im Vatikan konnten gar nicht aufhören, sich darüber zu wundern, dass ausgerechnet Karol Wojtyla einen großen Teil der katholischen Welt mit ihrer Kirche wieder versöhnt hatte.

Ich weiß noch, wie ich damals auf der Tribüne neben Francesco saß und zu dem Fotografen-Kollegen sagte: »Was ist, wenn er jetzt Wunder wirkt?«

Pater Jarek Cielicki, der auch neben uns saß, hatte keinerlei Zweifel: »Das wird er ganz bestimmt. Es ist nur eine Frage der Zeit.« Wie hatte Joachim Kardinal Meisner immer gesagt: »Im Himmel, da werden die Heiligen erst richtig rebellisch.« Wenn es einen Himmel gab, dann war jetzt Karol Wojtyla an der Reihe.

Wann die Nachricht des ersten Wunders eintreffen würde, das Karol Wojtyla vom Himmel aus bei Gott erwirkt haben sollte, wusste natürlich niemand. Aber wie dieses Wunder bekannt werden würde, daran gab es keinen Zweifel: im römischen Generalvikariat, im Büro des für den Seligsprechungsprozess zuständigen Postulatoren Don Slawomir Oder. Weil der Papst als Bischof von Rom gestorben war, stand es der Diözese Rom zu, die Untersuchungen zum Seligsprechungsverfahren einzuleiten. Nach dem Tod von Papst Johannes Paul II. begann dieses unfassbare Ermittlungsverfahren im Fall Karol Wojtyla, wie es in jedem Verfahren der Selig- und Heiligsprechungen angewendet wird. Kein weltlicher Kommissar und kein Staatsanwalt muss je eine solche Ermittlung führen, denn es geht immer um das, was ein Toter getan haben sollte. Jede Ermittlung endet normalerweise auf der Erde, wenn der Verdächtige gestorben ist. Gegen einen Toten weiterzuermitteln macht nach irdischen Vorstellungen keinen Sinn, selbst wenn sich herausstellen sollte, dass der Tote der gesuchte Schuldige ist, kann man ihn nicht weiter bestrafen. Am Grab endet normalerweise jede Ermittlung. Doch im Fall einer Seligsprechung begann sie erst am Grab. Die Ermittler gehen dabei einem konkreten Verdacht nach, und zwar der Frage: War die Seele Karol Wojtylas vor Gott getreten, in einem für uns unvorstellbaren Himmel, einem uns unerklärlichen Paradies? Hatte sich die Seele des verstorbenen Papstes also zu Gott begeben, in seine Nähe, wenn das überhaupt möglich ist, und hatte sie sich an den unerklärlichen Schöpfer gewendet und geäußert: »Diese Frau oder der Mann da unten auf der Erde hat mich um Hilfe angefleht, bitte hilf ihr oder ihm jetzt auch!«? War das tatsächlich geschehen, gewährte Gott Menschen »Ausnahmen« in Form von Wundern, die Menschen vor dem drohenden Tod bewahrten, einige ganz wenige Menschen? Wenn das so war, warum tat die Seele des Papstes das? Wenn seine Seele die Freuden des Paradieses genoss, wie konnte er dann darum bitten, dass ein frommer Mensch weiterhin auf der Erbe bleibe mit ihren zahllosen Versuchungen und zweifelhaften Vergnügen, statt ebenfalls auch so rasch wie möglich in das doch offensichtlich weit erstrebenswertere

Paradies zu gelangen? Sollte der oder die Betreffende mehr Zeit haben, um noch etwas auf der Erde zu erledigen? Hatte die Seele des verstorbenen Papstes also bei Gott interveniert?

Mit dieser Ermittlung war der Postulator des Seligsprechungsprozesses des Papstes, Slawomir Oder, betraut, nachdem Papst Benedikt XVI. schon am 13. Mai 2005, einen Monat nach dem Tod seines Vorgängers, gefordert hatte, dass das Seligsprechungsverfahren möglichst schnell eingeleitet werden solle. Der Papst hob die Mindestfrist von fünf Jahren auf, die nach den Regeln der Kirche eigentlich verstreichen müssen, um ein Seligsprechungsverfahren beginnen zu dürfen.

Der Vatikan ermittelt

Aus Sicht der Kirche gibt es eine ganz einfache Methode, um herauszufinden, ob eine Seele vor Gott erschienen ist, um ihn um etwas zu bitten: ein Wunder. Die wissenschaftliche Seite des Wunders untersucht eine Kommission für die katholische Kirche unter der Leitung des päpstlichen Leibarztes, des Kardiologen Patrizio Polisca. Für Dr. Polisca ist das Kriterium für ein Wunder ganz simpel: Es muss ein unerklärlicher Fall vorliegen, ein Fall, der nach Meinung der medizinischen Wissenschaft gar nicht eintreten kann. Mit dem Fortschritt der Wissenschaften scheiden immer mehr Krankheiten aus. Noch vor einigen Jahrzehnten galt die Genesung von bestimmten Krebserkrankungen als ein Wunder. Heute gibt es eine Vielzahl von Heilmethoden, die Menschen vor dem Tode bewahren können, auch wenn sie an einer schweren Krebserkrankung leiden.

Deswegen wählt die medizinische Kommission nur sehr ungern Heilungen von Krebserkrankungen für eine Selig- oder Heiligsprechung.

Es gibt aber nach dem heutigen Stand der Wissenschaften zwei Fälle, die einfach zu entscheiden sind: unheilbare Krankheiten und das Verschwinden oder Auftauchen eines Organs oder von Teilen von Organen. Nach dem heutigen Stand der Wissenschaften ist es nicht möglich von einer Krankheit wie Multipler Sklerose oder dem Parkinson-Syndrom geheilt zu werden. Ebenso ist es unmöglich, dass ein Patient, der an einem angeborenen, unheilbaren Herzfehler leidet, plötzlich aufwacht, und das kranke Organ ist einfach wie durch eine unsichtbare Hand gegen ein gesundes ausgetauscht worden. In diesen beiden Fällen neigt die medizinische Kommission dazu, von einem Wunder zu reden. Dr. Patrizio Polisca legte großen Wert darauf, festzustellen, dass er nicht derjenige ist, der darüber entscheidet, ob sich ein Wunder ereignet hat. »Alles, was ich tue, ist, darüber nachzudenken, ob es sich um einen unerklärlichen medizinischen Fall handeln könnte«, betont Dr. Polisca immer wieder.

Die theologische Kommission musste ein ganz anderes Rätsel lösen: Wurde die Seele des Verstorbenen überhaupt angerufen, und war das auch die richtige Seele? Es kommt in diesem Punkt immer wieder zum Streit. Wenn ein Patient an einer unheilbaren Krankheit leidet und plötzlich gesund wird, er im Laufe der Krankheit aber gleich zu einer ganzen Reihe Verstorbener gebetet hat, um sie um Hilfe anzuflehen, dann wird der Fall zu den Akten gelegt, weil sich nicht entscheiden lässt, welcher der Verstorbenen das Wunder bei Gott erwirkt haben könnte. Nur dann, wenn klar festzustellen war, dass ein Patient einen ganz bestimmten Verstorbenen um Hilfe gebetet hatte – und nur den – und keinen anderen, dann kann die Kommission für Selig- und Heiligsprechung damit arbeiten. Manchmal, in sehr seltenen Fällen, geschieht es, dass die Kirche ein mutmaßliches Wunder findet, aber damit nichts anfangen kann, weil nicht klar wird, wer es erwirkt haben könnte.

So sollte auch für die Seligsprechung von Papst Johannes Paul II. ein unglaublicher Fall als Beleg für ein Wunder herangezogen werden, doch es ließ sich einfach nicht feststellen, zu wem die betreffende Frau in ihrer Not gebetet hatte. Deswegen musste das Wunder fallen gelassen werden. Ich glaube, dass ich selten ein Wunder so genau recherchierte wie in diesem Fall, weil es ein so spektakuläres Wunder gewesen war. Dieser Fall aus Padua hatte die Ermittler in Rom zutiefst beeindruckt, weil alle beteiligten Mediziner ohne Wenn und Aber von einem Wunder gesprochen hatten. Eine junge Frau hatte einen totalen Fruchtwasserverlust während der Schwangerschaft erlitten, die Blase in ihrem Bauch war geplatzt. Die Fruchtwasserblase ist ein elastischer Schutz, um das Kind zu schonen; ohne sie wird das Kind früher oder später im Körper der Frau zerquetscht. Alle Ärzte, mit denen ich über diesen Fall sprach, sagten mir, dass ein Kind eine kurze, vorübergehende Verletzung der Fruchtblase durchaus überstehen kann. Aber ein Fall wie dieser, bei dem über viele Wochen im Bauch der Frau keine Spur von Fruchtwasser zu finden gewesen war, bedeutete nach Meinung der Ärzte ein enormes Risiko für die Mutter. Sie bekam auch ständig Antibiotika, weil die Gefahr bestand, dass das sterbende Kind die Frau lebensbedrohlich vergiften könnte. Zumindest aber drohten dem Kind sehr schwere Missbildungen. Doch in Padua ereignete sich das Unglaubliche: Das Fruchtwasser bildete sich erneut, obwohl die Blase ganz unten, an der denkbar ungünstigsten Stelle, geplatzt war, und das Kind kam völlig ohne Missbildungen auf die Welt. Als hätte Gott den Menschen einen Hinweis geben wollen, litt der Junge an einer winzigen Missbildung eines Zehs. In Brasilien, wo sich ein sehr ähnlicher Fall ereignet hatte, den die katholische Kirche als Wunder anerkannt hatte, litt das betroffene Kind an exakt der gleichen Missbildung eines Zehs. Dieses Wunder aber, das nach Meinung aller Ärzte, mit denen ich über den Fall sprach, einschließlich der behandelnden Ärzte, medizinisch nicht zu erklären war, bedeutet für den Vatikan nichts. Die Mutter hatte im Verlauf ihrer Zeit im Krankenhaus ohne eine Spur von Fruchtwasser zwar ab und zu an Papst Johannes Paul II. gedacht, an ihre glückliche Teilnahme am Weltjugendtag in Paris, aber eindeutig und zweifelsfrei zu ihm gebetet, um Hilfe zu erflehen, hatte sie nicht.

Das Büro des Chefermittlers Slawomir Oder bekam Hinweise auf 248 mutmaßliche Wunder.

Dann erreichte eine Nachricht aus Frankreich den Postulator, und das für die Seligsprechung eindeutige Wunder war gefunden. Das Unglaubliche ereignete sich in der Nacht vom 2. auf den 3. Juni des Jahres 2005. Papst Johannes Paul II. war erst seit zwei Monaten tot. Lange hatte Karol Wojtyla nicht mit einem Wunder auf sich warten lassen. Alles andere wäre für die Kirchenmänner auch eine Überraschung gewesen, denn nie zuvor hatte ein Papst die Untersuchung von Wundern in der katholischen Kirche so stark gefördert wie Karol Wojtyla.

Das Wunder des Papstes

Die Ordensschwester Marie Simon Pierre Normand der Kleinen Schwestern der Mütterlichkeit der katholischen Entbindungsstationen erlebte in der Nacht zum 3. Juni 2005 in ihrem Kloster in Aix-en-Provence in Frankreich etwas Eigenartiges. Sie wird während einer Pressekonferenz im Jahr 2008 in Rom und im Januar 2010 in Aix-en-Provence erzählen, was ihr zugestoßen ist. »Ich legte mich abends hin, wachte um 4.30 Uhr auf, überrascht darüber, dass ich hatte schlafen können. Ich habe sofort gemerkt, dass etwas Eigenartiges geschehen war.« Die Ordensfrau soll erlebt haben, was man auf dieser Erde gar nicht erleben kann, eine Heilung der Parkinson-Erkrankung. Es gibt keinen einzigen dokumentierten Fall einer Heilung außer der Genesung der Schwester Marie Simon Pierre Normand.

Sie war als Tochter einer Familie mit fünf Kindern in Nordfrankreich bei Cambrai aufgewachsen. Schon während ihrer Firmung nahm sich das Mädchen vor, Ordensschwester zu werden. Der Entschluss reifte in ihr und wurde immer deutlicher, als sie als Helferin Kranke in den Wallfahrtsort Lourdes begleitete. Sie wusste auch genau, welchem Orden sie beitreten wollte, den »Kleinen Schwestern der katholischen Entbindungsstationen«. Marie Simone Normand wird später schreiben: »Sie sind mir aufgefallen, weil sie immer ein Lächeln auf den Lippen hatten, denn ich habe mich immer gefragt, was diese Frauen so fröhlich macht.« Trotz des Protestes ihrer Eltern tritt sie in den Orden ein. Im Jahr 2001 kam der große Schlag: Die Ärzte diagnostizierten die Parkinson-Krankheit. Ihre linke Hand und ihr linkes Bein waren betroffen. »Am Anfang konnte ich mir Papst Johannes Paul II. noch im Fernsehen anschauen, er war mir nahe wie ein Freund, doch dann wurde es immer schlimmer für mich. Wenn ich den Papst sah, dachte ich, ja, das, was du da siehst, wird in den nächsten Jahren auch auf dich zukommen«, sagte die Ordensfrau der französischen Agentur KTO. Die Krankheit nahm ihren Verlauf, die Schüttellähmungen wurden immer heftiger. »Meine linke Hand war betroffen, und alles wäre nicht so schlimm gewesen, wenn ich nicht Linkshänderin wäre.«

Die Krankheit verschlimmert sich. Schwester Marie Simon Pierre Normand kann kaum mehr gehen, sie kann nicht einmal mehr einfache Notizen aufschreiben. Eine ständige Schlaflosigkeit plagt die Frau. Immer wieder betet sie zusammen mit den Ordensschwestern. Im Laufe des Jahres 2005 verschlechtert sich ihr Zustand, in den Tagen während des Sterbens von Papst Johannes Paul II. beten die Schwestern zusammen. »Es war ein sehr intensives Erlebnis für mich, der Papst war wie ein Freund; auch wenn er jetzt bald im Himmel sein würde, hatte ich das Gefühl, ihn an meiner Seite zu haben«, sagt die Schwester gegenüber KTO. Nach dem Tod des Papstes wenden sich die Schwestern in einer Novene, also einem Gebet, das an neun aufeinanderfolgenden Tagen wiederholt wurde, an den verstorbenen Papst und bitten ihn, Schwester Marie Simon zu helfen. »Während dieses Gebets hatte ich immer das Gefühl, den Satz in mir zu spüren, der mir sagte: ›Wenn du glaubst, wirst du die Herrlichkeit Gottes sehen.‹« Doch ihr Zustand verschlechtert sich weiter. »Am 2. Juni ging es mir so schlecht, dass ich die Ordensoberin bat, mich von allen Diensten und Arbeiten zu entbinden. Ich konnte einfach nicht mehr. Die Ordensoberin bat mich, auf einen Zettel den Namen Johannes Paul II. zu schreiben, ich versuchte es, dabei kam aber nur Gekritzel heraus. Wir blieben beide lange vor dem Blatt stehen und sahen es an. Dann sagte die Ordensoberin zu mir, dass Papst Johannes Paul II. noch nicht das letzte Wort gesprochen habe. Ich bat darum, mich zurückziehen zu dürfen.«

In der Nacht zum 3. Juni geschieht das Wunder. Als die Schwester aufwacht, kann sie zum ersten Mal fünfzig Meter an einem Stück laufen, ihre Schrift ist klar, und sie schreibt ohne Probleme den Namen Johannes Paul II. Sie wendet sich an ihre Ärzte, die sie ab dem Jahr 2001 behandelt haben. Die stehen vor einem unglaublichen Rätsel, der ersten Heilung von der Parkinson-Krankheit in der Geschichte der Medizin.

Dem Vatikan war von Anfang an klar, dass dieses Wunder genauer unter die Lupe genommen werden würde als jedes andere. Unter dem Vorsitz von Dr. Patrizio Polisca kommt die Kommission zu einem eindeutigen Ergebnis: Es ist ein sensationelles Wunder, der einzige bekannte Fall der vollständigen Heilung einer unheilbaren Krankheit. Hatte der Papst vom Himmel aus eine Ordensfrau von einer Krankheit befreit, die ihn selbst jahrelang hatte leiden lassen? Für die katholische Kirche gibt es daran keinen Zweifel.

Der träumende Papst

Vatikanstadt, Rom. Ende Februar 2011. Ich wollte gerade mit dem Mofa nach Hause fahren, vorbei an den Kolonnaden am Petersdom, als ich meinen Fotografen-Freund Francesco an diesem ersten warmen Tag des Jahres 2011 auf den weißen Steinen vor der Fassade des Palastes der Kongregation für Selig- und Heiligsprechung am Petersplatz entdeckte. Er saß da in seiner schwarzen Fotografenjacke mit geschlossenen Augen wie eine Eidechse, die die erste Sonne genießt. Ich hielt an, stieg ab und ging zu ihm. Er umarmte mich, und ich setzte mich zu ihm. Seit dem Beinah-Absturz des Helikopters auf dem Weg nach Krakau verbindet uns etwas; ich bin noch nie an ihm vorbeigefahren, ohne ihn zu begrüßen.

»Hast du es gehört? Sie sprechen ihn jetzt wirklich selig.«

Er nickte. »Ausgerechnet Wojtyla. Eine Seligsprechung, das ist wie eine religiöse Luxusklasse, obwohl er lieber Fiat fuhr.«

Es dauerte eine Weile, bis ich den Scherz kapiert hatte, dann lachte ich los. Karol Wojtyla hatte uns oft hereingelegt, aber selten war es ihm so gut gelungen wie in Castel Gandolfo. Wir saßen damals auf dem wunderschönen Platz vor dem päpstlichen Palast, gaben ein Vermögen für Kaffee und Cola aus und warteten darauf, dass der Papst herauskäme. Wir wussten alle, dass er manchmal in den

Sommerferien den Palast verließ, um irgendwo wandern zu gehen. Ab und zu fuhren große Luxus-Autos, Mercedes S-Klasse, in den apostolischen Palast hinein. Sofort sprangen wir alle auf und versuchten in das Auto zu schielen, doch immer war es ein Kardinal oder ein Bischof. Es war jedes Mal spannend zuzusehen, wie die Luxus-Karrossen in den Hof von Castel Gandolfo rollten, all die Audi 100 oder 7er BMW. Das war nicht nur deswegen spannend, weil wir jedes Mal dachten, dass der Papst in einem der Autos sitzen könnte, sondern auch deshalb, weil das Tor, durch das man in den Hof von Castel Gandolfo fährt, sehr schmal ist. Man muss als Fahrer schon ziemlich gut zielen, um in diesen Hof zu gelangen, ohne eine Delle ins Auto zu fahren. Sobald ein Luxus-Auto den Palast verließ, drückten die Fotografen den Auslöser, doch meistens war es Kardinalsstaatssekretär Angelo Sodano, der eine blaue Mercedes-Benz S-Klasse benutzte. Er hatte ohnehin kein Problem damit, sich eine luxuriösen Lebensstil zu leisten; zu seinem Amtsantritt hatte er ein komplettes Orchester verpflichtet, das den Abend in den vatikanischen Gärten zu seinen Ehren bereichert hatte. Obwohl wir aufpassten wie die Schießhunde und zur Sicherheit eine zweite Truppe Fotografen am Nebeneingang von Castel Gandolfo postiert war, konnten wir den Papst nie entdecken.

Wir begannen zu glauben, dass er es eben aufgegeben hatte, spazieren zu gehen, obwohl Karol Wojtylas Vorlieben dagegensprachen. Er liebte die Berge, und dass er die Ferien verbringen könnte, ohne wenigstens einen Berg zu besteigen, schien uns eigentlich undenkbar. Was uns entging, war der Kleinwagen, der ab und zu nach Castel Gandolfo hinein- und auch wieder herausfuhr. Vorn saß ein Monsignor mit einer aufgeschlagenen Zeitung, niemals wären wir auf die Idee gekommen, dass der Mann diese Zeitung deswegen aufgeschlagen hatte, weil er damit das Gesicht Papst Johannes Paul II. verbergen sollte, der sich hinter ihm auf die Rückbank des Kleinwagens gequetscht hatte. Die luxuriösen S-Klassen-Limousinen hatte Karol Wojtyla seinen Kardinälen überlassen.

»Hast du je darüber nachgedacht, dass er ein Heiliger sein könnte?«, fragte ich Francesco.

Der kicherte. »Karol Wojtyla ein Heiliger? Weißt du noch, dass wir schlechter über ihn schreiben sollten?«

Klar, dachte ich, wer könnte das je vergessen. Der Papst kam ganz aufgebracht zu Don Stanislaw Dziwisz, während ein paar Reporter dabeistanden, und sagte zu den Journalisten: »Ihr schreibt schlecht über mich.« Wir dachten alle, auweia, der alte Mann ist richtig sauer. Dann sagte er: »Aber ich hätte es verdient, dass ihr noch viel schlechter über mich schreibt.« Wir haben alle gelacht, und er auch. Machte so etwas ein Heiliger?

»Weißt du noch, dass er immer besessen war von der Vorstellung, er müsse öfter beichten, weil er meinte, ein großer Sünder zu sein?«

»Klar«, sagte ich, »aber wenn Karol Wojtyla ein großer Sünder war, dann kommen wir beide garantiert in die Hölle.«

»Weißt du noch, der Bettler?«

Klar wusste ich das noch. Diese Geschichte beeindruckte monatelang den gesamten Vatikan. Damals trieb sich ein Bettler in den Kolonnaden am Petersdom herum, eigentlich wusste keiner etwas Genaues über ihn, außer, dass er von Almosen lebte und in irgendwelchen Nischen der

Riesenbauten rund um den Petersdom schlief. Dann ging eines Tages ein Bischof über den Petersplatz, der einen Termin beim Papst hatte, er sah den Bettler und erkannte ihn. Er war Priester in seiner Diözese gewesen, bevor er durch Schicksalsschläge aus der Bahn geworfen wurde. Oben, im Appartement des Papstes im apostolischen Palast, erzählte der Bischof Johannes Paul II., dass er einen seiner ehemaligen Priester gesehen habe, der als ein abgerissener Bettler am Petersplatz lebe. Karol Wojtyla zögerte keine Sekunde, sagte dem Bischof, er solle noch einmal hinunter auf den Platz gehen und den Priester hochholen, damit er mit ihnen zu Mittag essen könne. Der Bischof ging hinunter, bat den völlig überraschten, ziemlich ungepflegten Mann, hoch an die Tafel des Papstes zu kommen. Der Mann stimmte zu und saß schweigsam mit am Tisch. Keiner machte ihm einen Vorwurf oder sprach ihn auch nur an. Sie aßen einfach alle nur zusammen; als das Essen vorbei war und alle gehen wollten, wandte sich der Papst zum ersten Mal an den bettelnden Priester. Aber nicht, um ihn zu fragen, wie er eigentlich seine Gemeinde hatte verlassen können, stattdessen sagte er zu ihm: »Ich habe eine Bitte, würden Sie mir die Beichte abnehmen?« Und so kam es dann: Der Bettler nahm dem großen Papst die Beichte ab. Als wäre er ein ganz armer Sünder.

»Dass die Menschen zu ihm aufsahen, hat er nie gewollt. Meinst du, man kann sich im Paradies einen Tag freinehmen? Wenn man das kann, dann wird er es tun; als Seliger von Millionen gefeiert zu werden, wäre ihm nicht recht. Das würde er verhindern, wenn er könnte«, meinte Francesco.

Er zündete sich eine Zigarette an.

»Ich weiß nicht«, sagte ich.

»Du hast recht. Immer dann, wenn sie wollten, dass er

heilig sein sollte, hat er sich gefügt, mit dieser Wahnsinnsdemut hat er sich immer gefügt.«

»Weißt du noch, der Priester in Wadowice?«, fragte Francesco.

»Ich hätte ihm den Hals umdrehen können«, antwortete ich.

Karol Wojtyla hatte zum letzten Mal sein Heimatdorf Wadowice besucht, am 16. Juni 1999. Der Schaden an der Hüfte nach der misslungenen Operation war so schwerwiegend, dass er nicht mehr gehen konnte; er saß vor der Kirche seiner Heimatstadt, und dann geschah etwas Magisches. Er nahm uns alle, die ihm auf dem Platz zuhörten, mit auf eine Reise durch Wadowice, er ging in seinen Gedanken durch das Wadowice seiner Kindheit und Jugend. Auf einmal war er jung, erzählte von den Besitzern der einzelnen Läden in der Nachbarschaft, von den jüdischen Bekannten, dem Vermieter der Familie Wojtyla und wie er sich die geliebten Blätterteig-Kuchenstücke Kremowki gekauft hatte. Es machte den jungen Menschen auf dem Platz eine ungeheure Freude zuzuhören, wie Karol Wojtyla das Wadowice seiner Kindheit wieder auferstehen ließ. Er saß an diesem Nachmittag ein wenig erhöht auf seinem Thron vor der Kirche seiner Kindheit. Er konnte über die Köpfe der Menschen hinweg in die Gassen der Stadt schauen, und er durchwanderte sie in Gedanken eine nach der anderen. Ein junger Priester stand plötzlich vor ihm, während der Papst die Zeit zurückdrehte. Der Papst erzählte von den Fußballspielen auf den Wiesen von Wadowice, von der glücklichen Zeit vor dem großen Krieg. Der junge Priester drängelte sich jetzt immer näher vor den träumenden Papst. Selten habe ich einen so bewegenden Einblick in das

Leben des Karol Wojtyla bekommen wie an diesem Nachmittag, als er voller Freude wie vor einem geistigen Auge seine Kindheit und Jugend an sich vorbeiziehen ließ. Später habe ich mich gefragt, ob er geahnt haben kann, dass dies die letzten Stunden sein würden, die ihm in seiner Heimatstadt gegönnt waren. Der junge Priester hielt jetzt das Bild einer Muttergottes vor den Papst. Die Geste war ganz eindeutig. Der junge Priester wollte sagen. So, jetzt hören Sie mal auf, diesen ganzen persönlichen Erinnerungsquatsch zu erzählen, und seien Sie endlich ein heiliger Mann, halten Sie die Klappe, tun Sie Ihre heilige Pflicht, und segnen Sie das Bild. Das ist nämlich das, was ein Heiliger Vater eigentlich tun sollte; wenn Sie ein frommer Heiliger Vater wären, dann täten Sie das jetzt auch endlich.

Karol Wojtyla versuchte einen Augenblick lang, den Priester zu ignorieren. Er erinnerte sich an die Freude der Ausflüge in die Berge und an die harten Winter, in denen er nur Holzschuhe hatte, die kaum gegen die Kälte schützten. Er wollte einige der Menschen an diesem späten Nachmittag wieder auferstehen lassen, die nicht das Glück gehabt hatten, den Zweiten Weltkrieg zu überleben, die Juden, denen er zugesehen hatte, wenn sie in die Synagoge gezogen waren, die Menschen des Volkes, die feige ermordet worden waren. Einen ersten Teil der Stadt seiner Kindheit hat er wiedererstehen lassen, einen ersten Teil seiner Familie, seiner Verwandten, seiner Freunde; er begann gerade damit, den zweiten Teil aufzubauen, von dem Sportplatz seiner Jugend zu erzählen, als der Priester sich autoritär vor ihn stellte mit der Geste, die eindeutig besagte: »Wenn Sie ein heiliger Mann sein wollen, dann tun Sie endlich das Heilige, und segnen Sie dieses Bild.« Und Karol Wojtyla fügte sich, er brach seine Erzählung ab. Ich hätte den Priester damals zum Teufel jagen können, ich schwöre es. Warum hatte er diesem alten Mann nicht die paar Minuten für sich gegönnt, ihm gegönnt, sich ein letztes Mal an seine Kindheit und Jugend zu erinnern und uns zuhören zu lassen? War das zu viel verlangt? Ja, das war es. Wojtyla fügte sich in sein Amt. Er segnete das Bild und die Massen auf dem Marktplatz und fuhr zum nächsten Termin, der auf ihn in Krakau wartete. Er sollte nie wieder hierher nach Wadowice zurückkommen.

»Sie werden ihn oben im Petersdom beisetzen. Jetzt, wo er ein Seliger ist; in der Kapelle des Heiligen Sebastian, hast du das schon gehört?«, fragte mich Francesco.

»Ja, ja, ich weiß, und ich glaube, es würde ihm gefallen. Er kann jetzt auf seine Heilige Pforte schauen, die da gleich nebenan liegt, bis in alle Ewigkeit«, antwortete ich.

Da hatte er gekniet, am Weihnachtsabend des Jahres 1999 mit diesem schillernden Hightech-Umhang, der so leicht wie nur eben möglich für seine schwachen Schultern sein sollte, vor der Heiligen Pforte, neben der Pietà des Michelangelo und ein paar Meter entfernt von der Kapelle, in der sein Grab vorbereitet werden würde. Er hatte es tatsächlich geschafft, die Prophezeiung des ehemaligen Primas von Polen, Stefan Kardinal Wyszynski, zu erfüllen: »Du wirst die Kirche in das dritte Jahrtausend führen.« Nur drei Jahre nach Karol Wojtylas Wahl am 28. Mai 1981 war er in Krakau im Alter von 79 Jahren gestorben, und er hatte noch miterlebt, dass seine Prophezeiung alles andere als gute Aussichten hatte, in Erfüllung zu gehen. Karol Wojtyla lag schwerverletzt nach dem Attentat vom 13. Mai im Agostino-Gemelli-Krankenhaus in Rom. Damals schien es alles andere als sicher, dass er die langen neunzehn Jahre überstehen würde. Wie oft mochte er selber am Eintreffen der Prophezeiung gezweifelt haben, als die Parkinson Krankheit diagnostiziert wurde, der Darmtumor, die Virus-Infektion? Aber er hatte es tatsächlich geschafft. Der Junge aus Wadowice kniete vor der Heiligen Pforte und beging das »Große Jubiläum« der Geburt Christi vor zweitausend Jahren.

Er war glücklich, dass er es geschafft hatte, und er nutzte das Heilige Jahr, um so vieles gutzumachen, was keiner in der Kirche vorher gewagt hatte, anzufassen. Am Aschermittwoch dieses Jahres würde er um Vergebung bitten für das, was Christen Juden angetan hatten: »Gott unserer Väter, du hast Abraham und seine Nachkommen auserwählt, deinen Namen zu den Völkern zu tragen. Wir sind zutiefst betrübt über das Verhalten aller, die im Laufe der Geschichte deine Söhne und Töchter leiden ließen. Wir bitten um Verzeihung und wollen uns dafür einsetzen, dass echte Brüderlichkeit herrscht mit dem Volk des Bundes.« Danach wurde endlich vieles zwischen Christen und Juden wieder gut.

Francesco blinzelte in die Sonne. »Außerdem kann er von dem Grab fast die Stelle sehen, wo er die Pilger in Panik versetzte, im Beichtstuhl.«

Ich musste lächeln. Er kam am Karfreitag herunter aus dem päpstlichen Appartement und setzt sich einfach in einen der Beichtstühle, um die Beichte abzunehmen. Die Bediensteten im Petersdom, die »San Pietrini«, fischten sich dann Pilger, die beichten wollten, aus der Reihe der Wartenden, brachten sie zum Beichtstuhl und erst in letzter Sekunde sagten sie ihnen dann: »Der Papst wird Ihnen die Beichte abnehmen.« Die meisten wurden leichenblass, und ich hatte mich immer gefragt, ob sie auch ehrlich waren und dem Papst wirklich ihre Sünden beichteten oder aber die besonders pikanten Sünden verschwiegen, um sie später einem anderen Priester zu gestehen.

»Wirst du in die Kapelle gehen, wo sie ihn bestatten werden, um ihn zu besuchen?«, fragte mich Francesco.
»Klar«, sagte ich.
»Ich auch. Immerhin ist er schuld daran, dass wir beide dachten, unser Leben sei zu Ende in einem abstürzenden Hubschrauber über Polen; der wackelte so, dass ich dachte, das kann unmöglich gut gehen. Der Papst hatte damals schon keine Angst.«
»Du wirst also zu ihm gehen, und was wirst du ihm sagen?«
»Keine Ahnung. Aber ich weiß, was er zu mir sagen wird:
›Na, Andreas, hast du schon wieder schlecht über mich geschrieben? Dabei weißt du doch, ich hätte es verdient, dass du noch viel schlechter über mich schreibst.‹«

Register

Absturz 11, 257
Agca, Mehmet Ali 26–28,
Alfieri, Carmine 219f.
Altartuch 92
Andreotti, Giulio 79
Angst 16, 76, 198, 232, 248, 265
Arafat, Jassir 58
Arezzo 67
Attentat 10, 26–28, 32, 70
Audienz 57, 63,
Audienzhalle Papst Paul VI. 18, 32,
Autosuggestion 183 f.

Bacciamano (Handkuss) 62
Badillo, Heron 131–134
Banja Luka 187f.
Beichte 180, 260, 264f.
Benedikt XVI. 46, 177
Berge 152, 258, 262
Bergsteiger 76
Bernini, Gian Lorenzo 85
Besetzung 161
Bettler 78, 259f.
Blutgruppe 99f.
Blutprobe 70, 74, 83, 91–94
Blutwunder 98
Bologna 15

Bolsena 92
Botschaft 79, 193
Breschnew, Leonid 46
Bronzetor 27, 42
Buzzonetti, Renato 72

Camorra 218–243
Carter, Jimmy 45
Casoria 243
Castel Gandolfo 22, 108f., 257f.
Castro, Fidel 48
Christen 16, 18,
Cibin, Camillo 72
Cielecki, Jarek 23, 149f., 153f., 248
Civitavecchia 88
Comastri, Angelo 194f.
Corpus-Domini-Fest 92
Cossiga, Francesco 21
Crucitti, Francesco 30

Damasus-Hof 43
Demut 261
Deskur, Andrzej Maria 88, 156
Dudajew, Dschochar 67
Durchhaltwillen 231
Dziwisz, Stanislaw 16, 29, 44, 70, 106f., 193

Elijas 47
Enzyklika Humanae
 Vitae (Pillenenzyklika)
 245
Enzyklika Ut unum sint 18
Eucharistie 104
Exerzitien 235–239

Fahrbereitschaft 85f., 88
Fallaci, Oriana 59
Fatima 95, 167, 177
Felix, Kelvin 198–217
Festa, Ugo 191f.
Fokolaren 144
Forte, Bruno 239f.
Franz von Assisi 67
Freude 261f.
Frieden 75
Friedensstadt 67f.
Fronleichnam 91
Frühmesse 34

Gasbarri, Alberto 200
Geheimdienst 83
Geheimnis 165
Gemelli-Klinik 30, 71
Generalaudienz 32, 57, 82
Ghetto 156–162, 187
Glaube 16, 50, 75, 163, 220
Glaubenskongration 165
Glaubenskongregation 84,
 88f., 91, 94
Glück 262
Gorbatschow, Michail 78
Gott 23, 25, 30, 45–52, 76f.,
 161f., 195, 244, 248
Grillo, Girolamo 88

Grotte Satans 96
Grozny 67

Havanna 48
Heilige 11, 17, 19, 32f., 80,
 168, 218f., 259
Heilige Messe 104
Heilige Pforte 263f.
Heiliger Geist 48
Heiliger Onofrius 221
Heiliger Quentin 84
Heiliger Stanislaw 40, 170
Heiliger Stuhl 8, 56, 101
Heiliger Vater 82, 103
Heiligtum der Göttlichen
 Barmherzigkeit 149, 155,
 178, 185, 189f., 195f.
Heiligtum Naju 106
Heilung 211, 254f.
Herrenrasse 160f.
Hirnschaden 212
Hitler, Adolf 160f.
Hoffnung 161f., 249
Homosexualität 21
Hostie 43, 92–97, 104–106

Jeremies, Kevin 210–217
Jeremies, Mary 205–217
Jerusalem 96, 108f.
Johannes Paul I. 13
Juden 16, 108f., 264
Jugendliche 77, 193

Kalter Krieg 83
Klagemauer 16, 108
Kloster der Passionisten
 80

Kloster Santissimi Quattro
    Coronati 38
Kohl, Helmut 78
Kolosseum 36, 41, 81
Kommunismus 144
Kondome 21
Kongregation für Heilig-
    und Seligsprechung 165 f.,
    252, 257
Krakau 11, 83, 145 f., 185 f.
Krieg 160
Kriegsrecht 46
Kronzeugenschutzprogramm
    225
Krypta 244, 246
Kuba 81
Kurie 12

Lachen 152
Lanciano 94–105
Lateranpalast 52, 54, 60, 81
Lehmann, Karl 86
Leichentuch 105
Leiden 78
Leonardo 230–233
Linoli, Eduardo 96
Loge P2 69
Lourdes 46, 95, 167, 177

Mafia 218–243
Marathonmann Gottes 9, 152
Mari, Arturo 14, 29, 61, 206
Maria Faustina Kowalska
    149 f., 154–175, 178
Marini, Piero 9, 10
Märtyrer 192
Massengottesdienst 146, 151

Mauerfall 23
Medjugorje 176–188
Menschenfischer 78
Messdiener 21
Messfeier 109
Miami 10
Michelangelo 92
Mithraeum 39
Mithraskult 39
Monte Sant'Angelo 96
Moschee 15
Moses 47
Mtskheta 78
Multiple Sklerose 189 f.
Mussolini, Benito 84
Mutter Teresa 39, 191
Muttergottes 29, 45, 87, 163,
    180–187

Navarro-Valls, Joaquín 8, 16,
    24, 42 f., 79
Neapel 218–243
Noe, Virgilio 53
Normand, Marie Simon Pierre
    254–256

Oder, Slawomir 248, 253
Orthodoxie 75
Orvieto 69, 90–105
Osio, Stanislaw 170
Overa, Alessandro 238–243

Papamobil 61
Päpstliche Privatkapelle 35,
    40, 51
Papstpalast 38, 249 f., 260
Parkinson-Krankheit 10, 254

Paul VI. 27, 44, 49
Petersdom 42, 85, 246
Petersplatz 26–28, 85, 193 f.
Petrosillo, Orazio 15
Pilger 13, 40, 43, 61, 177, 219
Pius XII. 19
Plock 154
Polen 40, 43, 46, 76, 83, 108, 144, 153, 171
Poletti, Ugo 53
Polisca, Patrizio 250
Pontifex 13 f.
Pontifikat 163
Porta Sant'Anna 42, 61
Postulator 248 f.
Privataudienz 34, 58
Prohibicija 145 f.
Prophezeiung 144, 188, 264

Quartieri Spagnoli 240–242

Rätsel 210, 251
Ratzinger Joseph 9, 88, 179
Reagan, Ronald 78
Reisen 10, 15, 22, 230
Reliquie 95–97
Revolution 12, 14
Rio de Janeiro 15, 152
Risiko 15 f.
Rondini-Initiative 67–69

Sahelzone 223
Saint Lucia 197–217
Sakrament 53, 104
Santa Maria ai Monti 39, 64
Santa Maria von Guadelupe 96
Santo-Spirito-Krankenhaus 29

Schweizergardisten 33, 42 f., 61
SCV 85
Sedia gestatoria 13
Seher 177 185,
Seine Heiligkeit 12
Seligsprechung 18, 249–253, 257
Signorelli, Luca 92
Sinai 46 f.
Sixtinische Kapelle 92
Sixtus V.
Sodano, Angelo 258
Soutane 33, 49, 223
Sowjetimperium 19
Sowjetunion 45, 67,
Staatssekretariat 20, 45
Sterbebett 193
Stille 83
Südkorea 102–106
Sünder 24
Synagoge 15

Tiflis 78
Tisot, Renato 189 f.
Tod 193 f.
Tod 249
Tränen-Wunder 88
Trastevere 73, 81
Trauer 11
Traum 215, 257–263
Tschetschenien 67
Tucci, Roberto 17, 200

Übernatürliches 23, 179, 207, 244
Unglaubliches 2217

Untergrunddiplomatie 171
Urban IV. 92

Vasil, Cyril 144
Vatikanstadt 8, 9, 421
Versprechen 8
Via della Conciliazione 29, 84
Vigano, Enrico 9

Vision 158, 160
Viterbo, Thermen von 92 f.

Wadowice 11, 261 f.
Weltjugendtage 193
Wyszynski, Stefan 263

Zauber 151